高等院校"十三五"规划教材

经管专业基础课

政治经济学

第2版

白林 ◎ 主编

图书在版编目(CIP)数据

政治经济学/白林主编. —2 版. —合肥:安徽大学出版社,2017.8
ISBN 978-7-5664-1433-5

Ⅰ.①政… Ⅱ.①白… Ⅲ.①政治经济学—高等学校—教材 Ⅳ.①F0

中国版本图书馆 CIP 数据核字(2017)第 167270 号

政治经济学(第 2 版)

白　林　主编

出版发行：北京师范大学出版集团
　　　　　安　徽　大　学　出　版　社
　　　　　(安徽省合肥市肥西路 3 号 邮编 230039)
　　　　　www.bnupg.com.cn
　　　　　www.ahupress.com.cn

印　刷：	安徽新华印刷股份有限公司
经　销：	全国新华书店
开　本：	184mm×260mm
印　张：	18.25
字　数：	300 千字
版　次：	2017 年 8 月第 2 版
印　次：	2017 年 8 月第 1 次印刷
定　价：	45.00 元

ISBN 978-7-5664-1433-5

策划编辑：姚　宁　　　　　　　　　　装帧设计：李　军
责任编辑：姚　宁　吴　波　　　　　　美术编辑：李　军
责任印制：陈　如

版权所有　侵权必究

反盗版、侵权举报电话：0551—65106311
外埠邮购电话：0551—65107716
本书如有印装质量问题,请与印制管理部联系调换。
印制管理部电话：0551—65106311

编委会

主　编　白　林

副主编　朱杨宝

编　委（排名不分先后，以姓氏笔画为序）

王艳秋　白　林
朱杨宝　李用俊
邵显武

前　言

多年来,我一直从事政治经济学的教学和研究,本教材是笔者经多年政治经济学的教学和研究总结出的教学心得和成果。教材内容只包括政治经济学资本主义部分的内容。

政治经济学教科书应该脱胎于马克思《资本论》和列宁《帝国主义论》,否则就不是马克思主义政治经济学,也不会被广大师生接受。但这丝毫不意味着这种教科书只能千篇一律地抄录马列语录。恰恰相反,它应该进行创新、拓展、有自己的特色。本教材就是在总结笔者30多年来从事政治经济学教学经验和理论研究成果的基础上,广泛吸取已出版的同类教材和其他经济理论研究成果精华,并进行再认识、再探索后,力图使这本教材更好地适合应用型本科高校的理论教学,呈现自己的特色,并成为精品教材。

根据应用型本科高校理论教学的特点,我们反复思考了编写框架,最后确定为以下顺序:即导论、第一章社会经济制度与社会经济形态、第二章商品和价值、第三章货币、第四章资本的生产过程、第五章资本主义再生产和资本积累、第六章资本的流通过程、第七章资本和剩余价值的具体形式、第八章垄断的产生及垄断阶段的资本运行、第九章经济全球化与现代资本主义。并且,每章配有自制的多媒体教学课件,以便教与学。

在具体内容方面,本书各章节都有不同程度的独立思考。其中主要有:

第一,本书在导论中突出强调了马克思主义政治经济学不仅是科学的理论而且是不断发展的理论。在第一章中增加了社会经济制度的变革和两种基本的社会经济形态的比较,进而说明为什么商品经济必然产生且会充分发展,为什么市场经济是商品经济发展的现代形式。

第二,本书将"货币"作为独立篇章。增加了货币作为一种人们能够共同接受的价值体化物,在不同的时期有着不同的表现形式。在漫长的岁月中,货币的形态经历了由低级向高级不断演变的过程。在分析纸币流通规律时不仅分析了通货膨胀的危害,还分析了通货紧缩一样可能给经济发展带来灾难性的后果。因此,要保持国民经济的持续、快速、健康发展,既要防止通货膨胀,又要防范通货紧缩。

第三,本书将产业资本的循环、产业资本的周转和社会资本再生产作为一章内容"资本的流通过程",旨在从微观和宏观两个方面分析资本的运行;将垄断资本主义作为一章内容"垄断的产生及垄断阶段的资本运行",最后一章则分析"经济全球化与现代资本主义"。本书认为,以商品经济形式运行的资本主义发展,是一种不断攀升的轨迹,和以自然经济形式运行的封建社会和奴隶社会经济发展明显出现的上升和下降两大阶段运行轨迹不同。因此,垄断资本主义经济发展比自由资本主义快得多,第二次世界大战以来的当代资本主义经济发展比垄断资本主义又要快得多,未来的资本主义经济发展比第二次世界大战以来的当代资本主义经济还要快得多。这些都没有脱离资本主义经济发展的惯常轨迹,这正是资本主义经济合乎逻辑的必然发展。

在本书的编写过程中,得到淮南师范学院经济与管理学院的同事们的多方支持,特别是邵显武、李用俊副教授;朱杨宝博士和王艳秋老师等,他们渊博的知识和深邃的思想对笔者多有帮助,使笔者获益甚巨。在本书酝酿和写作过程中,笔者参阅了国内大量论文、专著和教材,从中吸取了许多营养,限于篇幅,未能一一注明,在此,一并表示衷心的谢意!

由于我们水平有限,虽然力图写出特色,但书中不当甚至不正确之处难以避免,敬请经济学界专家、同仁和广大读者不吝赐教。

白 林
2017 年 2 月

目 录

导 论 ·· (1)

  第一节　政治经济学的形成和发展 ··· (2)
    一、经济的含义 ··· (2)
    二、经济思想的产生 ·· (2)
    三、政治经济学的形成与演变 ·· (3)
    四、马克思主义政治经济学是科学的理论 ·· (5)
    五、马克思主义政治经济学是不断发展的理论 ································· (8)
  第二节　政治经济学的研究对象与范围 ··· (10)
    一、政治经济学的研究对象 ··· (10)
    二、社会生产和再生产的总过程 ··· (14)
  第三节　政治经济学的任务 ··· (15)
    一、经济规律的内涵与特点 ··· (16)
    二、经济规律的分类 ·· (16)
  第四节　政治经济学的研究方法 ·· (17)
    一、历史唯物主义方法 ·· (18)
    二、唯物辩证法 ·· (18)
  第五节　政治经济学的性质和意义 ··· (20)
    一、政治经济学的性质 ·· (20)
    二、政治经济学的意义 ·· (23)

第一章　社会经济制度与社会经济形态 ·· (26)

  第一节　社会经济制度的变革 ··· (27)
    一、社会经济制度变革的根本动力 ·· (27)
    二、人类社会经济制度的变迁 ·· (29)
    三、经济制度与经济体制 ··· (31)
  第二节　两种基本的社会经济形态 ·· (34)

一、自然经济形态 ………………………………………………………… (34)
二、商品经济形态 ………………………………………………………… (35)
三、商品经济的历史地位 ………………………………………………… (39)
四、市场经济是商品经济发展的现代形式 ……………………………… (40)

第二章 商品和价值 …………………………………………………………… (43)

第一节 商品的价值 …………………………………………………………… (44)
一、商品的二因素 ………………………………………………………… (44)
二、劳动的二重性 ………………………………………………………… (47)
三、商品经济及其基本矛盾 ……………………………………………… (50)
四、商品拜物教 …………………………………………………………… (53)

第二节 商品的价值量 ………………………………………………………… (55)
一、价值量的决定 ………………………………………………………… (55)
二、简单劳动和复杂劳动 ………………………………………………… (57)
三、价值量的变化规律 …………………………………………………… (58)

第三节 商品经济的基本规律 ………………………………………………… (59)
一、价值规律的基本内容 ………………………………………………… (59)
二、价值规律的表现形式 ………………………………………………… (59)
三、价值规律的作用 ……………………………………………………… (60)

第三章 货 币 …………………………………………………………………… (63)

第一节 价值形式的演变与货币的起源 ……………………………………… (64)
一、简单的价值形式 ……………………………………………………… (64)
二、扩大的价值形式 ……………………………………………………… (68)
三、一般价值形式 ………………………………………………………… (69)
四、货币形式及其发展 …………………………………………………… (71)

第二节 货币的职能与货币流通规律 ………………………………………… (77)
一、货币的职能 …………………………………………………………… (77)
二、货币流通规律 ………………………………………………………… (83)
三、纸币流通规律与通货膨胀和通货紧缩 ……………………………… (84)

第四章 资本的生产过程 ……………………………………………………… (90)

第一节 资本主义生产方式的特征和前提条件 ……………………………… (91)
一、货币转化为资本 ……………………………………………………… (91)
二、劳动力成为商品 ……………………………………………………… (95)

第二节 资本的增殖过程······(99)
一、劳动过程和价值增殖过程······(99)
二、不变资本和可变资本······(102)
三、剩余价值的源泉和本质······(103)
四、生产剩余价值的两种方法······(104)
五、当代剩余价值生产的新特点······(108)
六、剩余价值规律是市场经济的基本规律······(109)
七、资本是市场经济的一般范畴······(111)

第三节 资本主义工资······(113)
一、工资的一般现象与本质······(113)
二、工资的基本形式······(113)
三、名义工资和实际工资······(115)
四、工资的国民差异······(115)

第五章 资本主义再生产和资本积累······(118)

第一节 资本主义的再生产和资本积累······(119)
一、资本的再生产······(119)
二、资本主义简单再生产······(121)
三、资本扩大再生产与资本积累······(122)

第二节 资本有机构成和相对过剩人口······(125)
一、资本有机构成和资本积聚与集中······(126)
二、资本有机构成不断提高和相对过剩人口的形成······(128)

第三节 资本积累的一般规律和无产阶级贫困化······(130)
一、资本积累的一般规律······(130)
二、无产阶级贫困化······(131)
三、资本原始积累······(133)
四、资本积累的历史趋势······(135)

第六章 资本的流通过程······(138)

第一节 单个资本的再生产和流通······(139)
一、产业资本的循环······(139)
二、产业资本的周转······(144)

第二节 社会资本的再生产和流通······(151)
一、社会资本与社会总产品的实现······(152)
二、社会资本简单再生产······(154)

三、社会资本扩大再生产 (156)
四、生产资料优先增长规律 (159)

第三节 资本主义经济危机 (160)
一、资本主义经济危机的实质和根源 (160)
二、资本主义经济危机的周期性及其新特点 (161)

第七章 资本运行的具体形式 (165)

第一节 平均利润和生产价格 (166)
一、利润率的平均化和生产价格 (166)
二、垄断利润与垄断价格 (175)

第二节 商业资本和商业利润 (177)
一、商业资本的形成和作用 (177)
二、商业利润及其来源 (179)
三、商业资本对商业店员的剥削 (181)

第三节 借贷资本和利息 (182)
一、借贷资本及特点 (182)
二、利息和企业利润 (185)
三、利息率的计算 (186)
四、银行资本 (187)
五、虚拟资本与证券市场 (188)

第四节 资本主义地租 (194)
一、土地所有权与地租 (194)
二、级差地租 (195)
三、绝对地租 (198)
四、土地价格 (200)

第八章 垄断的产生及垄断阶段的资本运行 (205)

第一节 垄断资本主义生产关系的特征 (206)
一、私人垄断资本主义生产关系的特征 (206)
二、国家垄断资本主义生产关系的实质 (209)

第二节 资本主义发展的历史进程 (212)
一、资本主义生产关系的调整与变化 (212)
二、资本主义的历史走向 (215)

第三节 垄断阶段的资本运行 (217)
一、垄断资本条件下市场经济的新变化 (217)

二、国家垄断资本主义的发展 ………………………………………… (221)
　第四节　垄断资本主义经济向国际范围的扩展 ……………………… (226)
　　一、垄断资本主义经济扩展的基础 …………………………………… (226)
　　二、垄断资本主义经济扩展的形式 …………………………………… (228)

第九章　经济全球化与现代资本主义 ………………………………… (234)
　第一节　经济全球化的产生与发展 …………………………………… (235)
　　一、经济全球化的产生 ………………………………………………… (235)
　　二、经济全球化的发展趋势 …………………………………………… (242)
　　三、经济全球化是一把双刃剑 ………………………………………… (246)
　　四、经济全球化与国际经济协调 ……………………………………… (249)
　第二节　经济全球化与资本主义经济关系 …………………………… (251)
　　一、经济全球化与发达资本主义国家 ………………………………… (251)
　　二、经济全球化与发展中国家 ………………………………………… (254)
　　三、发达国家与发展中国家之间的经济关系 ………………………… (260)
　第三节　经济全球化与中国的对外开放 ……………………………… (263)
　　一、经济全球化条件下中国的对外开放 ……………………………… (263)
　　二、全面提高对外开放水平 …………………………………………… (267)
　　三、对外开放中的几个重要关系 ……………………………………… (269)
　　四、科学认识社会主义发展的历史进程 ……………………………… (272)

后　记 …………………………………………………………………… (279)

导 论

目的要求

导论要说明的是政治经济学的产生与发展，阐明其研究对象、任务、方法、性质和意义。通过导论的学习，初步了解马克思主义政治经济学的基本原理，领悟马克思主义政治经济学在整个马克思主义理论体系中的地位，认识马克思主义政治经济学是工人阶级政党领导革命和建设，制定纲领路线、方针和政策的主要依据。

主要内容

☆马克思主义政治经济学的形成和发展
☆马克思主义政治经济学的研究对象
☆马克思主义政治经济学的地位和任务

教学重点

☆马克思主义政治经济学的形成的历史背景和时代特征
☆马克思主义政治经济学形成的理论来源
☆马克思主义政治经济学的研究对象和任务
☆马克思主义政治经济学的研究方法
☆生产力和生产关系的基本关系

第一节　　政治经济学的形成和发展

一、经济的含义

在中国古代《周易》中,已出现"经"和"济"二字,在隋代王通的《文中子·礼乐篇》中,曾有"经济之道"的说法。杜甫《上水遣怀》诗:"古来经济才,何事独罕有。"《宋史·王安石传论》:"以文章节行高一世,而尤以道德经济为己任。"简而言之,中国古代文献中的"经济"一词的原义是"经国济民"或"经邦济事",意指治理国家和拯救贫民。

在西方国家,古希腊思想家色若芬所著的《经济论》最先使用"经济"一词,意指家庭管理,即奴隶主家庭的生产和生活方面的管理。

从19世纪下半期开始,日本使用中国古籍中的"经济"一词来翻译英语词汇 economy,而我国在20世纪初又从日本引进富有现代含义的"经济"一词。经济的含义:一是指经济活动,包括生产、分配、交换或消费等活动;二是指一个国家国民经济的总称或国民经济的各部门,如农业经济、工业经济等;三是指社会生产关系的总和或经济基础;四是指节约。

二、经济思想的产生

人类经济活动的产生和发展,促使各种经济思想的形成和演化。

在中国,"食"和"货"这两个概念,最早出现在《尚书》中的《洪范》篇。"食"是指农业生产,"货"主要是指农家副业布帛的生产与货币。在古代社会,农业和农家手工业是最重要的生产部门,因此,作为当时新兴地主阶级治国大的《洪范》把"食"与"货"列为"八政"之第一位和第二位。之后,各个封建朝代的思想家丰富和发展了食货经济思想和政策。在中国古代和近代经济思想史上,管仲、孔子、商鞅、桑弘羊、王安石、洪秀全、康有为、孙中山等,均有着内涵丰富的经济思想,在全世界经济思想宝库中占有极其重要的地位。

在西方,古希腊色诺芬于公元前387—前371年写成的《经济论》,以记录苏格拉底与他人对话的形式,阐述了收入与支出、财富及其管理、农业及其管理、分工等问题。《雅典的收入》是他探讨雅典国家财政的论著,具体分析了奴隶制国家应如何管理经济。后来,亚里士多德发展了色诺芬的经济思想,将家庭管理置于奴隶制国家管理的范围,并在《政治论》名著中把经济论当作广义政治论的一个组成部分。他区分了"家庭管理"与"货殖"这两种生财方式,并在有关"货殖"的论述中,提出了关于商品交换中的等价原则和价值形态等天才的见解。此外,神学泰斗阿奎那在《神学大全》一书中,借助上帝的力量,抨击"低进高出"的商人和"放债取利"者,反映了当时有关商业、借贷业和教会的经济思想。但在欧洲漫长的中世纪,由于受封建统治和经院哲学的约束,经济思想较为贫乏。

三、政治经济学的形成与演变

政治经济学作为一门独立的科学,是随着资本主义生产方式的产生和发展逐步形成的。至14、15世纪,商业特别是海外贸易迅速发展,使重商主义经济思想出现。重商主义是资产阶级最初的经济学说,它以流通为对象,主要研究商业和海外贸易,对推动资本主义原始积累起了重大作用。在经济学说史上,最早使用"政治经济学"一词的便是法国重商主义的代表安徒万·德·蒙克莱田(1575—1622年)。1615年,他发表了《献给国王和王后的政治经济学》,该书已超出家庭经济的研究范围,论述了工场手工业、商业航海业和整个国家的经济理论和经济政策。重商主义是对资本主义生产方式的最早的理论探讨,但它只限于流通领域。而真正的近代经济科学,是在理论研究从流通过程转向生产过程的时候才开始的。

到了17世纪中叶,资本主义开始进入工场手工业时期,标志着资本主义生产方式逐渐形成。此时,在商业领域积累起来的大量资本纷纷投入生产领域,产业资本取代商业资本成为主要的资本形式。与此相适应,重商主义也让位于资产阶级古典政治经济学。最先把研究对象从流通领域转向生产领域的经济学者是重农主义者。法国重农学派的布阿吉尔贝尔(1646—1714年)和弗·魁奈(1694—1774年),都只把研究范围局限于农业生产领域,认为只有农业部门是创造财富的唯一生产部门。虽然,重农学派在政治经济学的研究上取得了巨大成就,提出了劳动创造价值和其他一些重要的经济观点,但由于其研究领域的局限和缺乏较完整的理论体系,因此真正独立的政治经济学仍未确立。对资本主义生产方式首次进行全面考察,把经济研究范围扩展到整个生产领域,并建立起较完整的理论体系，进而使政治经济学真正开始成为一门独立学科的，是英国的亚当·斯密（1723—1790年）。亚当·斯密的时代，英国正处于从工场手工业向机器大工业的过渡时期，其经济发展要求进一步排除财富增长过程中人为的障碍，从理论上清算封建残余的影响和重商主义的消极作用。斯密花了10年时间完成的《国民财富的性质和原因的研究》一书，适应了这个经济发展要求，因而成为划时代的经济学著作，这也是人类第一部系统论述资本主义生产方式的著作。他把研究范围扩展到了全部的生产部门和商业部门，强调在国民财富增长中工业的主导作用，论证了资本主义经济自由和单纯追求个人利益的合理性。

英国的大卫·李嘉图（1772—1823年）是新兴资产阶级的经济学家，他以劳动价值论为研究的基础和出发点，把古典政治经济学推到了理论顶峰。但随着资本主义的发展，资本主义生产方式的内部矛盾不断外化和激化。至19世纪30年代，资产阶级政治经济学不断偏离古典政治经济学的原有基础，抛开其科学因素，继承并发展其中的庸俗成分，着重于经济生活的现象描述和制度辩护，法国的萨伊、英国的马尔萨斯和詹姆斯·穆勒等为其代表。历史上还出现过小资产阶级政治经济学，如法国的西斯蒙第等，以及具有进步性的空想社会主义经济思想，如英国的罗伯特·欧文等，他们抨击资本主义制度的弊端和不公，否定资本主义制度的永恒性。但是，当时的经济学家并未建立起科学的政治经济学体系和方法。

马克思在批判资产阶级庸俗经济理论及吸收古典经济学和空想社会主义合理成分的基础上，于19世纪40年代开始创立工人阶级科学的政治经济学。当时，资本主义生产方式已在西欧的一些主要国家占居统治地位，该生产方式所固有的内在矛盾也充分显露出来，阶级矛盾日趋尖锐，而无产阶级作为一个自觉的阶级出现在政治舞台上，要求自己的思想家对资本主义制度和无产阶级的斗争出路作出理论说明。马克思正是从政治经济学的研究对象、研究方法开始，以劳动价值论、剩余价值论为基础，实现其全部范畴和理论体系的全面变革，从而完成政治经济学革命。马克思主义政治经济学科学体系的最终建立，以马克思的伟大著作《资本论》的完成为标志。《资本论》第一卷于1867年问世，第二、三卷于马克思逝世后由恩格斯整理出版，第四卷由考茨基整理以《剩余价值学说史》为书名出版。恩格斯把《资本论》称为"工人阶级的圣经"，认为自地球上有资本家和工人以来，没有一本书像《资本论》那样，对于工人具有如此重要的意义。资本和劳动的关系是资本主义社会体系赖以旋转的轴心,这种关系在《资本论》这里第一次作了科学的说明。自马克思之后,资产阶级政治经济学在英国的马歇尔和凯恩斯以及美国的萨缪尔森和斯蒂格利茨等学者那里得到进一步的发展,其中含有错误的或庸俗的内容和某些科学成分,而工人阶级政治经济学在其他马克思主义经典作家和学者那里也不断得到继承、发展和创新。

四、马克思主义政治经济学是科学的理论

既然政治经济学这个学科名称不是马克思的发明,因而政治经济学就不是马克思主义的专用词。这样,政治经济学就因理论框架、理论观点的不同而区分为马克思主义政治经济学(或马克思主义经济学)和非马克思主义政治经济学(或非马克思主义经济学)。马克思主义政治经济学是反映客观经济运动规律的经济理论,具有高度的科学性。

(一)马克思主义政治经济学的产生反映了时代的客观要求

从18世纪末至19世纪中叶,英、法、德等国的产业革命,使资本主义生产方式最终确立并彻底取代了封建主义生产方式,这就表明资本主义生产关系在一定程度上适应了当时生产力发展的客观要求。在此之后,资本主义生产力以前所未有的速度和规模迅速发展起来,在短短的时间内便创造了比以往高得多的社会财富。但是,随着资本主义生产方式的发展,资本主义社会的阶级矛盾和阶级斗争逐步尖锐化。无产阶级与资产阶级的阶级斗争逐渐成为资本主义社会主要矛盾:一方面,资产阶级要有为它辩护的经济理论代替科学的探讨,从而产生了为资本主义辩护的庸俗经济学,并逐渐取代古典政治经济学而占居统治地位;另一方面,作为一支独立的政治力量登上历史舞台的无产阶级,也强烈地呼唤着无产阶级政治经济学的诞生,以便用自己的经济理论来武装无产阶级,并指导蓬勃发展的反对资本主义的斗争实践,使其不断深入发展,以取得最后的胜利。正是在这样的历史背景下,马克思主义政治经济学于19世纪中叶应运而生。因此,马克思主义政治经济学是无产阶级的政治经济学,代表着无产阶级的利益,具有鲜明的阶级性。由于无产阶级作为先进生产力和生产方式的代表,其经济地位和阶级利益的要求同社会发展的方向完全一致,无产阶级在认识和揭示社会经济发展规律方面,既不同于以往的剥削阶级受狭隘的阶级私利的局

> 历史的发展提出了资本主义向何处去、人类社会向何处去的问题。马克思主义正是为适应这一历史形势和回答这一历史问题而产生的。

限,又不会被阶级的偏见妨碍自己如实地揭示客观真理,因而无产阶级能够坚持以科学的态度去探索、认识和反映社会经济发展的客观经济规律。无产阶级越是如实地把社会经济发展规律揭示出来,并深刻地认识和正确地加以利用,就越是符合无产阶级和广大劳动人民的根本利益,从而有利于实现无产阶级的历史使命。所以,马克思主义政治经济学既是一门揭示社会经济发展规律的科学,又是一门代表无产阶级利益的科学,它实现了科学性和阶级性的统一。

(二)马克思主义政治经济学是在批判继承前人一切优秀成果的基础上创立起来的

马克思主义政治经济学的创立没有脱离世界文明发展的轨迹,而恰恰是建立在世界文明的一切优秀成果基础上的。马克思主义政治经济学的主要理论来源有:

1. 英国古典政治经济学

古典政治经济学是由威廉·配第(1623—1687年)始创,亚当·斯密(1723—1790年)集其大成,大卫·李嘉图(1772—1823年)最后完成的。古典政治经济学克服了重商主义只局限于研究流通领域的缺陷,将研究重点转向了生产领域,创立了真正的现代经济学。古典政治经济学的主要任务是批判封建主义经济制度,揭示资本主义生产和分配的规律,以促进资本主义的发展。由于古典政治经济学代表了新兴的资产阶级的利益,因而它能够以科学的态度对社会经济发展规律进行探讨,并取得了有科学价值的成果,比如,它在一定程度上揭示了资本主义生产的内部联系,提出了劳动创造价值的观点,继而接触到了剩余价值问题。古典政治经济学对经济科学的贡献是为马克思主义政治经济学的建立提供了丰富的营养。

2. 空想社会主义

19世纪初出现了代表被压迫、被剥削阶级利益的空想社会主义经济理论,其代表人物是三个伟大的空想社会主义者圣西门、傅立叶和欧文。空想社会主义反对资产阶级经济学者把资本主义制度说成是永恒的、自然的制度,抨击了资本主义制度的各种弊端、祸害,揭露了资本主义的内在矛盾,并提出了代替资本主义制度的一系列未来社会的美好设想。空想社会主义为马克思主义政治经济学阐述社会主义代替资本主义的客观必然性提供了重要的理论来源。

但是,古典政治经济学和空想社会主义也存在着非科学的因素。古典政治经济学虽然认识到了资本主义剥削的事实,但因受阶级利益的局限，没有考察剩余价值的来源和实质，从而未能揭示资本主义经济的实质。空想社会主义由于没有发现唯物主义历史观，因而既不能阐明资本主义雇佣劳动制度的本质，又不能发现资本主义发展的规律，也没有找到能够成为新社会制度创造者的社会力量。他们甚至拒绝无产阶级反对资产阶级的斗争，寄希望于资产阶级中的明智之士接受他们的方案，以期实现社会制度的变革。

马克思主义政治经济学并不是全盘地接受古典政治经济学和空想社会主义的经济理论，而是继承其科学的成分，批判其非科学的成分，在他们研究成果的基础上对政治经济学进行了伟大的革命和创新，最终创立了完全科学的政治经济学。马克思主义政治经济学第一次从一切社会关系中划分出生产关系，指出它是一切社会关系中最根本、最本质的关系；第一次明确指出政治经济学所要研究的不是物，而是物掩盖下的人与人的关系，这种关系在阶级社会中表现为阶级与阶级的关系；第一次发现了劳动二重性，建立了科学的劳动价值论，并以此为基础创立了剩余价值学说，彻底揭露了资产阶级剥削无产阶级的秘密，揭露了无产阶级和资产阶级对立的根源。总之，马克思主义政治经济学解决了前人未曾解决的问题，创立了新的经济范畴，揭示了社会经济发展的规律，促使政治经济学发生了划时代的变革。

（三）马克思主义政治经济学深深植根于现实经济运动的沃土之中，从实践中来，又接受实践的检验

经济学是一门实证科学，它来自于现实，同时又能解释现实。马克思主义政治经济学也是实证经济分析的科学，因为马克思主义政治经济学的创立，不是脱离现实经济运动凭空逻辑推演的结果，而是以当时资本主义生产方式最发达的英国为典型进行抽象分析的结果，它在理论阐述上大量使用英国的例证和其他社会统计资料来支持自己的观点，具有很强的实证特色。马克思所使用的实证分析不是随意地挑选个别事例加以普遍化，而是选择资本主义社会普遍存在的大量事实，并且这些事实不仅在资本主义生产方式发达的英国普遍存在，而且在资本主义生产方式相对落后的德国和西欧大陆也先后普遍存在，按马克思的话说就是："工业较发达的国家向工业较不发达的国家所显示的，只是后者未来的景象。"[1]因此，马克思主义政治经济学进行实证分析所运用的事实资料具有普遍性，这就

---

[1]《马克思恩格斯全集》第23卷，北京：人民出版社，2004年，第8页

保证了在此基础上抽象出的理论具有科学性。不仅如此,马克思主义政治经济学当时所揭示的资本主义经济运动规律,已经被当时的资本主义经济发展的客观实际所证实,经受了实践的检验。

五、马克思主义政治经济学是不断发展的理论

(一)为什么说马克思主义政治经济学是不断发展的理论

马克思主义政治经济学的科学性还在于它不是封闭的、僵化的、凝固不变的理论,而是开放的、发展的理论,是在不断地发展中显示了自己强大的生命力。马克思主义政治经济学之所以是不断发展的理论,首先在于它提供的不是现成的教条,不是让人们背诵的教义,而是进一步研究经济学的出发点和供这种研究使用的方法。也就是说,马克思主义政治经济学的精髓是观察与分析经济现象的世界观、基本原理和方法论,而不是某些个别的结论。马克思在他那个时代所得出的某些个别结论可能会因时间的推移和社会实践的变化而过时,但马克思观察与分析经济现象的世界观、基本原理和方法论却是常青的,这正是我们坚持马克思主义的真谛。其次,马克思主义政治经济学没有、也不可能穷尽政治经济学的一切科学真理,更不可能提供一切问题的现成答案。对于不同时代的任务和不同的问题,我们只能运用马克思主义政治经济学所提供的世界观、基本原理和方法论加以完成和回答,这就意味着马克思主义政治经济学需要不断丰富、完善和发展。

(二)马克思主义政治经济学理论发展的内涵

马克思主义政治经济学是不断发展的理论,有其深刻的内涵。

一方面,马克思主义政治经济学随着社会经济实践的发展而不断发展。马克思主义政治经济学来自于丰富的社会经济实践,而社会经济实践却是不断变化发展的,因此马克思主义政治经济学若要保持旺盛的生命力,就必须根据社会经济实践的变化而不断修改、补充、完善和发展自己的理论,使其适应和解释变化了的社会经济实践。这具体表现在:一是要用社会经济实践来检验已有的经济理论,对于那些被实践证明已经过时的个别结论要敢于大胆地放弃,在这方面必须坚持解放思想、实事求是的马克思主义思想路线。实际生活总是处在不停的变动之中,因而解放思想没有止境,实事求是要一以贯之。二是要根据新的社会经济实践经验和已经变化的

否认马克思主义的科学性是错误的,教条式地对待马克思主义也是错误的。我们一定要适应实践的发展,以实践来检验一切,用发展着的马克思主义来指导新的实践。

习近平总书记在十八大以来的系列重要讲话中多次强调,马克思主义政治经济学是马克思主义的重要组成部分,也是我们坚持和发展马克思主义的必修课;我们要立足我国国情和我国发展实践,揭示新特点和新规律,提炼和总结我国经济发展实践的规律性成果,把实践经验上升为系统化的经济学说,不断开拓当代中国马克思主义政治经济学的新境界。

具体情况,运用马克思主义政治经济学提供的科学方法,对实际问题进行理论研究,创立新的理论和观点,丰富和发展马克思主义政治经济学。总之,离开客观实际和时代的发展来谈马克思主义,没有意义;静止、孤立地研究马克思主义,把马克思主义同它在现实生活中的发展割裂、对立起来,没有出路。

另一方面,马克思主义政治经济学是在批判地吸收各种经济学研究的一切优秀成果,特别是资产阶级古典政治经济学和空想社会主义等经济理论的基础上创立起来的。同样,马克思主义政治经济学的发展也必须通过批判地吸收各种经济学流派,包括西方政治经济学流派的合理成分而实现。无视各种经济学发展的优秀成果,孤立地、教条式地研究马克思主义政治经济学,其结果只能使马克思主义政治经济学的发展偏离世界文明的发展,最终导致其落后和失去生命力。

(三)马克思主义政治经济学的发展历程

100多年来,马克思主义政治经济学始终没有停止过它的发展,一代又一代的马克思主义者运用马克思主义政治经济学所提供的世界观和方法论,根据自己所处的时代的要求,对经济实际进行了大量的理论思考,提出了创造性的理论和观点,丰富和发展了马克思主义政治经济学。从马克思主义政治经济学的发展来看,列宁首先根据资本主义发展的新变化、新特点,提出了帝国主义是资本主义发展的最高阶段的著名论断,从而把资本主义明确地划分为自由资本主义和垄断资本主义两个阶段,建立了帝国主义或垄断资本主义理论。同时,列宁通过对资本主义发展不平衡的深刻分析,得出社会主义革命可能首先在一国或数国取得胜利的论断,突破了马克思和恩格斯关于社会主义革命只有在大多数先进资本主义国家同时发生才能取得胜利的结论。毛泽东从中国半封建半殖民地的社会经济实际出发,提出了新民主主义革命的理论和纲领,指引中国革命取得了胜利,毛泽东思想成为马克思主义与中国实际相结合的产物。邓小平根据当代资本主义发展的新特点和社会主义经济体制改革的实际情况,提出了建设有中国特色的社会主义理论,并提出了社会主义市场经济理论,使我国的社会主义建设事业走上了适应生产力发展的新的轨道。马克思主义政治经济学在实践中的不断丰富和发展,正是这门科学具有强大生命力的原因所在。

习总书记说:"马克思主义中国化形成了毛泽东思想和中国特

面对传统的社会主义计划经济体制,不同的国家选择了不同的发展道路,并产生了完全不同的发展结果。在这个方面,中国与前苏联和原东欧社会主义国家形成了鲜明的对照。在西方发达国家的影响下,前苏联和东欧国家通过激进式改革,彻底放弃了社会主义,走上了一条地道的资本主义发展道路。这些国家20多年以来的发展事实证明,这条道路并不成功。与这些国家不同,中国的改革开放始终坚持以马克思列宁主义为指导,坚持社会主义的基本原则和方向,并创造性地形成了中国特色社会主义理论。30多年的社会主义改革开放,使中国经济获得了持续的高速增长,并一跃而成为世界第二大经济体,可以说创造了人类经济发展的奇迹。

色社会主义理论体系两大成果,追根溯源,这两大理论成果都是在马克思主义经典理论指导之下取得的。《资本论》作为最重要的马克思主义经典著作之一,经受了时间和实践的检验,始终闪耀着真理的光芒。"

第二节　政治经济学的研究对象与范围

一、政治经济学的研究对象

(一)政治经济学研究的出发点

物质资料的生产活动是政治经济学研究的出发点。人类想要生存和发展,必须有衣、食、住等生活资料,而这些生活资料只能靠人们自己的生产活动来创造。一个社会如果离开了生产活动,也就失去了基本的生活保障。可见,人类的生产活动是最基本的实践活动,决定其他一切社会活动。物质资料的生产是人类社会生存和发展的基础。

在物质资料的生产过程中,人们首先要与自然界发生关系。物质资料的生产过程就是人们征服自然、改造自然,使其适合人们需要的过程。人们运用生产资料创造社会财富的能力,叫作生产力。生产力是推动社会生产发展的决定因素。生产力越高,社会生产发展水平也就越高,从而创造的社会财富也就越丰富。生产力发展水平的高低,直接与劳动者的劳动经验和劳动技能的状况、生产工具的完善程度、自然物质的优劣有关。因此,生产力包括劳动对象、劳动资料和劳动者三个要素。

劳动对象是人们在生产过程中将劳动加于其上的东西,是被劳动直接加工改造的对象。木工把木材做成人们需要的桌子、椅子时,木材就是木工劳动加工改造的对象。劳动对象可以分为两类:一类是没有经过人类劳动加工过的自然物质,如天然水域中的鱼类是捕鱼者的劳动对象,原始森林中自然生长的树木是伐木者的劳动对象;另一类是经过人类劳动加工过的物质,如机器制造厂用的钢材是炼钢工人的劳动产品,纺纱厂用的棉花是农民劳动的生产物。这种经过人类劳动加工过的劳动对象,又称为原料。一切原料都是劳动对象,但劳动对象并不都是原料。随着科学技术的发展,人类逐渐发现了自然物质许多新的有用属性,并创造出许多新的材料,加上海底资源的利用、深层矿产的开采,从而扩大了劳动对象的范围和种类,提高了劳动对象的数量和品质,这对劳动生产力的发展产生了重大影响。

劳动资料也称劳动手段,它是人们在劳动过程中用以改变或影响劳动对象的一切物质资料和物质条件。劳动者利用某些物质资料来改变和影响劳动对象,使其变成适合人们需要的产品。劳动资料中最重要的是生产工具,它相当于人的器官的延长和扩大。从原始人使用的石块、木棒,到今天的智能化机器体系,生产工具或劳动工具发生了根本的变化。生产工具的发展状况是社会生产力发展水平的物质标志。除了生产工具以外,劳动资料还包括除了劳动对象以外的一切物质条件,如生产建筑物、道路、灯光照明等,没有它们,劳动过程就不能正常进行。

生产力的第三个因素是具有劳动经验和劳动技能的劳动者。劳动者是生产力构成要素中最重要的决定性因素,因为任何先进的生产工具都需要劳动者来制造和使用。如果没有劳动者来操作,任何先进的工具都将变成一堆废铁。

在生产力的三个要素中,劳动者是生产过程中人的因素,劳动者的劳动称为"生产劳动"。劳动对象和劳动资料是生产过程中物的因素,它们又称为"生产资料"。生产力中的这三个实体性要素,都与一定的科学技术水平紧密联系着。劳动者的科学技术知识越丰富,劳动技能就越高。科学技术越发展,生产工具就越先进,劳动对象的数量和质量也会相应提升。目前,世界科学技术革命正在蓬勃发展,科学技术成为提高生产力的重要源泉,可以说是第一生产力。不过,科学技术是通过影响生产力的三个实体性要素来影响生产力的发展的,所以,它本身并不能成为生产力一个独立的实体性要素。

(二)政治经济学的研究对象

进行物质资料生产,必然要产生两个方面的关系:一是人与自然的关系,即社会生产力;二是人与人之间的关系,即社会生产关系或经济关系。社会生产力和生产关系统一,便是社会生产方式。马克思在《资本论》第 1 卷序言中指出:"我在本书研究的,是资本主义生产方式以及和它相适应的生产关系和交换关系。"[①] 所以,政治经

[①] 《资本论》第 1 卷,北京:人民出版社,2004 年,第 8 页。

济学的研究对象便是社会生产方式，它不仅包括社会生产力，还包括社会生产关系。在物质资料的生产过程中，人们不仅与自然界发生关系，人们彼此之间也要发生关系。由于单个的人无法与自然力量抗衡，因而个人的生产实际上是不存在的，物质资料的生产总是社会的生产。在生产过程中，人们只有结成一定的关系共同活动和互相交换活动，才能与自然界发生联系。人们在生产过程中结成的各种经济关系，叫作生产关系。由于生产活动是最基本的实践活动，因而生产关系是人们最基本的社会关系。生产关系包括三个方面：生产资料的所有制形式；人们在直接生产过程和交换过程中所处的地位和关系；产品的分配关系。其中，生产资料所有制是整个生产关系的基础，它决定着生产关系中的其他方面。

生产力和生产关系的统一构成物质资料的生产方式，生产力是生产方式的物质内容，生产关系是生产方式的社会形式。在生产力和生产关系的矛盾统一体中，生产力是矛盾的主要方面。生产力是最革命、最活跃的因素，社会生产方式的发展和变化，一般总是先从生产力的发展变化开始的。生产力的发展，使旧的生产关系与它不相适应，要求建立新的生产关系，从而引起生产关系的相应变化。从根本上说，有什么样的生产力，就会有什么样的生产关系与它相适应。历史上每一种新的生产关系的出现，归根到底都是生产力发展的结果。

不过，生产关系不是消极的和被动的因素，它一旦形成，便会积极地反作用于生产力。同生产力相适应的生产关系，会促进生产力的发展；同生产力不相适应的落后的或者超前的生产关系，会阻碍生产力的发展。但是，生产关系不能过分长久地处于与生产力发展不相适应的状态，迟早要被能适应生产力发展的新的生产关系所代替。生产关系一定要适应生产力，这是人类社会发展的客观规律。

新的生产关系代替旧的生产关系的过程，在不同的社会条件下是不同的。在存在阶级对抗的社会里，这一过程表现为强烈的阶级斗争，这是因为代表腐朽的、陈旧的生产关系的剥削阶级，为了维护自身的阶级利益，总是拼命反对生产关系的变革，维护旧的生产关系。这时，代表新的生产关系的阶级就会通过阶级斗争和社会革命，摧毁腐朽的生产关系，建立适合生产力发展的新的生产关系，从而为生产力的进一步发展开辟道路。所以，在阶级社会里，阶级斗争是社会进步和经济发展的动力之一。

生产关系和生产力的矛盾，是推动人类社会发展的基本动力。经济基础和上层建筑的矛盾，是制约社会生产方式发展的重要因素。生产关系实际上是人们的物质利益关系,生产关系的总和构成社会的经济基础,在这个经济基础之上建立起来的政治法律制度以及与它相适应的政治、法律、哲学、宗教、文艺等意识形态,统称为上层建筑。经济基础决定上层建筑,有什么样的经济基础,就要求建立什么样的上层建筑为它服务。经济基础的发展变化,要求改变旧的上层建筑,建立与经济基础相适应的新的上层建筑。但是,上层建筑对经济基础也有反作用,与一定的经济基础相适应的上层建筑,会对这种经济基础起保护和发展的作用。当经济基础发生变化且原来的上层建筑不适应已经变化了的经济基础时,上层建筑就会阻碍经济基础的发展,甚至还会动员一切力量来破坏经济基础的变革。不过,经济基础的发展最终会摧毁旧的上层建筑,建立起与经济基础相适应的新的上层建筑。

政治经济学是研究生产关系的一门科学。但是,它不是孤立地、静止地研究物质和文化领域的生产关系,而是既要联系生产力,又要联系上层建筑,来揭示生产关系发展和变化的规律性。由于在人类社会发展的不同历史阶段上,生产关系具有不同的性质和运动规律,所以,政治经济学本质上是一门历史的科学。

有些论著认为,马克思主义经济学研究的是生产关系,而西方经济学研究的是社会稀缺资源的配置。显而易见,这种一般性的对象表述经常被人误解,其实前者并非不研究社会资源的配置,后者也并非完全不研究各种利益集团和阶级的关系(西方新旧制度主义和新制度经济学还突出了此项研究)。马克思经济学和西方新古典经济学的区别不在于要不要研究资源配置,而在于怎样研究资源配置,即以何种方法来研究资源配置问题。具体来说,马克思经济学所研究的资源配置与西方经济学有重要区别:其一,马克思经济学认为经济学是一门社会科学,它研究的起点与终点都是人,认为社会生产和再生产不仅是物质资料的生产和再生产过程,而且是特定经济关系和经济制度的生产和再生产过程;它认为社会资源的配置,不仅包含计划或市场的配置方式,而且包括公有或私有的配置方式。西方主流经济学所研究的资源配置,是将资本主义生产关系作为研究的假设前提或无摩擦的和谐物,而重点研究人与物的关系或人与人的表象关系(科斯、诺思等新制度经济学也反对主流经济学狭窄的研究对象和思路,事实上是"复活"了马克思和古典经济学的分析视角)。其二,马克思经济学始终站在历史的高度,认为资源配置和经济运行的方式是不断发展和变化的,并不是一个与社会制度无关的自然现象,其在不同的经济关系下具有独特的社会内容和运动形式。西方主流经济学显然缺乏这种历史高度和辩证思维。

当代马克思主义政治经济学应当以物质和文化生产力的发展为出发点,重点研究资本主义社会和社会主义社会的经济关系和经济制度,并涵盖资源配置、经济运行、经济行为、经济发展和人的福利等基本层面的内容。它应阐释的主要是制度层面而非技术层面,是理论层面而非政策和应用层面。

二、社会生产和再生产的总过程

无论是物质生产,还是文化生产和服务生产,其总过程都是由生产、分配、交换和消费四个环节组成的有机整体。生产是起点,消费是终点,分配和交换是连接生产与消费的中间环节,这四个环节互相制约、互相依赖,构成生产总过程的矛盾运动。因此,我们还必须从社会生产和再生产总过程的各个环节,来说明生产关系内在的一般关系。

生产是指人们直接征服和改造自然,并创造物质财富的过程。消费分为生产性消费和个人消费。生产性消费是指生产过程中生产工具、原料、燃料等各种物质资料和活劳动的消耗,其本身就是生产过程,不属于我们要讨论的消费范围。个人消费是指人们为了满足物质和文化的需要,而对各种物质资料和服务的消耗,通常说的消费就是指这种个人消费。生产决定消费,这表现在:

第一,生产为消费提供对象。如果没有生产创造出来的各种物质资料,就不会有人们的各种消费活动。生产的物质资料的数量和种类决定了消费的水平和结构。

第二,生产决定了消费的方式。生产出什么样的消费用具,就会形成什么样的消费方式。

第三,生产的性质决定了消费的性质。资本主义生产不同于社会主义生产,因而资本主义消费也不同于社会主义消费。当然,消费对生产并不完全是被动的、消极的,它会反作用于生产。首先,消费使生产得到最终实现。生产出来的产品如果不进入消费,它就不是现实的产品,所以,只有当产品进入消费,生产行为才算最后完成。其次,消费为生产提供目的和动力。如果没有消费,生产也就失去了意义,人们就不会去从事各种生产活动。

分配包括生产资料的分配、劳动力的分配和消费品的分配。生产资料和劳动力的分配是说明这些生产要素归谁所有和如何配置的问题,是进行物质生产的前提,因而它们本身也属于生产范畴。消费品的分配是确定个人对消费品占有的份额。这里讲的分配主要是指个人消费品的分配。生产决定分配,这就表现在:首先,被分配的产品只是生产的成果,因而生产的发展水平决定了可分配的产品的数量;其次,生产的社会性质决定了分配的社会形式,比如资本主义生产就决定了有利于资本家阶级的分配形式。分配对生产也有反作用,与生产相适应的分配制度会推动生产的发展;反之,则会阻碍生产的发展。

交换包括劳动活动的交换和劳动产品的交换。广义地说,只要有劳动分工,就必然有交换发生。例如,原始社会存在按性别和年龄的自然分工,有的人制造工具,有的人打猎,有的人从事采集、料理家务等,每个人为满足自己的多种需要,就必须相互交换自己的活动。狭义地说,交换是指在等价基础上进行的商品交换,通常说的交换就是指这种交换。生产决定交换,这是指在生产过程中,社会劳动分工的程度决定了交换的范围和规模,分工越细,交换范围越广,交换规模也就越大。交换对生产也有反作用,交换越发展,社会劳动分工就进一步深化。例如,商品交换的发展有利于促进自然经济向商品经济的转化,有利于促进传统农业向现代化大农业的转化。

总之,作为政治经济学研究对象的生产关系,并不只是直接生产过程中的关系,还包括分配关系、交换关系和消费关系。也就是说,政治经济学要从社会生产总过程的各个环节,全面考察人们的生产、分配、交换、消费的各种经济关系及其表现形式,其中也包括从个人及其家庭、企业、国家和国际等各个层面来考察和分析经济关系。

第三节 政治经济学的任务

"本书的最终目的就是揭示现代社会的经济运动规律,——它还是既不能跳过也不能用法令取消自然的发展阶段。但是它能缩短和减轻分娩的痛苦。"[①]"现代社会"就是指资本主义社会。马克思认为,资本主义社会的必然灭亡是一个不依任何人的意志为转移的

---

① 《马克思恩格斯全集》第 23 卷,北京:人民出版社,2004 年,第 10 页。

客观经济规律,而揭示这一规律就是马克思这一研究的任务和目的。

一、经济规律的内涵与特点

一切科学的任务均在于揭示事物的客观规律性,区别只在于研究对象的不同,所以揭示的规律性也各异。政治经济学作为一门以生产关系为研究对象的理论经济科学,揭示生产关系及其实现和发展的运动规律是它的根本任务。本书的主要任务在于揭示商品经济,尤其是资本主义和社会主义市场经济的一般规律与特殊规律。

经济规律是经济现象和经济过程内在的、本质的和必然的联系。政治经济学的使命就是要揭示在人类历史不同社会形态纷繁复杂的经济生活中的这种本质联系,以及其实现方式和运动发展的必然趋势。

如同其他规律一样,经济规律也是客观的,是不以人的意志为转移的,它在一定的经济条件下产生并发生作用。不管人们承认与否、认识与否,它们始终按照自己的要求起着作用。一旦经济条件变化了,它也们就随之发生变化甚至消失,不再发生作用。经济规律的客观性质还在于人们不能违背它,也不能制定或任意改造它,任何人违背了或是企图臆造任何经济规律,都会受到无情的惩罚。不过,人们在经济规律面前也并非无能为力,人们能够发现、认识和掌握它们,并学会正确地利用它们。各类经济规律不是分散地发生作用的,而是相互联系、相互制约,构成一个复杂的经济规律系统,而这个系统又存在多个不同的子系统。政治经济学并不能包揽全部经济规律的研究任务,而只侧重于对涉及生产关系基本层面的经济规律的揭示,这是因为还有消费经济学、产业经济学和国际贸易与国际金融等具体经济学科的存在。

二、经济规律的分类

经济规律可以有多种划分方法。按经济规律形成的条件和作用范围的不同,可大致分为三类:

(一)一切社会形态共有的普遍经济规律

这是在任何社会中都普遍起作用的经济规律,如生产关系一定要适合生产力性质的规律,劳动生产率不断提高的规律,消费需求上升规律等。这类经济规律表现了人类所有社会形态经济发展过程中最一般的共同的本质联系,它们作为不同社会经济形态规律系统中的构成部分,在作用的形式上将受到不同的规律系统的制约而表现出差别。

(二)若干社会形态共有的经济规律

这是在具有某种相同经济条件的几种社会形态中共同起作用的经济规律,如商品经济的价值规律、价格规律、供求规律、竞争规律、货币流通规律等。这类经济规律体现出几个社会形态在经济运行过程中共同的内在联系,但其具体效应的发挥还是会出现差异的。

(三)在某一特定社会形态中占支配地位的特有经济规律

这是只在一个特定社会形态中起支配作用的经济规律,如资本主义社会中的私人剩余价值规律,社会主义社会中的按劳分配规律等。这类经济规律体现出特定社会形态在经济发展过程中特殊的本质联系。

政治经济学是理论经济科学,本质上又是一门历史科学,它不仅研究某一特定社会形态的生产关系,而且研究人类不同社会形态的生产关系及其运动规律。不同社会经济形态以各自特有的经济规律相区别,又以共有的经济规律相联系。广义的政治经济学既要根据生产关系发展的不同历史阶段,揭示出各个社会在不同的发展时期(如资本主义的自由竞争时期和垄断竞争时期,社会主义的计划经济时期和市场经济时期)特有的经济规律,又要以此为基础,揭示出几个社会共有的以及一切社会共有的、最普遍的经济规律。但这些又要以专门研究某一社会生产关系及其发展规律的狭义政治经济学为基础。

第四节 政治经济学的研究方法

马克思主义政治经济学的根本研究方法是唯物辩证法。唯物辩证法是指导各门科学研究的总方法或方法论,它也是政治经济学的根本研究方法。马克思、恩格斯的伟大贡献之一,就是用唯物辩证法从根本上来改造全部政治经济学。运用唯物辩证法研究社会经济运动,就是运用对立统一规律、量变质变规律和否定之否定规律,来分析社会经济现象和经济过程的矛盾运动,分析其变化发展过程,从而揭示经济现象和经济过程的本质及其客观规律。

一、历史唯物主义方法

生产关系适合生产力性质这个规律是马克思和恩格斯的伟大科学发现,这一发现使人们科学地认识了人类社会发展的客观过程。在马克思和恩格斯以前,许多资产阶级学者认为人类社会的变化不是由客观规律支配的客观过程,而是由人的理性、道德、良心等心理因素决定的,他们完全用人的意识来解释社会现象,因此他们是历史唯心主义者。马克思和恩格斯把复杂的社会现象归结为经济关系,即生产关系,而生产关系的变化又归结为生产力的发展变化。所以,马克思和恩格斯没有借助于良心等意识来说明社会的变化,而是从客观的生产力水平出发,揭示社会发展的客观规律。

马克思主义注重从生产力、上层建筑与生产关系的作用与反作用的内在联系中,阐明生产关系变化机制及其发展规律,注重对经济权利、经济制度及其历史变迁的研究。这种具有历史纵深感的经济学分析方法,与资产阶级政治经济学将资本主义生产关系和经济制度视为一般和永恒范畴的历史唯心论方法相比,有天壤之别。

二、唯物辩证法

唯物辩证法是内容与形式、本质与现象等范畴,以及对立统一、量变与质变、否定与肯定等规律的方法论总称。其中,政治经济学的研究尤其强调下列方法:

(一)矛盾分析法

万事万物无时不在发展变化,事物内部固有的矛盾是事物发展变化的根据。社会经济形态也同样如此。政治经济学要研究生产关系及其运动规律,揭示人类社会经济形态的发展变化,就必须结合运用静态分析和动态分析,从研究和揭示不同社会生产关系的内在矛盾及其运动入手。马克思所创立的政治经济学,正是从剖析资本主义社会的经济细胞即商品入手,层层深入而揭示出现代社会的一切矛盾或一切矛盾的胚芽,并由此论证了资本主义必将由社会主义所取代的客观历史趋势。马克思经济学的代表作《资本论》,其实就是关于资本主义社会经济发展和经济运动的矛盾学说。

科学抽象法包括两种互相区别又互相联系的方法:从具体到抽象的研究方法和从抽象到具体的叙述方法。即"在第一条道路上,完整的表象蒸发为抽象的规定;在第二条道路上,抽象的规定在思维进程中导致具体的再现"(马克思:《〈政治经济学批判〉导言》,《马克思恩格斯选集》第2卷,第103页)。

(二)科学抽象法

经济学作为一门社会科学,必须要运用抽象力。经济范畴、理论来源于实践,是客观经济世界在人们头脑中的反映,是客观经济现象的归纳、总结,并且还要在抽象理论的层面上进行逻辑的演绎分析,去发现经济现象之间的联系及其规律。科学抽象在认识中有重要作用。任何科学若要揭示事物的本质,都必须经过科学的抽象过程,对政治经济学尤其如此。这是因为,分析经济问题既不能用显微镜,也不能用化学试剂,两者都必须用抽象力来代替。这里说的"抽象力",指的就是人们运用头脑对所研究对象的抽象思维能力,它要求人们抓住事物的内在同质性,舍弃非本质差异;抓住现象中反复出现的普遍形式或一般形式,舍弃偶然因素。运用这种能力进行科学抽象的过程,就是毛泽东所说的从感性认识上升到理性认识的过程,即将丰富的材料加以去粗取精,去伪存真,由此及彼,由表及里,以便形成概念和理论的系统的过程。科学抽象法需要正确运用"假说"等具体的分析方法。

(三)历史与逻辑相一致的分析方法

历史从哪里开始,思维过程也应从哪里开始,但历史经常出现跳跃或曲折,这就必须运用逻辑的方法,因为它可以摆脱直观的历史形式和起扰乱作用的偶然性,进行逻辑推理。不过,这又不能是脱离历史过程的纯粹抽象推理,它必须结合历史由低级到高级的发展,通过逻辑推理,以概括的理论形式,从简单概念到复杂概念,重现历史的真实。所以,这种逻辑的研究方法与历史的研究方法是有机统一的。

(四)定性与定量相结合的方法

质与量是相互依存的统一体,任何事物都包括质与量两个方面,政治经济学的研究对象也是如此。如果要充分揭示人类社会经济运行过程和经济关系的内在本质和运动规律,客观描述其表现形式和各种变量之间的关系,就必须同时从质与量两方面进行考察,把定性分析与定量分析结合起来。当年,马克思是大量运用数学来研究全面经济关系和经济运行的典范,远远超过了一切资产阶级政治经济学家。现在,我们必须继承马克思的学术传统,科学地改造和借鉴当代西方经济学的数量分析方法,纠正传统政治经济学社会主义部分运用定量分析的不足和现代西方主流经济学运用定量分析过度的弊端。所谓"定量分析的方法",就是运用数学和统计,揭示经济现象和经济过程中反映规律性的数量联系,揭示经济关系及其发展变化中反映质的数量规定和界限的方法,这是深刻认识和具体运用数量联系日趋复杂的经济社会化和国际化及现代市场经济的运行规律的重要前提。

除此之外,政治经济学的研究还需要运用综合方法、归纳方法、演绎方法以及规范方法和实证方法等认识手段,适当借鉴系统论、伦理学和心理学等某些方法和范畴,所有这些共同构成马克思主义政治经济学的方法论体系。马克思正是彻底批判了资产阶级经济学家的唯心论和形而上学,出色地运用了这些方法论,才成功地创建了工人阶级的政治经济学。当代马克思主义政治经济学也要贯彻和发展这一科学的方法论体系。

第五节 政治经济学的性质和意义

一、政治经济学的性质

(一)政治经济学的实践性

实践的观点就是认为理论依赖于实践并来源于实践,反过来为实践服务,又被实践检验的观点,它是辩证唯物论的认识论的首要的和基本的观点。马克思主义政治经济学就是建立在这种认识论的基础上的,实践性是政治经济学的一个重要特性。政治经济学在本质上也可以说是一门实践的科学。

一切从当前的经济事实出发,而不是从已有的结论、观念或意愿出发,利用浩瀚的文献资料,以资本主义生产方式的典型——英国作为解剖和阐述的例证,这就是马克思所创立的工人阶级政治经济学的客观基础。马克思花了几十年的时间,几乎阅读了以往所有的政治经济学著作、有关的经济史料、重要文献、调查报告和政府文件等。他在政治经济学领域完成的革命,既是对前人优秀成果的批判继承,又是对资产阶级社会经济生活实践的科学总结和反思,是两个来源的有机结合,是人类历史实践经验和理论智慧的结晶。

马克思主义政治经济学的科学性,就是建立在它的阶级性和实践性的坚实基础上的。过去,马克思、恩格斯出于无产阶级革命斗争的需要,运用无产阶级的立场、观点和方法,坚持实践第一的原则,创立了有高度科学性的马克思主义政治经济学。现在,面对知识经济、经济全球化和市场经济所发生的巨大变迁,面临革命和建设的双重任务,我们更要坚定地继续运用工人阶级的立场、观点和方法,继续坚持实践第一的原则,进一步丰富和发展马克思主义政治经济学,捍卫它的科学性。任何"左"的或"右"的经济思潮均会使理论脱离和背弃当代经济实践,都将严重损害理论的科学性,使之失去原有的活力和价值。我们应当不唯书、不唯上、不唯风,只唯实。

(二)政治经济学的阶级性

政治经济学的阶级性是由它所研究的对象决定的。作为政治经济学研究对象的生产关系,本质上就是人们的物质利益关系。在阶级社会或阶级世界里,生产关系及其经济利益必然表现为阶级利益的对立和差别。揭示生产关系的本质、矛盾和运动规律,直接涉及不同阶级的切身利益。所以,代表不同阶级利益的经济学家从不同的立场和观点出发,对社会经济现象和经济关系,有不同的认识和解释。他们为自己的阶级创立的经济理论,是各个不同阶级的经济利益在理论上的表现。由于政治经济学所研究的对象的这种特殊性,在阶级社会里从不存在超阶级的政治经济学。迄今为止,历史上出现过的都是代表一定阶级利益的政治经济学,如资产阶级政治经济学、小资产阶级政治经济学和工人阶级政治经学。

资产阶级的古典政治经济学尽管代表资产阶级利益,但还能对资本主义生产关系的内部联系进行某些客观分析和揭示,具有一定的科学因素。而其阶级局限性,妨碍着它揭露资本主义生产关系的本质和矛盾。近代和现代庸俗学派在很多方面抛开了政治经济学中的科学成分,带有辩护的性质。从总体上看,现代西方经济学存在或多或少的资产阶级局限性,但其中包含的关于经济运行规律、运行方式的揭示和经济管理的具体知识,关于经济过程和经济机制的某些分析方法,包括数量分析和动态分析的运用等方面,反映了社会化大生产和市场经济的普遍规律,是值得学习和借鉴的。小资产阶级政治经济学虽然激烈抨击资本主义制度,但不认识其本质和矛盾根源,并把小私有制理想化,因而也是反科学的。当今世界,经济生活充满着矛盾,处于不同群体、集团、阶层、阶级、民族和国家中的人们,具有不同的经济利益。不同的经济学家对于同一经济问题往往有相反的解释,并得出不尽一致的思想结论和政策主张,这除了认识方面的原因以外,主要是因为经济学所研究的对象具有特殊性,它直接涉及不同社会群体、集团、阶层、阶级和国家的权益。经济学家在研究、解释和试图解决经济问题时,往往自觉或不自觉地站在特定利益集团的立场上,代表和维护特定集团的权益,接受反映特定利益集团的意识形态,采取符合特定利益集团的价值判断。这些就决定了经济学在性质上必然不同于没有社会性和人文性的自然科学,也决定了在阶级社会中不存在为各对立阶级共同接受的统一的理论经济学范式。换句话说,在世界上还存在对立阶级的情形下,政治经济学的一个客观内容(自然还有其他内容)就是表现为阶级性。而马克思主义经济学所说的阶级性,首先主要是指经济方面的含义,其次才是指由这种经济含义所决定或派生的政治含义和意识含义。

虽然不少人不太愿意承认西方经济学的阶级性,并在研究中极力回避这一点,声称"自己的理论是超阶级的,是为各阶层或各阶级的共同利益服务的",但也有些西方经济学家是公开承认这一客观事实的,如凯恩斯、诺贝尔经济学奖获得者索洛等。

马克思主义政治经济学是工人阶级的政治经济学,它是为工人阶级的利益和人类解放事业服务的。工人阶级是先进生产力和先进文化的代表,不受私有制狭隘利益的束缚,同人类社会发展的方向一致。工人阶级的这种地位,决定了它具有革命的彻底性,并最迫切需要认识、揭示和运用社会发展的客观经济规律,为革命和建设服务。所以,在基本理论层面上,只有代表工人阶级的政治经济学,才能达到阶级性和科学性的统一。不强调科学性而奢谈阶级性,或不承认阶级性而空谈科学性,都是片面的。

(三)政治经济学的人文性

政治经济学是一门社会科学,它不仅是一种科学,而且与自然科学有本质差别,即具有鲜明的"人文"特征。人文性是一切社会科学的基本内涵和标志。

政治经济学的人文性,除了表现为某种阶级性之外,也可以表现为一定的国度性。例如,19世纪处于经济发达阶段的英国的经济学(以亚当·斯密为代表),同处于赶超阶段的德国的经济学(以李斯特为代表),二者差异就很大;20世纪处于资本主义的美国的经济学,同处于社会主义的苏联的经济学,二者差异就更大。西方发展经济学、比较经济学和过渡经济学的形成也绝非偶然,均具有国度性。目前,受国别和发展阶段的经济实践限制,我国所能阐明的政治经济学的社会主义理论,也只能在高度重视各个国家经济学原理的共同性、市场经济的共同性和社会主义的共同性的基础之上,反映我国初级阶段社会主义的市场经济的独特性,因而这一政治经济学必然具有国度性、阶段性和历史性。承认国度性并不否定共同性,二者是可以整合在一起的。那种以为西方经济学基本理论是适合一切国家的普遍真理,各国只有具体应用的观点,显然是错误的。人类只有先逐步建立关于各个不同社会形态和不同国家的多种"狭义政治经济学",最终才能整合成一种恩格斯所说的"广义政治经济学"。

理论经济学人文性的另一种内涵,便是以人为本,表现为对人类的终极关怀。日本著名经济学家山本二三丸教授在《人本经济学》一书中抨击"以食利致富为目的的经济学",指出:"要想配得上称之为科学的经济学,就必须对各种经济法则,特别是在资本主义社会所贯彻实行着的各项经济法则,进行正确的系统性研究。与此同时,还必须致力于探明这个社会是怎样形成和发展的,以及它必然为下一个更高级的历史性社会所取代这一发展规律……也只有这种科学的经济学,才能在这个被货币牵着鼻子走的、人们生活在比动物世界还要恶劣的弱肉强食的社会中,真正把握关于人与社会的正确思想,才能得出真正的科学的结论,即只有劳动力的承担者,才能成为建构真正的人类社会的主体。"[①]借用学术界公认的"高雅文艺"与"通俗文艺"的说法,政治经济学属于经济科学中的"高雅学科",其人文性应大大高于一般的应用经济学,这样才能代表一国经济思维的主要成就。诚然,强调政治经济学的人文性、反异化和人本主义,同强调其强国富民的功利性是可以统一的。

二、政治经济学的意义

政治经济学的重大意义是由它在马克思主义体系中的重要理论地位,以及在工人阶级革命和建设事业中的重要指导作用所决定的。政治经济学的学术价值和现实意义表现为以下几个方面:

(一)社会经济革命的指导思想

政治经济学的创立,在人类历史上第一次无可辩驳地证明了社

[①] 山本二三九:《人本经济学——经济学应有的科学状态》(前言),北京:东方出版社,1995年。

会发展的自然历史过程和社会主义取代资本主义的客观必然性,使社会主义从空想变成科学。这就为无产阶级进行社会经济改革和社会主义革命提供了有力的理论武器。我们只有认真学习它,才能坚定信念和信心,正确认识和对待资本主义,正确认识和对待社会主义,不受任何错误思潮的干扰,坚持社会主义和共产主义的大方向。

(二)社会经济建设的理论依据

政治经济学的创立,为执政的工人阶级政党进行社会主义经济建设和可持续发展奠定了理论基础,并提供了制定经济纲领、路线、方针和政策的理论根据。马克思主义是我国立国之本,邓小平关于建设有中国特色的社会主义理论是马克思主义同中国实际相结合的产物,是我国各项工作的指导思想。只有学好马克思主义政治经济学,我们才能提高从事各项经济建设和促进经济发展的自觉性,减少盲目性。

(三)人类知识结构的基础学科

马克思主义政治经济学是运用科学的世界观和方法论的典范。这是因为,政治经济学的创立最深刻、最详细地证明和运用了辩证唯物主义和历史唯物主义的立场、观点和方法。我们只有很好地学习它,才能树立正确的世界观,掌握科学的方法论,从而提高在经济以及政治、文化等领域观察和分析问题、处理和解决矛盾的能力。

政治经济学是思想政治教育专业和经济类专业的理论基础课,不少财经专业课只是政治经济学的分支。学生们学好政治经济学,有助于学好各种财经专业课。同时,在整个人文科学和社会科学的知识体系中,政治经济学具有"皇冠"美称和基础性,也是文理相通的关节点。

本章小结

本章主要说明经济的含义和政治经济学的产生与演变,阐明其研究对象与范围、任务、方法、性质,以及学习和研究的重要性。

经济有多种含义,经济思想伴随着经济实践而发展。马克思主义政治经济学的创立和发展,是人类经济学说史上的科学标志,是先进文化的代表。

社会生产是政治经济学研究的主要出发点,它是生产力和生产关系的统一。生产力包括劳动对象、劳动资料和劳动者三个要素。生产关系包括三个方面:生产资料的所有制形式;人们在直接生产过程和交换过程中所处的地位和关系;产品的分配关系。

政治经济学是研究生产关系的一门科学,既要联系生产力,又要联系上层建筑,以及从微观、宏观和国际等不同层面,来揭示生产关系发展和变化的规律性。它的研究范围比研究对象广泛。

社会生产的总过程是由生产、分配、交换、消费四个环节组成的有机整体,生产是起点,消费是终点,分配和交换是连接生产与消费的中间环节。

揭示生产关系及其实现和发展的运动规律是政治经济学的根本任务。经济规律是经济现象和经济过程内在的、本质的和必然的联系。

历史唯物主义和唯物辩证法是马克思主义政治经济学的基本方法。

马克思主义政治经济学的科学性是建立在它的实践性、阶极性和人文性之坚实基础上的。

政治经济学具有重大意义。它是社会经济革命的指导思想,是社会经济建设的理论依据,是人类知识结构的基础学科。

阅读书目

吴易风:《当前经济理论界的意见分歧》,北京:中国经济出版社,2000年。

马克思:《马克思恩格斯选集》第 2 卷,北京:人民出版社,1972年。

马克思:《资本论》第 1、2、3 卷,北京:人民出版社,1975年。

重点问题

1. 马克思主义政治经济学的研究对象有什么特点?如何把握生产力与生产关系的矛盾运动和演变规律?

2. 有人说,经济活动都是有人参与的,因而没有什么经济规律。请对此作出评论,并说明经济规律与自然规律有何异同点。

3. 政治经济学的实践性、阶级性与人文性能否统一?怎样统一?

4. 为什么说马克思主义政治经济学是不断发展的理论?

关键概念

马克思主义政治经济学　生产力　生产关系

经济规律　辩证唯物主义　历史唯物主义

第一章

社会经济制度与社会经济形态

 目的要求

通过本章的学习，主要了解人类任何一种社会形态都具有暂时的、历史的特性，都有其发生、发展和消亡的过程，每一种社会形态都会被新的、更高发展程度的社会形态所代替，并进一步认识无论新旧经济制度的交替还是同一经济制度内的调整、革新，都是由生产力和生产关系的矛盾运动所决定的。这一社会基本矛盾的运动是社会经济制度变革的最根本的动力，决定了社会经济制度的性质及其经济体制的具体形式。

 主要内容

☆社会经济制度的变迁
☆两种基本的社会经济形态

 教学重点

☆社会经济制度变革的根本动力
☆经济制度和经济体制

第一节 社会经济制度的变革

人类社会形态处于不断发展变化之中,其发展变化突出表现为新旧社会制度的交替。无论新旧经济制度的交替还是同一经济制度内的调整、革新,都是由生产力和生产关系的矛盾运动所决定的。这一社会基本矛盾的运动是社会经济制度变革的最根本的动力,决定了社会经济制度的性质及其经济体制的具体形式。

一、社会经济制度变革的根本动力

推动社会经济制度变革最根本的动力是生产力和生产关系的矛盾运动。生产关系一定要适合生产力状况,生产关系与生产力存在不以人的意志为转移的内在联系,这就是生产力决定生产关系的规律。这个规律推动社会基本矛盾的活动,支配着各种生产方式和社会经济制度的产生和变化。生产力决定生产关系的规律是人类社会最基本的经济规律,是社会经济制度变革的一般规律。

人类社会形态是同生产力发展的一定阶段相适应的经济基础及上层建筑的统一体。区别不同社会形态的根本标志是社会经济制度。社会经济制度是指社会中占统治地位的生产关系的总和。社会经济制度不同,社会形态就不同。社会经济制度的变革表现为人类社会形态的发展,生产关系随着生产力的发展而改变自身的性质,是社会经济制度变革的一般规律。

生产关系总是同一定发展阶段的物质生产力相适应。生产力的发展水平决定生产关系,有什么样的生产力,就有什么样的生产关系。生产力发展变化必然会促使生产关系或迟或早地发生调整和变革,生产力是决定生产关系变化的根本原因。生产关系作为生产力存在和发展的社会形式,对生产力的发展有着反作用,当生产关系适应生产力时,就会推动生产力迅速发展,反之,则会阻碍甚至破坏生产力的发展。生产力不仅是社会生产中起决定作用的因素,而且是最活跃、最革命的因素。每当科技进步促进生产力发展到一定程度,原来适应现在已变为不适应的生产关系,就成为生产力发展的桎梏,社会革命的时代也就来临了。旧的已不适应生产力状况的生产关系,必然会被适合发展了的生产力状况的新的生产关系所取代,于是,新的社会经济制度就产生了。作为生产力质的飞跃引起的社会经济制度变化就是如此,即使在特定社会经济制度中,生产力发生量变过程时也是如此。例如,在以蒸汽机为标志的机器工业生产力取代以牛拉犁为标志的农业生产力时,人类社会就发生了资本主义雇佣劳动制度替代封建农奴社会经济制度的变化;在资本主义经济制度下,以电气化为代表的生产和取代蒸汽动力的机器工业生产力,又导致了资本主义生产关系的调整。新的生产关系的确立通常带来生产力的大发展。例如,资产阶级革命胜利后,最终确立起的资本主义生产关系就曾有力地推动了欧洲国家的工业革命和生产力的大发展;中国社会主义经济制度建立后,也有力地推进了中国社会生产力的巨大发展;中国改革开放以来,一系列生产关系的调整也大大地解放和发展了社会生产力。以上这些都是生产关系反作用于生产力的例证。

我们评判一个社会的生产关系及建立在其之上的经济制度的先进与落后,归根到底是看其对生产力发展的作用。马克思主义政治经济学坚决摒弃脱离生产力发展状况来评判生产关系及其经济制度合理的观点。那种将生产关系视为可以与任何一种生产力自由结合,在某一种生产力水平基础上,可以凭主观意志任意建立某种生产关系的观点,是历史唯心主义的观点。

值得注意的是,这种历史唯心主义曾在我国社会一度盛行。具体表现为:(1)脱离生产力水平和基本国情,片面突出生产关系的反作用,纯粹从生产关系性质角度,抽象地评判社会生产关系及其经济制度的进步与落后、合理与不合理。在改革开放以前,我国在政府经济政策上不断加速调整生产关系,试图通过生产关系的频繁变动来推动生产力的高速发展。在这种认识和主张下,我国在20世纪50年代曾一度出现了"劳动方式大呼隆"、"生活方式吃食堂"、"所有制形式穷过渡"、"生产关系跑步跃进"等脱离我国当时生产力发展、脱离实际的情况。这实际上是把生产关系视为游离于生产力之外的独立运动。(2)忽视对生产力发展及经济运行规律有影响的资源配置问题。物质生产力,主要是生产工具决定着生产的技术方式和劳动组织形式,即各种生产资源要素的配置状况,它们直接决定着社会生产关系的具体形式。不研究生产力和生产关系的辩证规律。生产力的发展和生产要素资源的配置有自身的运动规律,这个规律有其自身固有的特点。进步的生产关系不仅在于能改变或创造新的生产力,而且更重要的是能顺应生产力发展规律,实现生产要素资源的优化配置,解放和发展生产力。

在生产力与生产关系的矛盾运动中,生产力始终是根本性的决定因素,生产关系的形式、性质及变革归根到底取决于生产力的状况。马克思在把生产力看作推动社会历史最终决定性力量的基础上,还认为科学技术是一般生产力。邓小平更深刻地指出,科学技术是第一生产力。从20世纪中叶至今,科学技术在生产力发展中的作用发生了质的突变,它逐步成为决定生产力总体水平高低的首要因素。当代科学技术作为生产力的内在要素直接影响着生产力的其他要素,渗透在人的素质、劳动工具、劳动对象等要素之中。当代科学技术业已经成为生产力发展的突破口,它决定着现代社会生产力发展的方向、速度和规模。当代社会的生产关系和社会经济制度必须适应科技第一生产力发展的要求。

二、人类社会经济制度的变迁

占统治地位的生产关系的总和构成一定社会的经济基础,由这个经济基础决定并产生了相应的政治、法律及上层建筑。社会生产关系的质变、量变会引起社会经济制度的变革和调整,社会经济制度的变革与调整也会对生产关系产生巨大的反作用。社会生产关系总要通过社会经济制度的具体形式即经济体制来体现。例如,生产资料所有制形式、企业组织运行形式、产品交换分配形式,总会影响社会经济制度和经济立法的形式。所以,我们要研究经济制度、经济体制和运行机制问题,要分析国家的经济职能、政府行为及经济政策等问题。

原始公社制度是人类社会历史上第一个社会经济制度。原始社会的生产力十分低下,人们共同劳动,实行自然分工,以血缘氏族形式结成原始的平等互助合作关系。随着生产力的提高,劳动产品有了剩余,这就提供了产生私有制的物质前提,同时推动了氏族公社制度的变更,引起了私有制的产生。在没有剩余产品时,氏族战争有战俘都是被杀掉的,有了剩余产品以后,使用奴隶成为有利可图的事情,这才把战俘变为奴隶。人类历史在历经了原始畜牧业与农业分离、手工业与农业分离和商人阶级出现第三次社会大分工之后,奴隶制才成为新的社会经济基础,氏族社会经济制度才被奴隶制国家经济制度所取代。在奴隶社会经济制度下,奴隶主占有生产资料并完全占有生产者奴隶。奴隶制度是人类史上最野蛮的社会经济制度,但它毕竟同当时生产力发展水平相适应,因而促进了社会生产力的发展。战俘被当作劳动的保存、脑力劳动和体力劳动的分工及专业化劳动都促进了生产力的进步。到奴隶社会后期，畜力的使用、冶铁技术的出现和农业生产力的发展，使得奴隶制生产关系成为新的生产力发展的障碍。在奴隶反抗和奴隶起义的直接推动下，封建社会经济制度取代了奴隶社会经济制度，并作为封建社会生产关系的基础。在封建社会经济制度下，封建地主阶级占有大量土地，地主不仅凭借土地所有权剥削农民，而且采取以人身依附为基础的超经济强制迫使农民为其劳动。封建社会经济制度取代奴隶社会经济制度，也是适应当时生产力发展要求的，是历史发展的必然趋势。租种土地的农民虽然仍受剥削压迫，但已不是奴隶身份，他们有独立的经济利益，从而发展生产的积极性。在封建社会，生产力发展十分缓慢，但仍有显著进步，并且逐步萌芽出资本主义生产关系。随着生产力和商品经济的发展，封建社会经济制度瓦解了，资本主义社会经济制度的时代开始了。

资本主义社会经济制度造成了商品关系的普遍化，它无情地斩断了封建羁绊，形成了人与人之间全面的相互依赖和广泛的社会交往，迅速地推动了生产资料和劳动过程的社会化，促使生产和消费空前的自由化和全球化，最终推动了生产力的巨大发展和整个人类社会的不断进步。但是，社会基本矛盾的运动并不因此而终结，生产力与生产关系的矛盾在资本主义生产方式下表现为生产社会化与生产资料资本主义私人占有这一基本矛盾。这一基本矛盾的运动和尖锐化，提出了生产资料社会占有的要求，频繁发生的周期性经济危机证明了资本主义社会经济制度的历史局限性。于是，崭新的社会主义经济制度应运而生，这是资本主义生产方式矛盾运动本身提出的用以解决这一矛盾的必然选择，也是生产社会化发展的历史要求。社会主义社会经济制度虽然出现了，但它毕竟是初生的，相对于漫长的人类史而言是稚嫩的，是尚处于成长成熟过程中的经济制度。恩格斯指出：" 所谓'社会主义社会'不是一种一成不变的东西，而应当和任何其他社会制度一样，把它看成是经常变化和改革的社会。"[①] 当代资本主义制度和当代社会主义制度都在针对各自社会生产力与生产关系之间不平衡和不适应的状况，不断地进行自我调节和革新，区别在于：资本主义的调节只能在其根本制度容许的范围内进行，任何调节不改变资本主义经济制度的本质特征，不

---

① 《马克思恩格斯全集》第 37 卷，北京：人民出版社，1971 年，第 443 页

能改变人类历史发展的大趋势,而社会主义的调节是社会主义经济制度的自我完善,是顺应历史大趋势的自我革新。

资本主义经济制度的自我调节能力很强,每一次重大的制度性调节都促进了资本主义社会的发展,资本主义社会正是通过不断进行制度调整,依次出现了自由资本主义、垄断资本主义和国家垄断资本主义三个不同阶段。从发展趋势看,资本主义仍将面对其生产方式的矛盾,需要做出进一步的调节和干预来缓解矛盾和危机。马克思指出:"无论哪一个社会形态,在它所能容纳的全部生产力发挥出来以前,是决不会灭亡的;而新的更高的生产关系,在它的物质存在条件在旧社会的胎胞里成熟以前,是决不会出现的。"① 因而,只要资本主义制度还没有发挥完它所容纳的全部生产力,社会主义经济制度就必然和资本主义经济制度长期并存下去。

三、经济制度与经济体制

在一定的社会里,经济制度和经济体制存在着密切的关系,它们从不同层面反映了该社会生产关系的根本性质和经济运行的基本特点及具体形态。

(一)经济制度与经济体制的关系

一定社会的性质取决于该社会占统治地位的生产关系的性质,在生产关系中最重要的是占统治地位的生产资料所有制的性质即生产资料与劳动者相结合的社会方式。这种占统治地位的生产关系总和就是一个社会的经济制度,它构成了该社会的经济基础。所以,经济制度反映着生产关系的性质。

经济体制是一定经济制度所采取的具体组织形式和管理体系,属于生产关系的具体实现形式,反映着社会经济采取的资源配置方式,不是一定社会的经济制度性质的规定。经济体制就其广义而言,不仅包括社会组织和管理经济的法定制度、形式、方法以及运行机制,也包括产权结构形式和经营方式;就其狭义而言,是专指国家对国民经济的管理体制。选择何种经济体制要受到客观经济和社会条件的制约,制约的因素有:(1)生产力的发展水平和状况,它是决定经济体制的根本依据。(2)社会经济制度的性质,它规定着经济体制的社会经济特征和属性。(3)社会资源配置方式和经济运行

---

① 马克思:《〈政治经济学批判〉序言》,1859年。

方式,它制约着经济体制的微观结构形式和宏观调控形式以及运行机制。(4)一个国家的历史文化传统以及现实国情,它决定着经济体制的各种基本要素及其相互关系。正因为如此,相同的经济体制可以存在于不同的经济制度中,相同的社会经济制度也可以通过不同的经济体制模式来实现。

随着科学技术的发展和社会政治经济环境的变化,经济体制总处于不断创新和变迁过程中,任何社会经济制度都有从其经济体制创新到经济体制均衡再到经济体制创新的循环往复的过程,人们也称之为"经济体制改革"。我国建立社会主义市场经济体制就是在保持社会主义基本经济制度下的体制创新,具体表现为:一方面,我们调整不适应生产力发展的生产关系,如发展多种所有制形式,采取公有制的多种实现方式;另一方面,我们根本性地改变了经济资源的配置和运行模式,变计划调控为市场配置,实现优化配置,提高经济运行效率。我们把是否有利于发挥社会主义社会生产力,是否有利于增强社会主义国家的综合国力,是否有利于提高人民的生活水平,作为我国经济体制选择和革新的基本标准。

经济制度是经济体制的基础。经济体制作为一种资源配置方式,既然存在于一定的经济制度中,就必然以该社会的经济制度为基础,并受其制约和影响。一定社会的经济制度决定着与此相联系的经济体制的根本性质和主要特点,规定其发展方向。一定社会的经济制度的性质、特征,要通过与其相适应的资源配置方式反映出来,并贯穿于整个经济运行过程,通过经济运行过程的不断往复,使该社会的经济制度得以巩固、发展和完善。社会经济制度的性质决定了它无论选择何种资源配置方式,都不能背离它的制度规定的要求。

一定的经济制度可以采取的经济体制是多样的,这是因为经济体制的选择既受经济制度的制约,也受诸如生产力发展水平、历史文化传统和国情等其他因素的影响。

一定的经济制度建立以后,选择不同的经济体制对于社会经济发展具有重大意义。世界各国的历史沿革和现实的生产力状况不同,所选择的具体经济体制也会不同。经济制度相同的各国,可以有不同的经济体制;一个国家的经济制度不变,在不同的历史时期也可以有不同的经济体制;同时,经济体制不同的国家,在体制上也可以相互取长补短。

社会生产过程需要劳动力、包括土地在内的各种自然因素和各种经过人类加工的生产资料,所有这些被统称为"生产资源"。在社会经济发展的一定时期,生产资源都是有限的。在社会经济发展过程中,有限的生产资源需要按一定比例和规则分配在社会生产的各个部门和各个方面,这就是资源配置。社会经济是一个多方面、多阶段的过程,其各个方面、各个阶段之间需要相互协调,这一过程才能正常进行。实质上,资源配置过程就是这种相互协调的过程。社会经济过程各个方面、各个阶段之间相互协调的过程和方式,就是经济调节机制,简称经济机制。

(二)两种经济体制:市场经济与计划经济

计划经济与市场经济是经济体制的两种不同类型,是两种不同的资源配置方式和经济调节手段,反映着经济活动的组织与运行的不同特点。

无论市场经济体制还是计划经济体制,它们作为经济体制范畴,反映的是社会经济运行中对资源进行配置的方式,是发展社会生产力的方法和调节经济的手段。但是,对它们的认识、考察和选择,都需要与特定的社会经济制度相联系。

1. 市场经济

市场经济在资本主义经济制度和社会主义经济制度中都存在,它是人类通过自发的社会活动来调节经济过程、实现资源配置的经济体制。市场对经济的调节是通过市场机制来实现的。市场机制是市场要素之间相互联系、相互制约而形成的自行协调经济运行的机制,具体包括价格机制、供求机制和竞争机制,这三大机制相互牵动,对社会经济发挥调节作用。

社会主义市场经济和资本主义市场经济作为资源配置方式具有共同性。这种共同性就是市场经济的一般性,即市场是资源配置的主要方式,对资源配置起着基础性作用。在资源配置过程中,资源进入市场,企业是市场的主体,以供求关系的变化为依据,以价格作为反映市场状况的经济信号,以竞争作为优胜劣汰的有效方式,价值规律、市场机制发挥着主导作用。

不同社会经济制度下的经济体制在资源配置方式上既有其一般性,也有其特殊性。这是因为,一定的经济体制首先受制于经济制度,存在于不同社会经济制度中的同一经济体制,必然有其特殊的规定性,这种特殊性就体现了在一定社会经济制度下的经济体制的不同特点。社会主义市场经济是与社会主义公有制相联系的,而资本主义市场经济则是与生产资料的资本主义私有制相联系的,它们对资源的配置及经济的调节必然受到与各自相联系的经济制度的根本性质的制约。

2. 计划经济

计划经济是人类通过自觉的社会活动来调节经济过程、实现资源配置的经济体制。在这一经济体制中,计划是资源配置的主要方式,对资源配置起基础性作用。在资源配置过程中,资源基本上不进入市场,企业也不是作为一个真正的市场主体从市场上直接得到自己所需要的各种生产资源。市场供求关系的变化和竞争对整个经济活动发挥的作用是极其有限的。整个资源配置纳入国家的计划系统,由国家通过指令性计划这一主要方式来实现。

通过计划经济这一方式来进行资源配置,也能够实现资源的优化配置,但是必须具备一定的条件。条件之一是计划制定者必须具有充分的信息,即对社会经济运行过程中发生的各种信息能够充分地把握。如果不能掌握完全的信息,制定的计划就有可能不符合客观实际,从而导致资源配置的低效率。条件之二是计划制定者要能充分地协调好各经济主体之间的利益关系,即对社会经济运行过程中发生的各种利益关系和矛盾要能完全加以解决。如果不能处理好各方面的利益关系和矛盾,制定的计划就有可能在执行中难以得到贯彻,从而导致计划运行和资源配置的低效率。

第二节 两种基本的社会经济形态

当从实现生产与消费之间联系形式的角度来考察社会生产时,我们就会发现:自然经济和商品经济是人类社会发展至今的两种基本形态。自然经济是与较低的社会生产力水平相适应的经济形态,而商品经济是以社会生产力有了一定程度的发展为基础,以交换为目的的经济形态。

一、自然经济形态

自然经济形态是人类社会最初的经济形态。在生产力十分低下的情况下,生产处于原始自然状态,用简陋的生产工具创造甚少的物质财富,仅够维持生产者自身的温饱。在这种经济形态下的生产和消费、财富创造与财富消耗几乎是直接的联系,基本上不采取商品货币交换形式,生产者生产和消费自己的产品。

自然经济形态在原始社会中存在,在奴隶社会和封建社会中占主导地位。例如,在奴隶社会,奴隶主庄园的生产物品直接满足奴隶主的消费需要,其中一小部分用于满足奴隶生存最必需的消费;在封建社会,佃农生产的物品直接满足封建地主的消费需要和佃农自身的需要。自然经济虽然是古老的经济形态,但仍然存在于当今世界上一些不发达国家和地区,在发展中国家和地区也有着自然经济的影响和烙印。

自然经济形态有如下特征:(1)生产技术水平低下且发展缓慢,人们缺乏改进生产技术条件的内在驱动力。原始社会的人们对自然的认识很有限,只能使用粗笨的原始工具。到奴隶社会和封建社会,社会分工虽有一定的发展,但残酷的剥削和压榨,加上奴隶主和封建地主阶级骄奢淫逸消费的局限,造成生产技术进步迟滞。(2)经济关系上自给自足、闭关自守,缺乏同外界的联系。从事农业和手工业的生产者都是进行小规模的生产和简单的劳动协作,以奴隶主或封建主的庄园等作为生产和消费活动的范围。集市交换关系是作为这种经济关系的补充或维持这种自给自足的生产体系而存在的。(3)直接生产者过度依赖于土地等自然资源及自然环境。自然经济状态下的生产者,大多被束缚在土地上从事农业生产劳动,水源、气候和地貌都极大地影响着生产的成果。(4)劳动分工受制于劳动者性别、体格和年龄等自然素质,如中国封建社会的"男耕女织",铁匠木匠多为青壮年男性等。此外,自然经济在人身关系上存在广泛依赖的特征,具体表现为:原始社会的血缘关系,奴隶社会的人身隶属关系和封建社会的超经济强制人身依附关系。

二、商品经济形态

商品经济是直接以交换为目的,以货币为媒介的经济活动方式。在商品经济形态下,人们从事的是商品生产,人们劳动的产品即物质财富为了用于消费,首先必须通过交换过程,进行商品交换的当事人各自得到对等的价值物。也就是说,在商品生产的条件下,生产与消费之间的联系通过价值交换而建立起来。这时,生产物质财富已经不是直接为了消费,而是为了通过交换去获取更多的社会财富,从而享有更好更多的消费品。

在商品生产条件下,不同的商品生产者都是作为生产者或消费者而互相依赖,实现这种互相联系、彼此依赖的基本形式就是商品交换。商品交换把各自独立的商品生产者联系到社会统一的再生产过程中来。

（一）商品经济的产生与发展

在人类征服自然能力十分弱小的原始社会，没有社会分工，没有剩余产品，更没有私有制，自然就没有商品，商品经济也就不存在。到了原始社会末期，以金属工具使用为标志的生产力发展，使得个体劳动有了可能，原来必须许多人集体劳动才能进行的生产活动，现在只要少数人甚至单个人就能完成，个体劳动逐渐同原始公有制产生矛盾。在个体劳动的情况下，人们的劳动能力和劳动成果差别明显，产品数量又增多了，这就与平均分配发生了矛盾。事实上只能是各个家庭占有自己的产品，特别是酋长、首领往往占有更多的产品，公共占有财产渐渐为私人占有财产所替代了。第一次社会大分工以后，产品的数量和种类增多了，交换也由偶然的事情变为经常的事情。第二次社会大分工以后，更出现了直接以交换为目的的商品生产。起初商品交换是在氏族间进行，交换品仍然是公共财产，后来交换行为渗入氏族公社内部，各个成员也把自己的产品当作私有财产进行交换。随着交换频繁而广泛的发展，货币就产生了。货币的出现进一步刺激了人们积累私有财产的欲望，也为人们提供了一种新的积累手段。商品货币关系的发展出现了借贷关系，这又加速了氏族内部的贫富分化，贫者沦为债务奴隶。

交换关系的发展不仅产生了交换媒介物即货币，而且出现了不从事生产但专门在生产者之间买进卖出的商人。商人在经济上使生产者服从自己，他成了商品生产者之间不可缺少的中间人。以商业和商人资本出现为标志的第三次社会大分工，对古代的自然经济产生了侵蚀作用，不断地分解那种以生产使用价值为目的的自然经济组织。然而，初期弱小的商业经济尚不能改变以自然经济为基础的奴隶制度。"在古代世界，商业的影响和商人资本的发展，总是以奴隶经济为其结果；不过由于出发点不同，有时只是使家长制的，以生产直接生活资料为目的的奴隶制度，转化为以剩余价值为目的的奴隶制度。"① 由于商人经商的专业性，商品流通速度大大加快，产品交换范围迅速扩大，物质产品的交换几乎渗透到社会生活的各个方面，交换商品的关系成为人们社会生活中重要的经济关系。

---

① 《资本论》第3卷，北京：人民出版社，2004年，第371页。

这一时期产生的商品经济属于简单商品经济阶段,是一个逐步地由物物交换转变到以货币为媒介的商品交换阶段。它有如下特征:(1)交换关系发生的空间相对封闭,往往具有区域性,而且各区域市场间缺少联系。交换行为多在集市进行,而集市受交换状况和自然地理环境等因素制约。(2)交易的主要品种是生活消费品和少量服务于农业手工业的生产资料商品,交易当事人往往是这些商品的生产者或最终消费者。(3)市场交易借助于多种形态的一般等价物充作媒介,不同地区有不同的金属货币形式。(4)市场供求总规模较小,交易活动以交易参与者的物质利益为核心,社会资源的配置处于自然自发的状态,价值规律的作用发挥不充分。(5)几乎没有信用体系和信用制度。

随着生产力和社会分工的不断发展以及交换关系的不断扩展,信用借贷关系也发展起来。信用关系的出现加快了商品经济的发展,而商品经济的发展又反过来促进信用体系和信用制度的发展。于是,债券、股票、汇票、支票、银行券等信用货币虚拟资本形式也逐渐产生了。

最初的资本主义关系是在简单商品生产者分化的基础上产生的。简单商品生产是以生产资料私有制和个体劳动为基础,为交换而进行的小生产。在这种生产条件下,各个生产者的生产条件、熟练程度和劳动强度不同,因而他们生产同种商品所耗费的劳动也各不相同。但是,同种商品在市场上只能按同一价格出卖,这就引起了简单商品生产者的两极分化,少数生产条件好、劳动效率高的生产者赚钱发财,大多数生产条件差、劳动效率低的亏本破产。在商品经济不太发达时,封建行会组织能够限制简单商品生产者的竞争和分化。但随着商品货币关系的发展,市场范围进一步扩大,一部分条件较好、拥有较大产品市场的手工业作坊业者,逐渐冲破行会限制,不顾行规,自行扩大生产,改进技术,使自己在竞争中富裕起来,成为最初的资本家。同时,大部分在竞争中处于劣势地位的手工业者衰落下来,直至破产,同原先自己的帮工和学徒一起,成为那些富裕手工业作坊业主的雇佣劳动者。此后,手工业作坊中的师徒关系逐渐转变为资本主义商品经济的雇佣劳动关系。就社会形态而言,资本主义商品经济正是植根于简单商品经济,并成为其发达的形态,从而简单商品经济的基本矛盾也演变为资本主义商品经济的基本矛盾。

(二)商品经济的基本特征

归结上述而言,商品经济的产生有两个前提:其一是社会分工,它是指在生产力发展基础上,社会劳动分化为不同的部门或行业,不同部门的生产者按照社会需要生产不同的产品。若没有分工的存在,大家生产同类的产品,自然也就没有交换的必要,也就不可能有商品经济。有了社会分工,才有了生产的专门化,每个生产者成为社会分工体系中的一员,从而形成生产者之间互相依存、互通有无的交换关系。社会分工越发展,生产产品就会越丰富,交换活动就会越广泛、越频繁,商品经济也就越来越发展。其二是社会剩余产品的不同所有权关系的确立。没有剩余产品,交换就不存在标的物,只有当剩余产品出现并分属于不同所有者时,交换行为才会发生。最初的社会剩余产品主要是维持人们生存需要的生活消费品,在生产力发展到一定水平时,剩余产品出现了生产资料的存在形式。拥有各自劳动产品的所有者,按照各自的意愿对等地交换产品,实现劳动产品所有权的转移。所以,社会分工是商品经济产生的必要前提,而社会剩余产品的不同所有权关系是商品经济的重要条件,只要这二者状况不发生变化,商品经济就不会消亡。

商品经济形态的发展经历了简单商品经济阶段和发达商品经济阶段,发达商品经济即为市场经济。简单商品经济是商品经济形态的初级形式,它存在于原始社会、奴隶社会和封建社会等不同的社会经济制度之中,在以农业、手工业劳动为特征的自然经济的夹缝之中,附属于居支配地位的社会生产关系。只有当价值规律作为人类社会经济发展的基本规律发挥作用,且市场机制成为社会资源配置的基本方式时,简单商品经济阶段才发展到市场经济阶段。

商品经济是一种充满生机和活力的经济形态,它呈现出如下基本特征:(1)普遍的竞争性。商品生产者或所有者为了实现商品价值,受自身经济利益的驱动,采取各种竞争手段去赢得市场。(2)生产经营的自主性。商品生产经营者拥有生产资料,有权决定生产什么、生产多少、怎么生产以及在何时去何地进行交换。(3)交换关系的平等性。在商品面前,生产者和经营者的地位是平等的,这里不承认社会等级血缘关系,遵从的只有价值规律,人们以对等的商品价值作为交换的唯一基础。(4)开放和渗透性。商品经济的存在基础是社会分工和不同所有权关系,社会分工的细化趋势和不同所有权的创新形式都会进一步促使商品经济范围的扩大和交换形式的发展。商品流通可以渗透到社会的各个方面,可以拓展到不同社会经济制度之间,任何地域、疆界、制度都限制不了全球市场经济一体化的趋势。

三、商品经济的历史地位

萌芽于原始社会末期的商品经济形态,存在于人类各个社会经济制度之中,它为人类社会带来了文明和进步,在人类社会历史的发展进程中具有十分重要的历史地位。

商品经济是人类社会经济发展不可逾越的阶段。马克思在《资本论》手稿中曾经把人类社会划分为三个阶段,即人的依赖关系阶段、依赖于物的人的独立性阶段和个人全面发展和自由个性阶段。第一阶段对应的经济形态是自然经济。第二阶段对应的经济形态是商品经济,这是人类社会经济形态已经出现的形式,商品经济的生产及其充分发展是不以人的意志为转移的客观规律,是客观自然的历史过程。第三阶段对应的经济形态是产品经济,它是基于商品经济的高度发展而在未来将实现的。

为什么说商品经济必然产生且会充分发展呢?原因在于:第一,商品经济促进社会分工、产协作和生产社会化。不经过商品经济阶段,人类社会就不可能有发达的社会分工和高度的生产社会化。第二,商品经济的竞争机制促进生产技术的不断进步,商品生产者为提高生产效率,竞相采用先进的生产技术,不断进行技术创新,促使整个社会的科学技术水平得以推动和提高。第三,商品经济既是一种生产组织形式,也是一种经济关系体系,社会分工使不同生产部门和不同的商品生产者之间形成一种互相依存、互相促进和互相制约的关系,推动建立充满生机与活力的经济秩序。总之,商品经济的产生是社会生产力发展的要求,商品经济的发展又进一步推动了社会生产力的发展。商品经济是人类社会必经的重要阶段,人类社会只有历经这一阶段,才有可能向更高阶段发展。

社会主义社会特别是社会主义初级阶段,存在广泛的社会分工,并且社会分工还有进一步细化和发展的趋势。在社会主义社会,生产者、阶层和社会集团仍然存在着各自独立的物质财富所有权和不同的物质利益,也就是说,商品经济存在的一般条件没有消失,商品交换也就必然产生,商品经济也就必然存在。一个社会采取什么样的经济形态是由社会生产力的状况决定的,人类社会形态可能有跳跃式发展的情况,然而社会经济形态却无法跳跃。社会分工和不同物质生产者的物质利益关系是商品经济形态不能被逾越的根本原因。前资本主义国家可以逾越资本主义社会制度而直接进入社会主义社会,但是,这些国家不可以逾越商品经济充分发展的历史阶段。商品经济作为经济形态将贯穿于这些国家社会主义历史阶段的全过程,商品经济在当代不同社会制度、不同发展程度的国家和地区,仍将长期存在下去。

四、市场经济是商品经济发展的现代形式

既然是商品经济,就一定离不开进行交易活动的市场。在商品经济发展的不同阶段,市场规模、市场结构和市场机制是不同的。在简单商品经济阶段,市场规模小,结构简单,市场竞争机制及供求与价格的调节作用尚处于不充分状态,与小商品生产和交换相对应的市场体系自然也是不充分、不发达的。资本主义商品经济依靠雇佣劳动和社会化的机器大生产,使商品生产和交换普遍化,并在社会经济生活中占据绝对的统治地位和支配地位,特别是各种生产要素的充分商品化、市场化,市场配置生产资源的机制获得全面充分的发挥,市场体系的发展达到了发达和成熟的程度。因此,市场经济是商品经济充分发展高度发达的现代形式。

市场经济是在商品经济充分发展的基础上,由市场配置生产资源并引导生产经营决策的经济形式,市场机制在其中起决定作用。市场机制是价值规律作用的各种机制,包括动力机制、竞争机制、分配机制和资源配置调节机制。在自由资本主义时期,社会资源的配置和企业生产经营决策,几乎完全由市场这一"看不见的手"进行自发调节,政府一般不干预经济活动,只是充当社会经济秩序的"守夜人"。到了垄断资本主义阶段,市场结构更复杂,规模扩大,市场交易组织更为完备,国内外市场已联为一体,社会总供给与总需求的矛盾也更为突出,这时政府开始运用财政货币政策和行政法律手段干预和调节社会经济生活,所以这一时期的商品经济也被称为国家调控的发达的市场经济。

综上所述,商品经济与市场经济存在内在的统一性,商品经济是市场经济存在和发展的前提与基础,市场经济是商品经济充分发展和高度发达的阶段,在这一阶段一切生产要素和生产经营活动都以市场为导向。商品经济与市场经济既互相联系又互相区别,从社会经济形态看,商品经济是相对于自然经济的范畴;从经济运行方式看,市场经济是相对于计划经济而言的范畴。

改革开放以来,我国大力发展社会主义商品经济,实际上就是发展市场经济。我国改造企业,建立现代企业制度;转变政府职能,依靠市场采用货币财政政策,制定市场法规,实施总需求与总供给的调节;推行全方位对外开放,加入世界贸易组织。目前,我国已经建立起包括消费品市场、生产资料市场、金融资本市场、技术市场、劳动力市场等在内的完整统一的市场体系,并建立了相应的经济体制和法律体系;我国社会主义市场经济业已呈现出资源配置市场化、信息化,企业行为自主化、智能化、市场法规化、全球化等现代市场经济的基本特征;我国已经成为全球市场经济体系的有机组成部分,社会主义市场经济正呈现出旺盛的生机和活力。

本章小结

本章主要说明社会经济制度变革的动力以及人类社会的基本社会经济形态。其中,生产力和生产关系的矛盾运动是人类社会经济制度变革的最根本动力,两种基本的社会经济形态是指自然经济和商品经济。

经济体制以经济制度为基础,经济体制既受经济制度的制约,同时也受其他因素的影响。

自然经济是自给自足的经济形式,与较低的生产力发展水平相适应。而商品经济是以交换为目的的商品生产,其产生的前提条件是社会分工,决定性条件是私有制。

市场经济是在商品经济充分发展的基础上,由市场配置生产资源并引导生产经营决策的经济形式。商品经济是市场经济存在和发展的前提与基础,市场经济是商品经济充分发展和高度发达的阶段。商品经济与市场经济既互相联系又互相区别,从社会经济形态看,商品经济是相对于自然经济的范畴;从经济运行方式看,市场经济是相对于计划经济而言的范畴。

阅读书目

列宁、卡尔·马克思:《列宁选集》第二卷,北京:人民出版社,1972年。

重点问题

1. 社会经济制度变革的根本动力是什么?
2. 怎样认识经济制度与经济体制的关系?

3. 为什么说商品经济必然产生且会充分发展呢?
4. 为什么说市场经济是商品经济发展的现代形式?

关键概念

社会经济制度　经济体制　自然经济　市场经济
商品经济　简单商品经济

第二章

商品和价值

目的要求

通过本章的学习，详细了解什么是商品和价值，正确理解商品的二因素和劳动的二重性及其相互关系，掌握价值的质和量的规定性，以及商品价值量的变化规律；理解商品经济的基本矛盾和不同类型商品经济的共同点和区别，掌握商品经济的一般规定性和运动规律，认识价值规律是商品经济的基本规律，认清价值规律在不同性质商品经济中的作用，学会运用马克思的劳动价值理论分析和解决问题。

主要内容

☆商品的二因素
☆劳动的二重性
☆商品经济及其基本矛盾
☆商品拜物教

教学重点

☆商品的二因素和劳动的二重性及其相互关系
☆商品价值量的变化规律
☆商品经济的基本矛盾和不同类型商品经济的共同点和区别

第一节　商品的价值

一、商品的二因素

商品是用来交换的劳动产品。任何商品都是一种能满足人们某种需要的物品,同时又是一种能用来交换的物品。商品具有使用价值和价值两个因素。

（一）商品的使用价值

商品能满足人们某种需要的属性,就是商品的使用价值。由于商品的自然属性不同,商品的使用价值也就不同,又由于同一商品有多方面的自然属性,商品的使用价值是多种多样的。随着劳动生产力的提高、科学技术的进步和生产经验的积累,同一种商品的多种使用价值会越来越多地被人们发现。同样,就整个社会来讲,人们在同自然界作斗争的过程中,商品的数量及满足需要的自然属性是会不断丰富和发展的。当然,随着社会历史的发展,对商品数量和自然属性的衡量尺度也会发生变化。

商品的使用价值是构成一切社会财富的物质内容,是人类社会生存和发展的必要条件。由于商品的使用价值是由商品的自然属性所决定,因此它本身并不反映社会生产关系。使用价值本身就其性能、用途、被满足程度等方面而言,不属于政治经济学的研究范围。政治经济学把使用价值当作商品的一个因素,从使用价值和交换价值以至价值的联系中来研究使用价值。

商品使用价值的最大特点就是其使用价值不是直接供该商品的生产者自身消费,而是为他人消费。也就是说,因其商品的自然属性而用于交换的使用价值,是商品交换价值的物质承担者,所以商品的使用价值是社会使用价值,这在商品经济的所有社会形态中都是相同的。

具有使用价值的物品一旦进入交换就具有交换价值。交换价值首先表现为一种使用价值同另一种使用价值相交换的量的关系或比例。例如,1 只绵羊与 20 尺布相交换,20 尺布就是 1 只绵羊的交换价值。在市场上,一种商品可以同其他许多商品相交换形成不同的交换比例,具有不同的交换价值,而且各种商品相交换的比例还会因地因时不同而不断变化,但在同一地区、同一时间大致相同。

(二)商品的价值

为什么 1 只羊的交换价值是 20 尺布,或者说,商品交换价值是如何决定的?交换价值不可能是由它们的使用价值决定的,因为羊和布具有两种不同的使用价值,不可能在质上等同从而在量上加以比较。因此,要想得出正确的答案就必须撇开使用价值属性,另辟蹊径。一旦将商品的使用价值属性撇开,商品就只剩下一个属性,即人类劳动产品这个属性。而我们在撇开商品的特殊使用价值的同时,也就撇开了生产特殊使用价值的劳动的特殊形式,这样就从生产各种使用价值的形式各异的劳动中抽象出作为人的脑力和体力支出的一般人类劳动。凝结在商品中的这种无差别的一般劳动,其质相同且量可以比较,它构成商品的价值。两种使用价值不同的商品之所以能够按一定比例交换,原因就在于交换双方的价值是相等的,显然价值是由人们劳动所创造的。商品生产中需要投入各种要素,生产过程中的价值形成就包含了耗费其中的全部劳动。因此,劳动不仅是价值的源泉,而且决定商品交换的比例。马克思说:"我们实际上也是从商品的交换价值或交换关系出发,才探索到隐藏在其中的商品价值。"[①]不同的商品之间能相互以一定的数量比例进行交换,本质上还是劳动价值论的科学揭示,即商品价值是交换价值的基础和内容,交换价值是价值的表现形式。马克思关于劳动创造价值的理论是马克思主义政治经济学的基石,也是剩余价值学说的理论基础。劳动表现为价值,人们以价值来交换商品,实际上就是交换劳动。所以,商品的价值体现人们交换劳动的生产关系,这就是价值的实质。价值不是劳动产品固有的自然属性,而是商品特有的社会属性,是一个历史范畴。

有些资产阶级经济学家否认劳动价值论,认为决定商品交换价值的是商品的效用。也就是说,商品的效用越多,商品交换的价值越大;商品效用越少,该商品交换的价值就越小。该理论尽管从表面上看是注重了商品的使用价值,实质上是一种典型的效用决定论。事实上,某商品的效用是相对的,不同对象、不同要求、不同地区甚至不同时间的表现是不同的。如果以所谓的"效用"来决定商品的交换价值,那就永远无法对某一商品进行定价,并完成其交换。

---

① 《资本论》第 1 卷,北京:人民出版社,2004 年,第 61 页。

同时,不同类的商品的使用价值不存在质的联系。因此,以"效用"来决定商品的交换价值是毫无意义的。

还有一些资产阶级经济学家认为商品的交换价值是由市场的供求决定的。这种"供求决定论"试图表明:当市场需要紧缺时,就是说供不应求时,商品的交换价值就高;市场供应充足甚至积压时,也就是供过于求时,商品的交换价值就低。这实际上是一种一定时期内的表面现象,并不能反映商品交换的实质。供求关系对一种商品来讲,可能会影响到该商品的买卖情况,但对于不同商品的交换,就不能由一种商品自身的供求状况来决定,并影响到另一种商品的供求和交换。况且,如果由"供求"来决定商品的交换价值,那就更无法解释商品在供求一致时的价值决定。

近年来,随着科技革命的迅速发展,理论界关于劳动价值理论仍有些争论。主要代表有以下两种:其一是"知识价值论"。对信息社会颇有研究的奈斯比特在《大趋势》中说:在信息社会里,价值的增长不是通过劳动,而是通过知识实现的。"劳动价值论"诞生于工业经济的初期,必将被新的"知识价值论"所取代。事实上由于劳动者对知识(劳动积累的经验)的掌握程度同其劳动复杂程度成正比,因而,知识能通过提高劳动复杂程度进而对价值生产起着相当重要的作用。可见,该理论只能是对"劳动价值论"的丰富而已。其二是"商品价值论"。该理论把价值的源泉归纳于商品生产的所有要素投入,这是西方某些学者试图对"劳动价值论"进行"改造"。马克思在对商品生产和价值生产的论述中清晰地指出:物化劳动转移旧价值和活劳动创造新价值。了解价值的概念和内涵,就不难看出"商品价值论"的失误之处。

无论如何,人类以劳动创造价值是不容置疑的。商品交换以价值为基础,体现交换劳动的关系,这就是价值的实质。同时,这也是马克思劳动价值论的核心之所在。

(三)商品是使用价值和价值的矛盾统一

从现象形态看,商品是使用价值和交换价值两因素的统一;从本质内涵看,商品是使用价值和价值两因素的统一。进一步分析可知:商品是使用价值和价值的矛盾统一体。

1. 统一性

其统一性表现为使用价值和价值的相互依存、相互作用。使用价值反映商品的自然属性,是商品交换的物质承担者;价值反映商品的社会属性,是商品交换价值的基础。任何一件商品首先必须是有用的,并将其自然属性体现为满足人们的某种需求,其次是必须凝结为无差别的一般劳动,并将其社会属性体现于价值以供交换。

其矛盾性表现为使用价值和价值的相互排斥、相互对立。首先,因为商品生产者生产的直接动机是实现价值,而使用价值只是价值的物质承担者。其次,商品交换是以使用价值和价值两者的分离而实现,即买卖结束,卖方实现价值,买方实现使用价值,买卖双方各自在分离中得以充分体现。最后,商品交换必须在市场中进行,交换价值的高低以及供求关系的变化等,往往使交换发生困难,以致双方的使用价值和价值都难以实现,这在以私有制为基础的社会里更为明显。随着商品生产和商品交换的发展,商品内部两因素的矛盾日益深化并成为交换双方的矛盾聚焦点。

表 2-1 商品二因素

	使用价值	价值
含义	物的有用性使物成为使用价值	人类抽象劳动的凝结
属性	商品的自属性	商品的社会属性
形成	具体劳动的产物	抽象劳动的产物
特点	是社会财富的物质内容,是交换价值的物质承担者	是交换价值的基础,是物化的人类劳动
目的	消费者的需要	生产者的需要
量的确定	出物的自然属性确定	出社会必要劳动时间确定
实现	在使用和消费中实现	在商品交换中实现

二、劳动的二重性

商品作为用来交换的劳动产品,其两因素是由体现在商品中的劳动的性质所决定的。生产商品的劳动具有二重性:劳动既是具体劳动,又是抽象劳动。

就现象来看,生产商品的劳动是各种不同形式的劳动,不同形式的劳动又是由它的目的、对象、方法和结果决定的。以制造某有用物为目的(即反映某商品的自然属性),在特定形式下进行的各自不同的劳动,称之为具体劳动。由于具体劳动是以劳动产品的有用性为目的,所以也被叫作"有用劳动"。具体劳动创造商品的使用价值。

具体劳动的对象、操作方法及结果的差别,形成了社会分工。因此具体劳动尽管是一种以具体形态出现的劳动,它仍属于社会劳动的一部分。随着社会生产力的提高和人们需要的扩展,具体劳动会不断变化、丰富、发展。具体劳动反映的是人和自然的关系。马克思指出:"劳动作为以某种形式占有自然物的有目的的活动,是人类生存的自然条件,是同一切社会形式无关的、人和自然之间的物质变换的条件。"① 由于具体劳动是人类生存所必需,因此它是人类社会存在和发展的必然条件。同样,具体劳动是人们改造自然界、创造有用物的过程。所以,具体劳动若离开与自然物质的结合,也就无法创造出使用价值来。

具体劳动"不是它所生产的使用价值的即物质财富的唯一源泉。正像威廉·配第所说,劳动是财富之父,土地是财富之母"(《资本论》第1卷,人民出版社2004年版,第56页)。这里所说的土地泛指自然物质。要生产某一种使用价值,总要有一定的自然物质为条件。人类的劳动实际上只是改变自然界各种物质的形态,并且需要不断得到各种自然力的支持。因此,当我们在讲具体劳动创造使用价值时,总是以自然物质存在为前提。具体劳动和自然物质共同构成使用价值的源泉。

抽象劳动则是表现为一种非具体形式的人类劳动。生产商品的劳动从形式上看是具体的,但从其劳动的内容和过程来看,都是人类劳动力的消耗,即无差别的人类劳动,而这种无差别的一般的人类劳动就是抽象劳动。抽象劳动创造商品的价值。

交换劳动产品不仅是产品量的比较,更是一种产品质的比较,即要进行劳动量的比较。于是,异质的、不同形式的具体劳动在漫长的交换过程中,逐步还原为同质的、无差别的人类劳动,也就是抽象劳动。这样,凝结在商品中的抽象劳动表现为商品的价值,并成为商品交换的共同基础。

商品生产是为了交换劳动,而劳动交换又是借助于劳动产品进行的,因而抽象劳动不能简单看作纯粹的劳动力消耗,它还体现了商品经济的社会关系。正如马克思说:"生产交换价值的劳动则相反,它是劳动的一种特殊的社会形式。以裁缝的劳动为例,就它作为一种特殊的生产活动的物质规定性来说,它生产衣服,但不生产衣服的交换价值。它生产后者时不是作为裁缝劳动,而是作为抽象一般劳动,而抽象一般劳动属于一种社会关系,这种关系不是由裁缝缝出来的。"②

---

① 《马克思恩格斯全集》第13卷,北京:人民出版社,1962年,第25页。
② 《马克思恩格斯全集》第13卷,北京:人民出版社,1962年,第25页。

生产商品的具体劳动和抽象劳动二者是统一的,它们是生产商品的同一劳动过程的两个方面,而不是独立存在的两种劳动或两次劳动,不论是在时间上还是空间上,二者都是不可分割的。生产商品的劳动不管其劳动的具体形式如何,都同时表现为一种抽象劳动的支出,这就是劳动二重性在劳动过程中表现出的统一点。又因为商品生产者总要以一种具体劳动形式来投入抽象劳动,因此在劳动二重性的统一点上,商品生产者不仅生产了商品的使用价值,而且创造了商品的价值。

生产商品的具体劳动和抽象劳动,二者又是对立的。生产者只是把具体劳动看成是生产目的的必要手段,他从事的具体劳动只是为了能在交换中转化为抽象劳动,使劳动过程中的抽象劳动的支出得到实现和补偿。因此,以抽象劳动为目的,具体劳动就成为实现抽象劳动的必要前提。而一旦交换成功,买卖双方就各得其所。卖方得到抽象劳动形成的价值,买方得到各种具体劳动创造的使用价值。于是,具体劳动就与抽象劳动相分离。

由于具体劳动创造商品的使用价值,抽象劳动形成商品的价值,因而在劳动生产率发生变化时,同一单位时间里实现的使用价值和价值就会形成对立运动。同样,若生产者的具体劳动不符合社会劳动的要求,就会导致抽象劳动的消耗超出社会平均水平,而使具体劳动不能转化或实现较少的抽象劳动。这些都是具体劳动和抽象劳动相矛盾的表现。

劳动二重性学说是理解马克思主义政治经济学的枢纽,是彻底揭示资本主义内在矛盾及其规律的一个基点。在马克思以前,资产阶级古典经济学家从威廉·配第到大卫·李嘉图等人也曾提出过劳动创造商品价值的观点,但他们所说的劳动是笼统的劳动,是概念性的劳动,因此他们并不知道是什么劳动创造价值,怎样形成价值。所以,他们的劳动创造价值的理论是很不全面和不彻底的。只有马克思运用劳动二重性的学说并证明了的劳动价值论,才科学地"第一次确定了什么样的劳动形成价值。为什么形成价值以及怎样形成价值"[①]。马克思的劳动二重性学说也为剩余价值论奠定了基础。运用劳动二重性学说,马克思深刻地描述了剩余价值的来源和本质,揭露了资本家剥削雇佣工人的秘密,最终解决了剩余价值论的核心问题。

---

① 《资本论》第2卷,北京:人民出版社,2004年,第22页。

表 2-2　劳动二重性

	抽象劳动	抽象劳动
含义	生产商品时人类特定种类的劳动	是抽去具体形式的一般人类劳动
性质	是不同质的人类劳动,是由目的、方法、对象、手段和结果决定的	是同质的人类劳动,是人的体力、脑力在生产上的一种耗费
结果	生产使用价值	形成价值
表明	怎样劳动、什么劳动、私人劳动	劳动多少、劳动时间多长、社会劳动
总量的变化	随着劳动生产率的变化而变化	不受劳动生产率变化的影响

三、商品经济及其基本矛盾

商品是一定历史条件下劳动产品所采取的社会形式。最初的商品交换出现在原始公社的交界处,主要是相互交换偶有剩余的劳动产品。"但是物一旦对外成为商品,由于反作用,它们在共同体内部也成为商品。"① 这就告诉我们:商品首先是在个别共同体之间由于劳动产品的差异、群体生活对某物品的需求,以及本群体某劳动产品存在一定剩余(或因为迫切需要某物品而不得已"剩余")的基础上产生。这种产品向商品的转化,完全是为了得到自己需要的并赖以生存的其他劳动群体所生产的产品。但是,一旦共同体之间的商品交换形成了,由于劳动能力的提高和劳动过程的细分,产品也便在共同体内部演变成商品,并且商品的内涵逐步丰富,外延也逐步扩大。随着社会生产力的发展、第二次社会大分工的出现及私有制的产生,商品生产才逐步出现。商品生产既不是为自己使用其产品的有用性而生产,而是为了交换其产品的有用性而生产。商品交换愈发频繁,市场也随之形成和发展。

商品经济是以商品交换为特征或以出卖为目的而进行生产的经济形式。商品生产和商品交换统称为"商品经济"。商品经济最明显的特点就是:直接为交换而生产,生产借助交换而进行。在这里,劳动产品转化为商品,劳动者的劳动也因商品交换而被承认为社会总劳动的组成部分。

---

① 《资本论》,第1卷,北京:人民出版社,2004年,第107页。

商品经济是和自然经济相对应的生产形式。自然经济是一种自给自足的经济,生产的目的是为了直接满足生产者和经济主体自身的需要。显然,自然经济是与社会生产力低下、社会分工不发达相适应的经济形式。在自然经济下,社会是由许多单一的经济单位(如家长制的农民家庭、原始村社、封建领地)组成的,每个这样的单位从事各种经济工作,从采掘各种原料开始,直到最后把这些原料制成消费品。也就是说,人们的劳动不必通过交换而成为社会总劳动的一部分。从原始公社末期到奴隶社会及封建社会这一漫长历史过程中,自然经济始终占据着统治地位。尽管后来生产有了或多或少的剩余,但由于自给自足的经济本质,使其生产仍然处于规模狭小、生产分散、因循守旧和停滞不前的境地,这也是资本主义经济形态前社会生产力发展相对缓慢的一个重要原因。商品经济却克服了自然经济的局限性,以强大的生命力推动着社会生产力的发展。

商品经济产生的前提是社会分工。社会分工一方面使生产走向专业化,出现专门生产某种产品的生产者;另一方面在各劳动者的劳动产品单一化的同时,人们的需要日趋多样化,为满足生活和生产上的各种需要,他们不仅要有各种各样的生活资料,还要有品种繁多的生产资料,所以不同产品的生产者需要互通有无,交换其产品。但是,仅仅存在社会分工还不会有商品经济,如在古代印度公社中就有社会分工,但产品并没成为商品。

近代工厂内的劳动分工,一般也不要求通过商品交换来实现其劳动协作。在社会分工的前提下,对商品经济的产生具有决定意义的是商品属于不同的所有者,即商品由不同的所有者或利益主体支配。于是,社会分工形成的人们之间的经济联系,通过商品关系建立了起来,产品转化为商品,劳动交换采取了商品交换的形式,人们的社会关系由商品生产关系联系了起来。商品经济是社会经济发展到一定阶段的产物。商品经济在封建社会甚至奴隶社会末期就已出现,但不占主导地位。这种以生产资料个人所有、以个体劳动为基础、以换取自己需要的使用价值为目的的商品经济叫作简单商品经济。

商品二因素的矛盾来自劳动二重性的矛盾,在私有制为基础的商品经济中,它反映了私人劳动和社会劳动的矛盾。

人类生产本质上是社会生产。劳动的社会性是人类劳动的一个根本特征,只是在不同的社会形态下表现出不同的特点。在以私有制为基础的商品生产条件下,生产商品的劳动直接表现为私人劳动,劳动的社会性是通过以价值形式交换表现出来的。

商品生产是以社会分工为前提。在自发形成的社会分工中,每个生产者相互依存,他们既为满足他人的需要而生产,又都依赖他人的供给而生存。他们的劳动是社会总劳动的一个组成部分,具有社会劳动的性质。但是,在私有制条件下,生产什么、生产多少以及怎样进行生产,是生产资料所有者的私事,因而劳动的私人性是直接的、一目了然的。而这种私人劳动所具有的社会劳动的性质,又不能在生产过程中直接得到表现和承认。

私人劳动要被承认为社会劳动,只能在流通过程中通过把产品当作商品来交换这种间接途径而实现,这就是私人劳动(直接的)和社会劳动(间接的)的矛盾。解决矛盾的条件是商品交换。交换商品不仅以具体劳动形成不同的使用价值为前提,还以劳动量的比较为基础,这就要将具体劳动转化为抽象的人类劳动。于是,凝结在商品中的抽象劳动,才表现为商品的价值。可见,劳动二重性以及商品自身的两因素,追根寻源都来自私人劳动和社会劳动的矛盾,都是由生产商品的私人劳动所具有的这种间接社会劳动的特性所决定的。

在私有制条件下,各自分散的商品生产者的经营带有盲目性,但是,私人劳动作为社会劳动的性质,却要求它所生产的商品在使用价值的质和量两方面都符合社会的需要。私人劳动的盲目性又和社会劳动的比例性相冲突。每当商品在市场上卖不出去时,人们只是认为由于商品的使用价值不符合社会的需要,致使价值不能实现,因而这是使用价值和价值的矛盾。其实,商品无用既是具体劳动无用的表现,也是私人劳动盲目性的结果。

总之,商品二因素和劳动二重性,根源于生产商品的私人劳动和社会劳动的矛盾。因此,私人劳动和社会劳动的矛盾是私有制商品生产的基本矛盾,它决定着商品生产的其他矛盾,也决定着商品生产者的命运。在社会主义中,商品经济以社会主义公有制和多层次联合劳动为基础,生产者的劳动以不完全的直接劳动为表现形式,整个社会的最终目的是为了满足社会全体成员的需要。由于社会以生产资料的公有制为主体,私人劳动和社会劳动的矛盾因而转化为个别劳动和社会劳动的矛盾,即公有制企业生产的局部性与整体性的矛盾。当然,这一对矛盾同样成为商品二因素和商品二重性的根源,同样决定着商品生产者的命运。

四、商品拜物教

拜物教就是对物的偶像崇拜,是把某种物当做神来崇拜的宗教迷信。在以私有制为基础的商品生产条件下,商品生产者之间的关系表现为物与物即商品与商品的关系。商品本来是商品生产者生产出来的,但在商品关系中,它却成了支配商品生产者命运的力量。如果商品生产者的商品销路好,能卖好价钱,他的生产就能发展,甚至发财致富;如果他的商品卖不出去或卖不到好价钱,他就会赔本甚至破产。人们对这种现象不理解,以为商品由一种神秘的力量在支配它,因而像崇拜偶像一样崇拜商品,这种情形就叫作商品拜物教。马克思说,商品形式和商品价值的关系,"只是人们自己的一定的社会关系,但它在人们面前采取了物与物的关系的虚幻形式。因此,要找一个比喻,我们就得逃到宗教世界的幻境中去。在那里,人脑的产物表现为赋有生命的、彼此发生关系并同人发生关系的独立存在的东西。在商品世界里,人手的产物也是这样。我把这叫做商品拜物教"[①]。

货币出现以后,商品必须以货币作为媒介来进行交换。这时,商品生产者之间的联系就通过货币来实现。本来是商品生产者互相交换其劳动,现在表现出来的却是某种商品卖多少钱,货币具有无限效力。过去是商品支配人,现在变成了货币支配人,人们崇拜货币、追逐货币,才产生了货币拜物教。马克思说:"货币拜物教的谜就是商品拜物教的谜,只不过是变得明显了,耀眼了。"[②]

商品的神秘性质不是由商品的使用价值产生的。作为使用价值,它能够满足人们某种需要,是商品的自然属性,没有什么神秘的地方。

商品的神秘性也不是来源于形成商品价值的内容即劳动。其一,从抽象劳动来看,尽管多种具体劳动是千差万别的,但是任何劳动都是人类的脑髓、神经、肌肉等的支出,没有什么神秘之处;其二,从劳动量来看,一切劳动都是用时间来计算,这也没什么神秘的地方;其三,从劳动具有社会性来看,只要存在社会分工,不同产品的生产者之间就要互相依赖,彼此为对方工作,谁也离不开谁,这也没什么神秘的地方。

[①] 《资本论》第1卷,北京:人民出版社,2004年版,第89页。
[②] 《资本论》第1卷,北京:人民出版社,2004年版,第111页。

商品的神秘性究竟是从哪里产生的呢？马克思指出：商品的神秘性显然是从这种形式本身来的，即产生于商品形式本身。这是因为：第一，商品生产者无差别的人类劳动表现为劳动产品都有价值，而价值又表现为劳动产品的物质属性，似乎劳动产品本身就具有价值；第二，生产劳动产品花费的劳动时间，采取了劳动产品具有价值量的形式；第三，商品生产者之间相互交换劳动的社会关系，采取了商品之间即物与物之间联系的形式。正是在这种条件下，物与物之间的关系才能把人和人之间的社会关系掩盖起来，而从而产生了商品拜物教。

归根到底，商品拜物教来源于生产商品所特有的间接劳动的性质，即生产商品的劳动直接表现为私人劳动或个别劳动。但由于社会分工，各种私人劳动或个别劳动又是社会劳动的组成部分，从而是社会劳动。由于私人劳动或个别劳动的社会性质不能直接表现出来，只有通过商品交换才能间接表现出来，即通过相互交换他们所生产的商品才能表现出来，这样就使本来是商品生产者之间的劳动联系，现在却表现为物与物之间的交换关系。人与人的关系被物的外壳掩盖起来，物决定着人的命运。这样，人和物的关系颠倒了，就产生了商品拜物教。

就客观而言，商品拜物教或货币拜物教是商品经济的产物，或确切地讲是在商品经济条件下社会生产关系借以表现的特定形式。虽然马克思揭示了商品拜物教的性质及秘密，但科学的揭示不能消除商品拜物教产生的经济基础。在现实社会中，只要存在商品经济就不能消除生产关系被物化的这种经济现象，就会存在商品拜物教或货币拜物教。就主观而言，拜物教是人脑的产物，或是人的观念的产物。

在社会主义经济中，由于仍然存在商品生产和商品交换，各个商品生产者都是为了交换而进行生产，人们的劳动产品只有通过交换才能实现价值和价值增殖，每个商品生产者的劳动特殊性只有通过商品交换才能表现出来，从而商品之间相互交换的关系掩盖了人们之间的社会关系。于是，作为商品生产者的劳动就具有了二重的社会性质：一方面，它的社会有用性决定了商品生产者必须生产对社会有用的劳动产品，从而使自己的劳动成为社会劳动的一部分；另一方面，它的社会等一性即作为劳动力的耗费或抽象劳动，使完全不同的劳动能够相等，特别在市场经济中，价值量的变动和价值规律的客观作用造成了人不能支配物反而被物所支配的幻觉。在市场经济中,由于商品市场价格的波动使一些人发财致富,又使另一些人亏损破产,人们只能受市场支配,无法决定自己的命运。马克思说:"价值量不以交换者的意志、设想和活动为转移而不断地变动着。在交换者看来,他们本身的社会运动具有物的运动形式。不是他们控制了这一运动,而是他们受这一运动控制。"①另外,我们的社会主义国家是从旧社会脱胎而来,各方面还带着旧社会的痕迹,特别是资本主义社会的金钱支配一切,有了货币就有了一切的货币拜物教思想还有现实的社会基础,作为资产阶级的个人主义、利己主义、享乐主义,一味追求金钱、追求物质享受的意识还有市场,这一切均会导致在社会主义现有条件下人们产生拜物教思想。

同时,在社会主义市场经济体制下,由于人们对经济利益的追求,社会主义不仅存在商品拜物教思想,而且亚当·斯密提出的经济人思想也有其存在的空间。换言之,商品拜物教与经济人(自私人)是相互联系、相互作用并可以共存的客观经济现象。

自私人假说认为人都是利己的,这就是人的本性。因此,追求个人利益是人们从事经济活动的唯一动力。每一个人在追求个人私利最大时又离不开其他利己主义者的帮助,这种帮助不可能是无代价的,唯一合理的形式就是通过交换。交换是由人的本性产生的。个人利益的总和构成了社会利益,人人追求个人私利可以实现社会利益的增长。在现实生活中,人们追求个人私利有成功,也有失败。这种不以个人意志为转移的现实又加剧了拜物教思想。在商品经济条件下,商品拜物教和货币拜物教的存在,又会促使人们将自己的一切活动目的归于追求个人的经济利益。

自私人假说比较贴近私有制及其市场经济的实现,但在各种公有制及其市场经济中,人的经济行为不仅有利己性,也有利他性,因此,自私人的假说是片面的理论。

第二节　商品的价值量

一、价值量的决定

马克思的劳动价值论告诉我们,商品的价值是劳动创造的,价

---

① 《资本论》第 1 卷,北京:人民出版社,2004 年,第 91 页。

值不过是人们交换劳动所借以进行量的比较的社会尺度,所以商品价值量是由生产商品所耗费的劳动量决定的。

劳动量又怎么来衡量呢？各生产者在不同劳动条件下进行不同劳动产品的生产,难作统一衡量。通过比较发现,劳动量有一个天然的尺度——劳动时间,也就是说用劳动所耗费的时间来度量。但是,由于生产的劳动条件差异,即使生产同样的商品所耗费的个别劳动时间也不会相同。显然,商品的价值不能由个别劳动时间决定。这是因为:其一,价值质的规定性制约价值量的规定;其二,形成商品价值的劳动是凝结在商品中的无差别的人类劳动,即抽象劳动;其三,作为交换基础的价值,体现的是商品生产者相互交换劳动的社会关系。因此,价值量的决定必须遵循一个客观的标准,即只能由生产该商品所耗费的社会必要劳动时间来决定。

"社会必要劳动时间是在现有的社会正常的生产条件下,在社会平均的劳动熟练程度和劳动强度下,制造某种使用价值所需要的劳动时间"①。显然,马克思所描述的决定价值量的社会标准是商品生产者共同的社会行为的结果,而不能由任何一个商品生产者所耗费的个别劳动时间来决定。由于是生产者的共同社会行为,因此标准必须有一定的范围,主要包含三个因素:生产条件、劳动熟练程度、劳动强度。生产条件是物的方面,如劳动资料、劳动对象、劳动设施等;劳动熟练程度是人的方面,如技能、经验等;而劳动强度则是人与物的结合方面。进一步注意到这三个因素具有一定的设定,即生产条件是"现有的社会是正常的",劳动熟练程度和劳动强度是"社会平均的"。这样,衡量劳动量天然尺度的劳动时间,就显得相当客观和十分公正。

据此,商品生产者就以社会必要劳动时间来同个别劳动时间相比较。生产商品所耗费的个别劳动时间与社会必要劳动时间的比例,将直接影响到商品价值实现和经营的成败。因此,积极改善劳动条件、努力提高操作水平和合理分配劳动就成为商品生产者降低个别劳动时间、实现更多商品价值的基本途径。

商品价值是交换价值的基础,商品价值又是以使用价值为物质前提的。因此,商品价值量又与同类商品质量的优劣有关。也就是说,高于标准质量的商品,社会必要劳动时间的含量相应就多,其价值就高;低于标准质量的商品,社会必要劳动时间的含量相应就少,

---

① 《资本论》第1卷,北京:人民出版社,2004年,第52页。

其价值也就低。正如马克思指出的那样:"每种商品的价值都是由提供标准质量的该种商品所需要的劳动时间决定的。"①

二、简单劳动和复杂劳动

从人类劳动史来看,由于劳动要素的差异,人类生产劳动的程度是不尽相同的,最主要的是劳动的繁简程度不同,如制造钟表的劳动就比织布的劳动复杂得多,艺术创作的劳动又比制造钟表的劳动相对复杂。因为商品价值量由社会必要劳动时间决定,所以在分析商品价值量的决定因素时,就要将生产劳动区分为简单劳动和复杂劳动。

简单劳动是指因工艺、技术要求简单,不需要经过专门训练就能从事的劳动。这是一种简单劳动力的支出,也就是任何一个劳动者普遍具有的劳动力的耗费。一般来说,简单规定是以体力支出为主要内容的劳动。简单劳动的规定性不是固定不变的,在不同历史时期有不同的规定。先进生产力或先进地区的简单劳动要比落后生产力或落后地区的简单劳动复杂一些。当然,随着社会科技的发展,相对复杂的劳动又会变得相对简单,原来意义上的复杂劳动变成新的意义上的简单劳动。在市场经济条件下,创造商品价值的抽象劳动是简单劳动。对劳动者的劳动量计量,要以简单劳动为单位,将复杂劳动折算为加倍的简单劳动,这样就可以按同一尺度衡量劳动的差别,使得复杂程度不同的劳动,都可以用同一的简单劳动按照一定的比例进行比较。

复杂劳动是指需要经过专门培养与训练才能从事的劳动。复杂劳动包含着较多的技能和知识的运用,因此,这是一种具有一定技能和知识的复杂劳动力的支出。复杂劳动和简单劳动在同一时间内所创造的价值是不相等的,复杂劳动"是自乘的或不如说多倍的简单劳动,因此,少量的复杂劳动等于多量的简单劳动"②。这是因为:复杂劳动的劳动力"比普通劳动力需要较高的教育费用,它的生产要花费较多的劳动时间,因此它具有较高的价值。既然这种劳动力的价值较高,它也就表现为较高级的劳动,也就在同样长的时间内物化为较多的价值"③。于是,为交换并实现价值,各种复杂程度不同的劳动必须转化成同一的简单劳动,以此作为劳动的共同的

---

① 《资本论》第1卷,北京:人民出版社,2004年,第196页
② 《资本论》第1卷,北京:人民出版社,2004年,第58页
③ 《资本论》第1卷,北京:人民出版社,2004年,第223页。

计量单位来决定商品的价值量,所以商品价值量是由社会必要的简单劳动量决定的。

三、价值量的变化规律

商品价值量是由生产商品社会必要劳动时间决定的,商品价值量随社会必要劳动时间的变化而变化。从根本上讲,社会必要劳动时间的变化反映的是社会劳动生产力的变化,因此要研究商品价值量的变化规律必须首先要研究劳动生产力与商品价值量的关系。劳动生产力是人类认识、利用和改造自然界以获得物质资料的能力,是生产方式的主要物质内容。劳动生产力,通常也称为劳动生产率,就是劳动生产的能力或劳动生产的效率。它可以有两种表示形式:一是用单位时间内生产的产品数量来表示,二是用生产单位产品所消耗的必要劳动时间来表示。在单位时间内生产的产品数量越多,或者生产单位产品所需要的劳动时间越少,表明劳动生产率越高;反之,表明劳动生产率越低。

影响劳动生产力水平高低的因素是多种多样的,一般归纳为以下几种:社会科学技术发展和应用状况;生产技术装备的规模和效能状况;劳动者的文化知识水平和操作状况;生产的自然条件和组织状况;自然条件等。以上各因素都将对劳动生产力产生一定的影响,从而影响所生产的商品的价值量。并且,各因素对劳动生产力的影响,在各不同行业、不同产业及不同部门是不同的。越是复杂的劳动或产品,其受影响的因素就越多。但不管怎么样,科学技术发展水平及其在生产中的应用程度永远是影响劳动生产力的决定因素。

社会科学技术的发展带来了劳动生产力的变化,劳动生产力的变化必然引起商品价值量的变化。劳动生产力水平越高,同一劳动在单位时间内生产的商品越多,或用于生产单个产品的社会必要劳动时间越少,其价值量也越小;反之,亦然。"可见,商品的价值量与体现在商品中的劳动量成正比,与这一劳动的生产力成反比。"① 这也就是说,随着劳动生产力水平的提高,单位时间生产的商品数量增加,生产单位商品的社会必要劳动时间将随之减少。但是,同一劳动时间里创造的价值总量是不变的。在商品生产和商品交换条件下,如果个别劳动劳动时间少于社会必要劳动时间,那么该商品生产者就处于较为有利的地位,就能实现较多的商品价值;反之,商

---

① 《马克思恩格斯全集》第23卷,北京:人民出版社,1972年,第53~54页。

品生产者就处于不利甚至破产的地位。商品价值量的变化规律使商品生产者就社会必要劳动时间展开激烈的竞争,从而有效地促进社会技术进步。这也使我们看到,随着科学技术的发展,劳动生产力将不断提高,单位使用价值包含的价值量日益减少将成为必然趋势。但是,劳动的日益复杂性又会使社会总价值增大。

第三节 商品经济的基本规律

在商品经济的运行过程中,存在着许多客观的经济规律,比如价值规律、供求规律、竞争规律等,这些经济规律之间相互联系、相互影响、相互制约,共同推动着商品经济的发展。但是,在这些经济规律中,价值规律是商品经济的基本规律,也是起主要作用的基本经济规律。

一、价值规律的基本内容

价值规律是商品经济的一般规律。凡是有商品生产和商品交换的地方,价值规律就客观存在并发生作用。价值规律的基本内容和要求是:商品的价值由生产商品的社会必要劳动时间决定,商品交换按照由社会必要劳动时间决定的价值量进行。这是贯穿于商品生产和商品交换中的一种不以人们意志为转移的客观必然趋势,是商品经济的基本规律。

二、价值规律的表现形式

在货币出现以后,一切商品的价值都是用货币来表现的。用货币来表现商品的价值就是商品的价格。因此,价值规律要求商品按等价的原则进行交换,就是说商品的价格必须符合价值。但是,这并不意味着在每次商品交换中价格与价值都是完全一致的。在实际的商品交换中,价格与价值一致反而是偶然的,价格与价值不一致才是经常的。这是因为,价格虽然以价值为基础,但还要受多种因素的影响,特别要受市场供求关系的影响,当某种商品供不应求时,购买者便争相购买,而销售者待价而沽,这必然会使价格上涨到价值以上;反之,当某种商品供过于求时,商品生产者竞相求售,价格便随之下跌到其价值以下。随着供给和需求关系的不断变化,商品价格不断地和价值发生着上下偏离。

商品价格与价值偏离的现象，实质上是价值规律发生作用的结果，是价值规律作用的表现形式。这是因为：第一，商品价格的涨落总是围绕价值这个中心而进行的；第二，从商品交换的较长时期来看，同一种商品的价格，时而高于价值，时而低于价值，其涨落部分可以相互抵消，因而它的平均价格同价值还是一致的；第三，从不同商品的不同价格的涨落来看，无论价格怎样涨落，总是以各自的价值为基础的。例如，一辆摩托车的价格总是高于一辆自行车的价格，这是因为前者的价值总是高于后者的价值。由此可见，价格背离价值受供求关系的影响自发地围绕着价值上下波动，并不是对价值规律的否定，这正是价值规律发生作用的表现形式。

三、价值规律的作用

（一）价值规律自发地调节生产资料和劳动力在社会各生产部门之间按比例分配

由于价值决定价格并且受供求关系的影响价格围绕价值上下波动，当某一产品在市场上供不应求时，价格就会上涨，而当价格高于价值时，生产者生产这一商品就有利可图。商品的生产者为了追求利润，纷纷转向生产这一产品，生产资料和劳动力就会向这一部门集中。这样这一商品就会被大量生产出来，导致市场上这一商品供过于求，商品的价格就会下降而低于价值，商品生产者就会无利可图，商品生产者又会将生产资料和劳动力转向生产其他有利润的商品，最后生产资料和劳动力就从这一部门自觉地向另一部门转移。

（二）价值规律自发地刺激社会生产力的发展

市场交易要求等价交换，而在等价交换的原则下企业似乎不可能获取比其他企业更高的利润。关键要弄明白这里的"等价"指的是内容中的社会必要劳动时间决定的价值量。而商品生产者可以减少自己的个别劳动时间，使自己的个别劳动时间低于社会必要劳动时间，在单位时间内生产出更多的商品。而商品仍然按照社会必要劳动时间决定的价值量进行销售，这样商品生产者才能获取更多的利润。而要减少个别劳动时间就要提高劳动生产率，那么如何提高劳动生产率呢？就是要商品生产者改进生产技术、改善经营管理。

(三)价值规律会引起和促进小商品生产者的两极分化

由于商品生产者的技术、生产条件等各不相同,劳动生产率也不一样,这样商品生产者生产某一商品的个别劳动时间也不一样。当商品生产者的个别劳动时间低于社会必要劳动时间时,商品生产者就能获取更多的利润,在市场竞争中处于有利的地位;而一旦商品生产者的个别劳动时间高于社会必要劳动时间,商品生产者就会赔本,在生产中处于不利的地位,必然会被激烈的市场竞争所淘汰。

本章小结

商品是用于交换的劳动产品,有使用价值和价值两个因素。使用价值是商品的自然属性,价值是商品的社会属性。

商品的两因素是由生产商品的劳动二重性决定。劳动的二重性是具体劳动和抽象劳动。具体劳动是劳动的自然属性,抽象劳动是劳动的社会属性。具体劳动生产使用价值,抽象劳动形成价值。劳动二重性学说是理解马克思主义政治经济学的枢纽。商品的价值是抽象劳动的凝结。商品价值量的大小由生产商品的社会必要劳动时间的多少来决定。在计算商品价值量时,要以简单劳动为尺度,复杂劳动要折合为简单劳动。商品价值量与体现在商品中的劳动量成正比,与生产商品的劳动生产率成反比,商品经济是和自然经济相对应的生产形式。商品经济产生的前提是社会分工,必要条件是商品属于不同的所有者。在以私有制为基础的商品经济中,劳动二重性反映了私人劳动和社会劳动的矛盾。

价值规律是商品经济的基本规律,商品经济的运行受价值规律的制约。价值规律的基本内容是:商品的价值量决定于生产商品的社会必要劳动时间;商品必须按照价值量相等的原则进行交换。商品价格由价值决定并受供求关系的影响自发地图绕着价值上下波动,这正是价值规律的表现形式。无论在以私有制为基础的商品经济中,还是在以公有制为基础的商品经济中,价值规律都必然存在并发生作用。但是在不同社会制度下,价值规律作用的范围、程度和形式都有所不同。

阅读书目

1.《资本论》第1卷,北京:人民出版社,2004年。

2. 马克思:《政治经济学批判》,北京:人民出版社,1976年。

3. 习近平2014—2016系列讲话。

重点问题

1. 为什么在不同所有制下会有不同类型的商品经济出现?

2. 商品能够通过买卖同其他商品相交换的属性是商品的交换价值,决定商品交换的比例是商品的价值。那么,商品的"效用"、市场的"供求"是否也能决定商品的交换价值呢?

3. 如何理解商品二因素的矛盾来自劳动二重性的矛盾,归根到底来源于私人劳动和社会劳动的矛盾?

4. 根据马克思的观点,商品的价值量与体现在商品中的劳动量成正比,与这一劳动生产率成反比。那么随着社会劳动生产率的提高,商品价值量的变化将如何变化?

关键概念

商品　价值　使用价值　具体劳动　抽象劳动

社会必要劳动时间　劳动生产率　交换价值

价值规律

第三章

货 币

 目的要求

通过本章的学习,掌握价值形式的演变及货币的产生和发展概况,了解货币的职能和货币流通规律,认识价值规律是商品经济的基本规律;正确理解货币的本质,把握货币的各种职能及其相互关系,了解货币流通规律及通货膨胀与通货紧缩的概念,掌握价值规律的基本内容及其表现形式,认清价值规律在不同性质商品经济中的作用。

 主要内容

☆价值形式的演变与货币的起源
☆货币的职能与货币流通规律

 教学重点

☆价值形式的发展与货币的起源
☆货币的本质与职能
☆货币流通规律通货膨胀与通货紧缩

第一节　价值形式的演变与货币的起源

一、简单的价值形式

> 分析价值形式的意义有：
> ①可以更深刻地认识价值反映的是商品生产者之间的关系。
> ②可以解释货币的起源和本质。
> ③可以清楚地看到劳动产品到商品的发展过程。
> ④可以进一步说明价值和交换价值是历史范畴。

商品既然具有使用价值和价值两个因素，因而它也就相应地具有两种表现形式：使用价值的表现形式和价值的表现形式。使用价值的表现形式就是商品的自然体本身，是人们可以直接感触到的。价值的表现形式则不然，它体现着商品的社会属性，是看不见、摸不着的，从每个孤立的物品上无法表现出来。例如，一张桌子把它翻来转去，甚至把它砸碎也找不到它的价值。既然价值体现商品的社会属性，那么商品的价值就只有在商品与商品的社会关系即商品交换中才能表现出来。所谓商品的价值形式，就是价值的表现形式，也就是交换价值。因此，我们必须在交换关系中来研究商品价值形式的发展。

商品价值形式的发展和商品交换的不同阶段相适应，经历了四个发展阶段：简单的价值形式、扩大的价值形式、一般的价值形式和货币形式。

简单的价值形式是和简单的、偶然的物物交换相适应的。人类最初的商品交换产生于原始社会后期，当时人们还不是专门为交换而生产，只是将自己消费以后偶然剩下的东西拿来进行以物易物的交换。因此，交换带有偶然的性质。与这种偶然的交换相适应，就产生了简单的价值形式，即一种商品的价值偶然地表现在另一种商品上。例如，一只绵羊和两把斧子相交换，一只绵羊的价值表现在两把斧子上，用等式来表示就是：

1 只绵羊＝2 把斧子

（1 只绵羊与 2 把斧子价值相等）

从形式上看，这种价值形式很简单，但其实它包含的内容并不简单。正如马克思指出的："一切价值形式的秘密都隐藏在这个简单的价值形式中。"[①]分析了简单的价值形式的内容，实际上也就分析了一切价值形式的共同内容。因此，有必要对这种价值形式进行比较详细的分析。

[①]《资本论》第 1 卷，北京：人民出版社，2004 年，第 62 页。

在"1只绵羊＝2把斧子"的简单价值形式中,绵羊和斧子这两种不同的商品处于不同的地位,起着完全不同的作用。绵羊起着主动作用,它要表现自己的价值。绵羊的价值不是由本身表现出来,而是通过与斧子发生交换关系相对地表现出来。在这里,绵羊是价值被表现的商品,处于相对价值形式的地位上。斧子起着被动作用,它不表现自己的价值,而是充当其他商品价值的表现材料,处于等价形式的地位上。处于等价形式地位上的商品称为等价物。相对价值形式和等价形式处于同一价值形式的两极,它们是对立统一的关系:既相互依赖、互为条件,又相互排斥、相互对立。两者的统一表现在:一种商品处于相对价值形式上,是以另一种商品处于等价形式上为条件的;一种商品处于等价形式上,同样是以另一种商品处于相对价值形式上为条件的,缺少任何一方都不成其为价值形式。两者的对立表现在:在同一价值关系表现中,一个商品不能既处于相对价值形式上,又处于等价形式上,因为任何商品都不能用自己来表现自己的价值,也不会自己同自己相交换。需要指出的是,在简单的价值形式中,相对价值形式和等价形式的对立很不固定,如上例中,假如斧子处于主动地位,它要绵羊来表现它的价值,等式就颠倒过来成为"2把斧子＝1只绵羊"。马克思指出:"一个商品究竟是处于相对价值形式,还是处于与之对立的等价形式,完全取决于它当时在价值表现中所处的地位,就是说,取决于它是价值被表现的商品,还是表现价值的商品。"[①]

下面分别考察相对价值形式和等价形式。

(一)相对价值形式

一个商品的价值只有通过和另一个商品发生交换关系才能表现出来。在上例中,绵羊是通过与斧子的交换而证明自身有价值的。作为相对价值形式的绵羊,它的价值之所以能被斧子这种不同的商品表现出来,是由于它们具有共同的质,即它们都凝结着人类抽象劳动,都有价值。如果没有这种共同的质,它们就不能发生交换关系。所以,这种关系是一种价值关系。

从量的方面来看,处于相对价值形式的商品的价值量大小及其变化取决于两个因素:一是处于相对价值形式上的商品本身价值量的大小及其变化;二是处于等价形式的商品本身价值量的大小及其

---

① 《资本论》第1卷,北京:人民出版社,2004年,第63页。

变化。可见，这只是一种相对的价值量，即价值量的相对表现，而不是其绝对的表现。商品相对价值量的变动可以概括为以下四种不同的情况：

第一种，如果处于等价形式的商品 B(斧子)的价值不变，则商品 A(绵羊)的相对价值与它自身的价值成正比例变动。在上例中，假定斧子价值不变，绵羊价值增加 1 倍，那么 1 只绵羊＝4 把斧子，绵羊的相对价值量增加 1 倍。

第二种，如果处于相对价值形式的商品 A(绵羊)的价值不变，而商品 B(斧子)的价值发生变动，则商品 A 的相对价值与商品 B 的价值成反比例变动。在上例中，假定绵羊价值不变，斧子价值增加 1 倍，那么 1 只绵羊＝1 把斧子，绵羊的相对价值量减少 1 倍。

第三种，如果处于相对价值形式的商品 A(绵羊)的价值与处于等价形式的商品 B(斧子)的价值按相同方向和相同比例发生变动，则商品 A(绵羊)的相对价值不变。在上例中，假定绵羊价值增加 1 倍，斧子价值也增加 1 倍，那么仍然是 1 只绵羊＝2 把斧子，绵羊的相对价值量不变。以上分析表明一个商品的价值量的变化，往往不能明确地、完全地在相对价值量上如实反映出来。商品价值量的变化与这个商品的相对价值的变化可能一致，也可能不一致。

第四种，如果处于相对价值形式的商品 A(绵羊)的价值与处于等价形式的商品 B(斧子)的价值按同一方向不同比例或按相反的方向发生变动，则对商品 A 的相对价值的影响可以根据上述三种情况推知。

(二)等价形式

"一个商品的等价形式就是它能与另一个商品直接交换的形式。"① 例如，斧子直接用来交换绵羊，它被当作表现绵羊的价值材料，从而成为等价物，又称为"价值镜"，即反映处于相对价值形式上商品的一面镜子。处于等价形式的商品之所以能表现别种商品的价值，是因为它自己就是作为价值体存在的，其本身就具有价值，因而能够直接同别种商品相交换。

等价形式具有三个特征：

第一，使用价值成为价值的表现形式。处于等价形式的商品是用它的使用价值作为其他商品价值的表现形式。例如，处于等价形

---

① 《资本论》第 1 卷，北京：人民出版社，2004 年，第 70 页。

式上的斧子,原来是一种使用价值,但是在简单的价值形式中,斧子的使用价值不是作为斧子来用,而是作为绵羊的价值表现材料,它不仅把绵羊的价值表现为看得见、摸得着的斧子,而且把它们之间量的关系也表现出来了。在等价形式中,等价物"似乎天然具有等价形式,天然具有能与其他商品直接交换的属性。……从这里就产生了等价形式的谜的性质"[①]。这种"谜"的性质在等价形式发展为货币时,便成为"货币之谜"。因此,在简单的价值形式中,已经包含了其最后完成形式的秘密。通过对简单的价值形式的分析,特别是对等价形式的分析,我们就能揭开这个"谜",就是等价物所具有的能够直接同其他商品相交换的属性,并非它自身所固有的天然属性,而是来自于它在商品交换中所处的地位。例如,处于等价形式的商品斧子,它的使用价值之所以能表现绵羊的价值,是因为它处在和绵羊的价值关系中,在这里绵羊要通过斧子来表现自身的价值。离开了这种价值关系,斧子就是一种一般使用价值的东西,就不能表现绵羊的价值,从而也失去了谜的性质。

第二,具体劳动成为抽象劳动的表现形式。处于等价形式的商品,本来也是具体劳动的生产物,但由于它处于等价形式的地位,成为表现其他商品价值的材料,因此生产这种等价物的具体劳动也就成为抽象劳动的存在形式。例如,斧子作为使用价值是具体劳动的产物,但是它在表现绵羊价值的过程中,却用来证明绵羊和自己一样都是抽象人类劳动的产物。这样,生产斧子的具体劳动,就成了生产绵羊的抽象人类劳动的表现形式。

第三,私人劳动成为直接社会形式的劳动。在以私有制为基础的商品经济中,生产各种商品的劳动都是私人劳动,同时由于它们都是社会分工体系中的一部分,每个商品生产者的私人劳动都构成社会总劳动的一部分,因此私人劳动又具有社会性。但是,生产商品的劳动的社会性,只有当这种商品能够用于和其他商品相交换时,才会得到社会的承认。处于等价形式上的商品,本来是私人劳动的产物,但在成为能够直接和其他商品相交换的等价物时,它所包含的私人劳动也就成为直接社会形式的劳动。

简单的价值形式使商品的内在矛盾,即使用价值和价值的对立,变成了两个商品的外部对立。处于相对价值形式的商品只是直接当作使用价值,它的价值要通过另一个商品表现出来;处于等价

[①] 《资本论》第1卷,北京:人民出版社,2004年,第72页。

形式的商品只是当作价值,它的使用价值变成了表现另一个商品的价值的材料。这样,商品内部的矛盾便外溢为一般商品与等价物商品的外部对立了。

简单的价值形式和简单的、偶然的商品交换相适应。在当时,它促进了商品交换的发展。但是,在简单的价值形式中,处于相对价值形式的商品的价值表现是不充分的。价值只是同它本身的使用价值区别开来,表现在一种商品上,还没有充分表现价值是一般人类劳动的凝结这一本质。与此相适应,处于等价形式的商品只是个别的等价物,只能表现一种商品的价值。随着商品交换种类和范围的扩大,价值的表现就必然由简单的价值形式迈步过渡到扩大的价值形式。

二、扩大的价值形式

随着社会生产力的发展,原始社会末期出现了第一次社会大分工,畜牧业从农业中分离出来。分工使社会生产力获得进一步发展,剩余产品不断增加,商品交换也逐渐频繁。随着商品交换的发展,一种商品已经不是偶然地而是经常地和许多商品相交换。这样,简单的价值形式就发展为扩大的价值形式。某一种商品的价值表现在其他一系列商品上的价值形式,就叫作扩大的价值形式。用等式表示就是:

$$1只绵羊 \begin{cases} =2把斧子 \\ =80斤粮禽 \\ =60尺布 \\ =5张兽皮 \\ =一定量其他商品 \end{cases}$$

在扩大的价值形式中,处于相对价值形式的商品的价值已经不是偶然地表现在另一种商品上,而是经常地表现在一系列的其他商品上,每一种其他商品都成为反映它的价值镜。这时,等价物已经不是一种商品,而是许多种不同的商品。扩大的价值形式表明,商品的价值同它借以表现的使用价值的特殊形式是没有关系的。一种商品之所以能够同一系列使用价值不同的商品发生等价交换,只是因为它们都是人类劳动的产物。价值实体是物化在商品中的一般人类劳动,这一本质在扩大的价值形式中得到了更清楚的证明。

例如,在上面的等式中,绵羊已经不是和某一种具体劳动创造的商品相等,而是和各种具体劳动创造的各种不同的商品相等。这表明,绵羊和很多不同的商品都有共同的东西,这就是绵羊的价值作为无差别的人类劳动的凝结,与其他一系列商品的劳动是同质的、没有差别的,这使得绵羊的价值第一次表现为无差别的一般人类劳动。在数量上,由于交换已是经常的事情,价值量基本稳定,各种商品的交换比例更接近于它们所包含的劳动量的比例。也就是说,商品交换的比例将由社会必要劳动时间规定。

扩大的价值形式和简单的价值形式相比,商品价值表现得更加充分,因而促进了商品交换的发展。但是,由于扩大的价值形式仍然是直接的物物交换阶段上的价值形式,是简单的价值形式的扩大,因而它仍有缺点和局限性。从相对价值形式来看,每一种商品的价值表现都是一个不同于别的商品的价值表现形式的无限系列;从等价形式来看,每一种商品又都可以与其他许多商品并列成为特殊的等价物。这表明,生产各种商品的一般人类劳动,还不能获得共同的统一表现形式,商品世界中还没有一个社会公认的共同的等价物。因此,在扩大的价值形式中,商品的相对价值仍然不能获得最终的完全的表现。

随着交换的进一步发展,扩大的价值形式的缺点愈益明显,从而使交换经常发生困难。例如,绵羊的所有者需要粮食,有粮食的人却需要布;如果布的所有者需要绵羊,则绵羊的所有者须先用绵羊去换布,再用布去换粮食,几经周折才能换得自己所需要的商品。如果布的所有者不需要绵羊,那么交换的困难就会更大。这种情况表明,随着社会分工和商品交换的发展,商品使用价值和价值的矛盾进一步加深,扩大的价值形式日益显示出它的局限性,需要向更完全的价值形式发展。

三、一般价值形式

一般价值形式是适应解决扩大的价值形式的矛盾而产生的。在长期交换过程中,商品所有者逐渐认识到,如果先将自己的商品换成市场上大家都愿意要的商品,然后用这种商品去换回自己所需要的商品,交换就比较容易实现。这样,在商品所有者自发活动的基础上,便逐渐从商品世界中分离出某种商品来作为交换的媒介,一切商品的价值都由这种商品来表现,这样的价值形式就是一般价值形式。用等式表示就是:

$$\left.\begin{array}{r}2\text{ 把斧子}=\\ 60\text{ 尺布}=\\ 80\text{ 斤粮食}=\\ 5\text{ 张兽皮}=\\ \text{一定量其他商品}=\end{array}\right\}1\text{ 只绵羊}$$

这个价值表现形式之所以叫作一般价值形式,是因为在这个价值形式中,一切商品的价值都表现在某种特殊商品(如绵羊)上。这种从商品世界中分离出来充当其他商品的统一的价值表现材料的特殊商品,叫作一般等价物。

从等式看,一般价值形式似乎只是扩大的价值形式的颠倒,但是这一颠倒却反映了价值形式在发展过程中的一次质的飞跃。这是因为:其一,在扩大的价值形式中,处在相对价值形式上的商品(如绵羊)的价值表现在许多商品上;而在一般价值形式中,尽管许许多多商品的使用价值千差万别,但是它们的价值表现却是一样的,一切商品的价值都是通过作为一般等价物的商品(如绵羊)表现出来的。其二,在扩大的价值形式中,每种商品的价值都有自己的表现系列,而在一般价值形式中一切商品的价值都统一表现在一种商品上,这样一切商品的价值作为无差别的人类劳动凝结的性质,便被完全地、充分地表现出来了。其三,在扩大的价值形式中,一种商品究竟是处于相对价值形式还是处于等价形式,这是不固定的。而在一般价值形式中,作为一般等价物的商品成了一切商品价值的表现材料,除了一般等价物以外,其他一切商品都丧失了作为等价物的资格,商品究竟是处在相对价值形式上还是处在等价形式上,已不再是可以逆转的了。

总之,在一般价值形式中,价值表现是简单的、统一的,所以价值形式是一般的。在这里,物物交换便发展成了以一般等价物为媒介的商品流通。

一般价值形式的产生,克服了扩大的价值形式的缺点和局限性,在很大程度上促进了商品交换的发展。但是,充当一般等价物的商品并不是固定不变的。在历史上,不同的民族在不同的时间和地区,曾经使用各种不同的商品充当过一般等价物。例如,古希腊、古罗马曾用牲畜来做一般等价物,非洲各民族的交换曾广泛使用贝壳和象牙作为媒介,中国古代曾用农具、帛、贝、铜、玉等来充当一般等价物。

一般等价物的不固定、不统一,对交换的发展来说是一大障碍,特别是第二次社会大分工(即手工业从农业中分离出来)以后,由于出现了为交换而进行的生产即商品生产,使商品交换量增加,范围扩大,这一障碍更加明显。交换的发展要求等价物在时间上具有稳定性,在地区上具有统一性。随着商品交换的发展,等价物终于逐步固定到了某种商品上,从而一般价值形式就过渡到了货币形式。

四、货币形式及其发展

(一)货币形式

货币形式是价值形式发展的完成阶段。在这一阶段,一切商品的价值都统一由货币来表现,货币成为价值和财富的化身。

货币是商品交换发展的产物。当某种商品从商品世界中分离出来,并固定地独占了一般等价物的地位时,这种特殊商品就成了货币,这种价值形式就是货币价值形式。用等式表示就是:

$$\left.\begin{array}{l} 2\text{ 把斧子}= \\ 80\text{ 斤粮食}= \\ 60\text{ 尺布}= \\ 5\text{ 张兽皮}= \\ \text{一定量其他商品}= \end{array}\right\} 1\text{ 克黄金}$$

货币价值形式和一般价值形式相比,并没有发生本质上的变化。它们之间的区别仅在于:在一般价值形式下,在不同时间、不同地区、不同民族,作为一般等价物的商品还不固定、不统一;而在货币价值形式下,作为一般等价物的商品则在相当长的时期内稳定在一种商品上。货币是商品交换发展的结果,是价值形式的完成形态。货币出现后,商品的内在矛盾,即使用价值和价值的矛盾,表现为商品和货币的外部对立。

货币的出现使整个商品世界分成了两极:一极是各种各样的商品,它们都有特殊的使用价值,要求转化为价值;另一极是货币,它直接以价值的化身出现,可以代表任何一种商品的价值。这样,货币的出现就使商品内部使用价值和价值的对立统一关系,发展成为商品与货币的对立统一关系。一切商品都必须转化为货币,它的价值才能得以实现。货币的出现解决了商品物物交换的困难,使得商品交换能以最高效率和最低成本进行,从而极大地促进了商品交换的发展。

货币形式初看起来具有很大的神秘性:一切商品的价值都由货币来表现,货币可以同一切商品直接交换,谁拥有货币就意味着谁占有了价值,占有了相应的社会财富,这些似乎是难以理解的。马克思通过对价值形式发展过程所进行的创造性的科学分析,揭示出货币形式是从简单的价值形式、扩大的价值形式和一般价值形式发展过来的,货币的本质在于它是固定地充当一般等价物的特殊商品。货币之所以能起一般等价物的作用,是因为它本身也是商品,具有使用价值和价值;但它又不是普通商品,而是专门充当一切商品的一般等价物的特殊商品。

(二)货币的发展

货币作为一种人们能够共同接受的价值体化物,在不同的时期有着不同的表现形式。在漫长的岁月中,货币的形态经历着由低级向高级的不断演变过程。

1. 实物货币阶段

实物货币又称为商品货币,它是货币形态发展的最原始形式。实物货币的特点是:它作为货币用途的价值与作为非货币用途的价值相等,即实物货币是以货币商品本身的价值为基础的。也就是说,货币商品本身所包含的社会必要劳动时间,既决定了货币商品的价值,又决定了实物货币的价值。

在人类历史上,各种商品如米、布、木材、贝壳、家畜等,都曾在不同时期内扮演过货币的角色。中国古代最早的货币是贝,我国以贝作为货币有着较长的历史,其上限大约在公元两千年前。贝币以朋为单位,一般十贝为一朋。《诗·小雅·菁菁者莪》中有"既见君子,锡(赐)我百朋"的诗句,商周的铜器铭文和甲骨文都有关于用贝作赏赐的记载,墓葬发掘的陪葬品中则有大量可推断是用作货币的贝。贝作为一种实物货币,在我国货币史上有着深远的影响,从我国的文字中也可以看出贝作为货币长期存在的事实,很多与财富有联系的字其偏旁都是贝,如贷、财、贮、贸、货、贫、赐等。

但是,这些实物货币存在着不少缺点。如有些实物货币体积太大,不便携带;有的质地不均匀,不易分割;有的质量很不稳定,不易保存等。所以,随着商品交换的进一步发展,实物货币必然逐渐被金属货币所代替。

2. 贵金属货币阶段

铁器的出现引起了第二次社会大分工,即手工业和农业的分离。由于冶炼技术的提高,使金属作为商品参加到交换的行列中去,于是导致了实物货币向金属货币的过渡。起初有用铁等贱金属作为货币的,但随着商品交换日益突破地域的限制,货币材料逐渐固定到贵金属(金或银)身上。

金、银等贵金属原来也是普通的商品,只是随着商品交换的发展,由于它适合作货币的材料,才自发地从商品中分离出来,固定地充当一般等价物,从而成为货币。贵金属之所以能够排斥其他曾经充当过一般等价物的商品,独占一般等价物的地位,是因为它有着适宜充当一般等价物的自然属性:贵金属体积小,价值大,便于携带;质地坚固,不易损坏和变质,宜于长期保存;质地均匀,便于分割或熔合成不同重量的条块,适于表现各种商品的不同价值。因此,货币材料最终落到贵金属身上绝非偶然。马克思说:"金银天然不是货币,但货币天然是金银。"①这表明,金银的自然属性最适宜充当货币材料,但金银之所以成为货币却并不是由它的这些天然属性决定的,而是一定的社会经济生活条件所造成的。

金属货币最初是以实物货币的形式出现,没有固定的形状和重量,使用很不方便,因为每笔交易都需要称重量,鉴定成色,有时还要按交易额的大小把金属块进行分割。随着商品交换的发展,人们把货币金属铸成具有一定形状、一定重量并具有一定成色的金属货币,以便于流通。铸币的出现是货币发展史上一个巨大的进展,它奠定了货币制度的基础。一般来说,铸币是由国家的印记证明其重量和成色的金属块。所谓国家的印记,包括形状、花纹、文字等。最初各国的铸币有各种各样的形式,但后来都逐步过渡到圆形,这是因为圆形最便于携带且不易磨损。

中国最早的金属货币是铜和金。商代的墓葬中曾出土有铜铸的贝。进入周代以后,中国一直是铜流通的天下,直到 20 世纪 30 年代还有铜元的流通。黄金在商代的遗址中就有所发现,但主要是作为饰物。到战国时期,在古籍中已有很多用黄金论价、估价、馈赠、赏赐之类的记载。但东汉以后,黄金的数量急剧减少。白银在西汉的著述中已经出现,但直到宋代才逐渐成为货币材料,此后在与铜并行流通中,银一直是作为主币的币材。白银在中国的流通,直到 20 世纪 30 年代才终止。

中国最早的金属铸币是铜铸币,在周代已开始出现,主要有三种形制:一是"布",为铲型农具的缩影,流通于周、三晋、郑、卫等地;二是"刀",为刀的缩影,主要流通在齐国及其势力所影响的范围;三

---

① 《资本论》第 1 卷,北京:人民出版社,2004 年,第 107 页。

是"铜贝",在南方楚国流通,通常称之为"蚁鼻钱"。秦统一中国以后,用铜铸圆形方孔的秦"半两"钱统一了中国的铸币流通。西汉武帝时建立了"五铢"钱制度:钱正面铸有五铢字样,说明重量,一铢等于1/24两。这种五铢钱,自汉至隋流行了700余年。唐朝建国后,在整顿币制的过程中,铸"开元通宝"钱,代替了五铢钱,以后各代铸的钱大多称"通宝",只是"开元"二字换成当时的年号,这种形制一直延续到清代。金银铸币在中国出现较晚,自宋代开始大量流通的白银,一直是以"两"为单位的称量货币,通常称为"银两"。广泛流通银元是从鸦片战争之际开始的,其中流通最多的是墨西哥的鹰洋。出于流通方便,晚清以后中国也开始铸造自己的银元。

铸造重量轻、成色低的铸币是古代货币流通中经常出现的事情。汉初曾允许私人铸钱,私人铸的"半两钱"最轻的尚不及半两的1/10。铸造劣质货币也是统治者解决财政收入、搜刮民财的措施之一。当劣币出现于流通之中时,人们则会把足值货币收存起来,这就是劣币驱逐良币律。

3. 代用货币阶段

在金属货币流通条件下,由于金银的采掘跟不上商品生产和流通发展的需要,就逐渐产生了代用货币,用以代替金属货币,实现商品交易,从而在一定程度上克服流通中对金银需要量日益增加的矛盾。代用货币的基本特征是作为货币的物品本身的价值低于它所代表的货币价值,它的形态有国家铸造的不足值的铸币、政府或银行发行的纸币等。这种代用货币所代表的是金属货币,也就是说,代用货币尽管在市面上流通,从形式上发挥着交换媒介的作用,但是它却有十足的贵金属准备,而且可以自由地向发行单位兑换金属货币。

代用货币产生的可能性在于,货币作为交换的媒介只是交换的手段,而不是交换的目的。对于交易者来说,他们关心的并不是货币本身有无价值,而是它能否起媒介作用。正如马克思所说,货币处在流通领域中,"只是转瞬即逝的要素,它马上又会被别的商品代替。因此,在货币不断转手的过程中,单有货币的象征存在就够了"①。这就产生了由价值符号或代用货币代替真实货币的可能性。而代用货币比较完善的形式是纸币。纸币的优点是:(1)成本低。印刷纸币所花费的成本远比铸造金属货币的成本要低得多。纸币本身的价值是微乎其微的,但却可以代表任意数量的金属货币。

---

① 《资本论》第1卷,北京:人民出版社,2004年,第148~149页。

(2)便于携带和运输。(3)可以避免金属货币流通中所产生的问题。如在金银复本位制度下,由金和银两种铸币同时充当价值尺度,如果金属货币的法定价值和实际价值发生偏差,人们往往把实际价值较高的货币收藏、熔化或输出国外,流通中剩下的则是实际价值较低的金属货币,造成劣币驱逐良币的现象。

中国是世界上最早使用纸币的国家。早在10世纪末的北宋年间,就已出现用纸印制的货币——"交子"。此后,像南宋的"关子"、"会子",金代的"交钞"等,都是较早的纸币形式。元代则在全国范围实行纸币流通的制度,其中具有代表性的是"中统元宝交钞",开始时曾一度可以兑现,但很快停止。其后,明代曾发行"大明宝钞",清代则有"大清宝钞"等,都是典型的纸币。

4.信用货币阶段

信用货币是以信用作为保证,通过信用程序发行的货币。信用货币是代用货币进一步发展的产物,同时也是目前世界上几乎所有国家采用的货币形态。信用货币的出现是金属货币制度崩溃的结果。20世纪30年代的世界性经济危机和金融危机,使各国相继放弃了金本位制,实行不兑现的纸币流通制度,信用货币便应运而生了。信用货币的基本特征是:其一,信用货币本身的价值低于它所代表的货币价值。其二,信用货币完全割断了与贵金属的联系,其发行主要不是以黄金做准备的,国家也不予承诺兑现金属货币。尽管事实上采用信用货币制度的国家都具有一定数量的黄金、外汇和有价证券等资产作为发行纸币和银行券的准备,但已不必严格遵守保持十足准备的要求,这些资产往往可以移作他用。其三,信用货币的基本保证是国家的信誉和银行的信誉。

信用货币的主要形式是银行券。银行券最早出现于17世纪,它是由银行发行的用以代替商业票据的银行票据。银行券是为了解决商业票据流通的局限性和银行现金不能满足商业票据持有人贴现需求的矛盾而产生的,它主要是通过银行贴现商品票据而发行到流通中去的。对于典型的银行券,持票人可以随时持券向发行银行兑取黄金,所以它可以代替金属货币在流通中发挥作用。

银行券和纸币本身都没有价值,这一点两者是相同的。银行券和纸币的区别在于:其一,纸币是从货币作为流通媒介的职能中产生的;而银行券则产生于信用关系,是在货币作为支付手段职能的基础上产生的。其二,纸币是由政府发行、依靠国家权力强制流通的;而银行券则是由银行通过短期商业票据贴现方式发行的。其三,纸币不能兑现,而银行券可以兑现。其四,纸币如超量发行就会贬值,而银行券不会贬值。但是银行券不贬值需要一定的条件:一是银行券的发行量要以银行贴现的商业票据为依据;二是银行券必须能随时兑换贵金属货币,即银行券要有信用和黄金双重保证。

20世纪30年代世界性经济危机之后,资本主义各国相继放弃金本位制,银行券停止兑换黄金,从而出现了银行券纸币化现象。在当代社会经济中,由于各国银行券已经不再兑现金属货币,同时各国的货币已经完全通过银行的信贷程序发行出去,因此银行券和纸币已基本成为同一概念,成为现代货币。

现代货币不仅包括流通中的现实货币,还包括银行存款,因为银行存款也是银行部门通过信用程序创造出来的。银行存款中最主要的形态是活期存款,也称存款货币。人们普遍认为,只要银行信誉良好,结算体系畅通,存款货币与流通中的通货一样,都是具有相同流动性的交换媒介。

现代货币可以根据其流动性大小来划分货币供应量层次。有经济学家认为,货币的范围包括通货和银行体系的活期存款,这是就狭义货币供应量 M_1,用公式表示为:

M_1 = 现金 + 所有金融机构的活期存款

也有经济学家认为,各种金融机构的定期存款、储蓄存款以及其他一些短期流动资产是潜在的购买力,很容易变成现金,具有不同程度的流动性。因此,他们主张以流动性为标准,确定广义的货币层次,从而提出了广义的货币供应量标准 M_2、M_3、M_4 等,用公式表示为:

$M_2 = M_1$ + 商业银行的定期存款和储蓄存款

$M_3 = M_2$ + 其他金融机构的定期存款和储蓄存款

$M_4 = M_3$ + 其他短期流动性资产(如国库券、公司短期债券、人寿保险公司保单、承兑票据等)

5. 电子货币

随着现代信用制度和电子技术的发展,货币形式的发展从有形到无形,逐步产生了电子货币。电子货币的主要形式为信用卡,它储藏了持卡人的姓名、银行账号等信息,放入电子计算机系统的终端机后,银行就自动记账、转账或换取现金。电子货币是一种纯粹观念性的货币,它不需要任何物质性的货币材料。贮存于银行电子计算机中的存款货币,使一切交易活动的结转账都通过银行计算机网络完成,既迅速又方便,还可以节省银行处理大量票据的费用。

电子货币现已成为资本主义国家货币流通的主要形式,在经济生活中发挥着越来越大的作用。随着银行信用卡的迅速发展,电子货币将在相当广的范围内取代现金。当然,其货币的主要功能仍然存在,变化的只是货币的形式而已。

第二节　货币的职能与货币流通规律

一、货币的职能

货币的职能是指货币的社会经济作用,它是货币本质的具体表现形式。货币的职能随着商品生产和商品交换的发展而发展。在发达的商品经济中,货币具有价值尺度、流通手段、贮藏手段、支付手段和世界货币五种职能。

(一)价值尺度

货币的第一个职能是充当商品的价值尺度。货币在表现其他商品的价值并衡量商品价值量的大小时,便执行价值尺度的职能。货币之所以能够具有价值尺度职能,是因为货币本身也是商品,具有价值。货币和其他商品一样,都凝结了一般人类劳动,它们在质上是相同的,在量上是可以互相比较的。这样,一切其他商品都可以用作为一般等价物的货币商品去衡量,表现自己的价值。这个一般等价物的货币商品便成了衡量其他一切商品共同的价值尺度。

商品价值量的大小是由凝结在该商品中的社会必要劳动时间来决定的,所以社会必要劳动时间是衡量商品价值的内在尺度。但是,商品的价值量不能用劳动时间直接表现出来,必须借助于货币外化出来,即通过在交换过程中等于多少货币间接地表现出来。因此,货币作为价值尺度也就是商品价值的外在尺度,它是商品内在的价值即社会必要劳动时间的必然表现。

货币在执行价值尺度职能时,商品的价值形式就转化为价格形式。价格是商品价值的货币表现。但是"货币在执行价值尺度的职能时,只是想象的或观念的货币"[①]。例如,一块手表值2克黄金,只是把手表的价值观念地表现在黄金上,在这里并不需要有现实的货币,只需要用想象的或观念的货币就可以了,因为货币执行价值尺度的职

[①] 《资本论》第1卷,北京:人民出版社,2004年,第114页。

能,只是把商品价值的大小表现出来,并不是实现商品的价值。

货币执行价值尺度的职能不仅要表现价值,而且要表现一定数量的价值。为了衡量和计算各种商品不同的价值量,必须首先给货币本身确定一个计量单位,即在技术上有必要用某一种固定的金量作为货币单位,这个货币单位又可分成若干等分,这种被确定的货币单位及其等分就叫作价格标准。不同国家有不同的货币单位,因而有不同的价格标准。例如,英国的英镑、便士,美国的美元、分,法国的法郎、生丁,德国的马克、芬尼,中国的元、角、分等。

价格标准不是货币的一个独立职能,它是由货币执行价值尺度的职能派生出来的。二者有着密切的关系:货币执行价值尺度的职能是通过价格标准来实现的,价格标准是为了货币执行价值尺度职能而作出的技术规定。但是二者也有很大的区别:第一,价值尺度用来衡量各种不同商品的价值;价格标准则代表一定的金属重量,用来衡量货币本身的数量。第二,作为价值尺度,货币金属本身的价值,会随着劳动生产率的变动而变动;作为价格标准,它是货币单位所包含的金属重量,与劳动生产率的变动无关。第三,价值尺度是在商品经济发展中自发产生的,并不依存于国家权力;而价格标准则通常是由国家法律规定的。

(二)流通手段

货币的第二个职能是流通手段,即充当商品交换的媒介。货币产生之后,商品交换从物物交换转化为以货币为媒介的交换,这一交换把一个统一的商品交换过程分解为两个过程:一是出卖的过程,二是购买的过程。这种以货币为媒介的商品交换就是商品流通,它由商品变为货币(W—G)和由货币变为商品(G—W)两个过程组成。W—G为卖的过程,是商品的第一形态变化,这一阶段很重要,实现也比较困难。这是因为,如果商品卖不出去,不能使原来的商品形态转化为货币形态,则商品的使用价值和价值都不能实现,商品生产者就有可能破产。因此马克思指出:"这是商品的惊险的跳跃。这个跳跃如果不成功,摔坏的不是商品,但一定是商品所有者。"[①] G—W为买的阶段,是商品的第二形态变化,这一阶段一般是比较容易实现的。因为货币是一切商品的一般等价物,如果商品充足,有货币就可以买到商品。

---

① 《马克思恩格斯全集》第23卷,北京:人民出版社,1972年,第124页。

货币充当流通手段,打破了商品直接交换在时间上和空间上的限制,促进了商品交换的发展。但是,买和卖的分离也包含着危机的可能性,这是因为交换过程在时间上和空间上分开了。商品所有者在一地卖出商品以后,可以到另一地去购买,也可以在出卖商品以后,不马上购买,这样就有可能使一些人的商品卖不出去,造成生产的相对过剩。所以在以货币为媒介的商品流通中,已经包含着发生商品相对过剩危机的可能性。货币作为流通手段,在商品流通过程中,不断地被当作购买手段,实现商品的价格。商品经过一定流通过程后,必然要退出流通领域而进入消费领域,但货币作为流通手段却始终留在流通领域中,不断地从购买者手中转移到出卖者手中。货币这种不断的转手就构成货币流通。货币流通是以商品流通为基础的,它是商品流通的表现。

在商品流通中,货币充当交换的媒介不能是观念上的货币,而必须是现实的货币。这是因为商品生产者的目的是为了交换,为了把自己手中的商品换成货币,使自己的劳动得到社会的承认,所以商品生产者出卖商品所获得的货币必须是现实的货币。但是作为流通手段的货币,并不用于贮藏,而是要用以购买其他商品。在这里,货币在商品交换过程中处于不断流动的状态,如对一个商品生产者来说,货币在他手中只是一个转瞬即逝的要素,它马上又要被别的商品所代替。所以,从货币扮演流通手段职能的角度看,现实流通中的货币是可以由包括纸币在内的价值符号替代的。

(三) 贮藏手段

当货币退出流通领域并被人们保存、收藏起来时,货币就执行贮藏手段的职能。货币之所以能够执行贮藏手段,是因为货币是一般等价物,是社会财富的一般代表,人们贮藏货币就意味着可以随时将其转变为现实的商品。作为贮藏的货币,它必须既是现实货币,又是足值货币。严格地说,只有金属货币才能执行贮藏手段的职能,纸币是不能执行贮藏手段职能的。

货币作为贮藏手段的职能是随着商品生产和商品流通的发展而不断发展的。最初,人们只是把满足自己需要以后多余的部分产品拿去交换,换取货币后暂时不购买商品就把货币贮藏起来。随着商品生产的发展,贮藏一定数量的货币也是顺利进再生产的必要条件,因为商品生产者生产和销售商品需要一定的时间,为了在出售商品以前能够购买生产资料和生活资料,使生产不致中断,商品生产者手中必须贮藏有货币。此外,在求金欲的驱使下,人们也会在出卖商品以后不再购买,而把货币作为绝对的社会财富贮藏起来。

在金属货币流通的条件下,贮藏货币具有自发地调节货币流通的特殊作用。当流通领域所需要的货币量增加时,货币供不应求,货币就会升值,从而刺激货币从贮藏中流出,进行入流通领域执行流通手段职能;而当流通中所需要的货币量减少时,货币供过于求,货币就会贬值,有一部分货币就会自动退出流通领域成为贮藏货币。这样,贮藏货币就像蓄水池一样,能够自发地调节流通中的货币量,使之与流通中的客观需要量相适应。由于贮藏货币的这种特殊作用,在足值的金属货币流通条件下,一般不会发生货币过多的现象。

(四)支付手段

在以延期付款形式买卖商品的情况下,货币在用于清偿债务时就执行支付手段的职能。货币作为支付手段的职能产生于赊卖赊买的商品交换中,是与商业信用联系在一起的。由于一些商品生产过程的季节性和地域性差异,在客观上要求商品的出售与商品价值的实现在时间上分离,这样就产生了赊销和赊购。这时,卖者成为债权人,买者成为债务人,买卖双方约定一定时期,到期由买者向卖者支付货款。因此,商业信用是货币支付手段职能产生的前提条件。

在货币充当支付手段的条件下,买者和卖者的关系已经不是简单的买卖关系,而是一种债权债务关系,等价的商品和货币就不再在售买过程的两极上同时出现了。这时,货币首先是充当价值尺度,计量所卖商品的价格。其次,货币是作为观念上的购买手段,使商品从卖者手中转移到买者手中,但货币并没有同时从买者手中转移到卖者手中,只是到了约定的付款日期,货币才被用来清偿债务,从买者手里转到卖者手里。

货币作为支付手段,最初只是在商品生产者之间用于清偿债务。当商品生产达到一定水平时,货币支付手段的作用就超越了这个范围,扩大到商品流通领域之外,如缴纳地租、税金、支付工资及其他劳动报酬、财政、信贷收支等。

货币的支付手段职能的出现对流通中货币需要量产生了一定影响。由于在清偿债务时可以不用现实的货币,流通中的货币需要量也相应减少。货币作为支付手段,一方面解决了现金交易中买者暂时不能支付货币的矛盾,从而促进了商品经济的发展;另一方面又进一步加深了商品经济的矛盾,使许多商品生产者和交换者之间形成错综复杂的债权和债务关系,如果其中有债务人不能如期清偿债务,就会引起连锁反应,有的人就会在经营上发生困难甚至破产。可见,货币在执行支付手段的职能时,使它在作为流通手段时所蕴藏的危机进一步发展了。

(五)世界货币

随着国际贸易的产生和发展,货币也超越国界,在世界市场上发挥一般等价物的作用,于是货币就具有了世界货币的职能。国际货币基金组织(IMF)于 2015 年 11 月 30 日宣布将人民币作为除英镑、欧元、日元和美元之外的第五种货币纳入特别提款权(SDR)货币篮子,这是人民币国际化的里程碑时刻,意味着人民币已成为全球主要储备货币。

2016 年 10 月 1 日,人民币正式加入国际货币基金组织(IMF)特别提款权(SDR)货币篮子。加入 SDR 是人民币国际化的一个重要里程碑,同时也是一个新的起点,表明人民币国际化的政策驱动力正在实现由中国金融管理当局向国际多边机构的切换。国际货币基金组织的明确背书对人民币国际化将产生强烈的驱动效应,标志着人民币国际化进入一个全新的发展阶段。

从这个时点开始,IMF 成员国可以持有人民币资产以随时满足国际收支融资需求,即人民币计价对外资产正式成为国际储备。

货币在执行世界货币的职能时,必须摆脱国家的烙印,还原其作为金银的本来面目。这是因为铸币和纸币的制造和发行,都是由一定的国家政权认可的,超出本国的范围便失去其法定的意义,一般不可充当世界货币。按照马克思的观点:"货币一越出国内流通领域,便失去了在这一领域内获得的价格标准、铸币、辅币和价值符号等地方形式,又恢复原来的贵金属块的形式。"[①]当然,在现代西方社会,由于新的国际货币体系的建立,有一些国家的货币(如美元、英镑、德国马克、日元、法国法郎等),尤其是美元,可以在一定的条件下代替贵金属跨越国界执行世界货币的职能。更为引人注目的是,国际货币基金组织在 1969 年还创造了"特别提款权"(Special Drawing Rght)这一记账形式(又称"纸黄金")来充当国际间的支付

---

① 《资本论》第 1 卷,北京:人民出版社,2004 年,第 163 页。

手段。

世界货币的职能主要表现在三个方面：第一，作为国际间支付手段，用来支付国际收支差额。各国之间政治、经济、文化联系引起的相互之间的货币支付，有时采取债务相互抵消以后只支付差额的做法，这时货币就作为国际间的一般支付手段。第二，作为国际的一般购买手段，主要是一国单方向另一国购买商品，货币商品直接与另一国的一般商品相交换。第三，充当国际间财富转移的手段。货币作为社会财富的代表，可由一国转移到另一国，如资本的转移、对外援助、战争赔款等。

货币的五种职能是有机地联系着的，它们共同表现货币作为一般等价物的本质。在货币的五个职能中，价值尺度和流通手段是最基本的职能，因为一般等价物必须具有能够表现与一切商品相交换能力的基本特征。当货币表现一切商品的价值时，就发挥了价值尺度职能，而当货币与一切商品相交换时，则执行流通手段职能。因此，价值尺度与流通手段是货币的基本职能，两者互相联系、不可分割。马克思指出："一种商品变成货币，首先是作为价值尺度和流通手段的统一，换句话说，价值尺度和流通手段的统一是货币。"[1]

由于货币具有价值尺度和流通手段职能，才使人们产生了贮藏货币的动机；也只有当一种商品成为货币之后，它才成为价值的独立体现物，从而它才会因流通的中断而转入贮藏。但贮藏手段同时又是潜在的流通手段．一旦流通需要，它又会重新进入流通。因此，贮藏手段职能是与货币的价值尺度和流通手段职能紧密联系的。

支付手段职能的出现是以前三种职能的发展为前提的。在进行信用买卖或以货币偿还债务时，货币发挥着支付手段职能。但在信用交易的条件下，货币在发挥支付手段职能以前，首先在发挥价值尺度职能，因为信用交易的契约只有在议定商品价格以后才能成立。同时，支付手段职能的产生也是基于流通手段和贮藏手段职能的发展，这是因为：其一，以货币买卖商品的形式必然是先行于以信用买卖商品的形式；其二，货币的贮藏导致了债权债务关系的发展。正是由于贮藏手段职能的发展，人们才发现货币不仅可以作为剩余产品和流通手段准备金被贮藏起来，而且可以用来偿还债务。

世界货币职能是最后发展起来的一个职能。显然，它是以前四种职能的发展为前提的。如果货币不是在世界各国国内已经发挥

---

[1] 《马克思恩格斯全集》第13卷，北京：人民出版社，1962年，第113页。

了价值尺度、流通手段、贮藏手段和支付手段职能，它就绝不能成为国际间一般支付手段、国际间一般购买手段和财富的一般转移手段。

由此可见，货币的各种职能都是货币本质的具体体现，是货币的一般等价物作用在商品经济发展过程中不同方面的表现。只有了解货币各个职能和它们之间的相互关系，才能深刻了解货币的本质，进而了解商品生产者之间错综复杂的经济关系。

二、货币流通规律

货币流通规律是指决定在一定时期内商品流通中所需要货币量的规律。货币流通是由商品流通引起的，货币流通的规模和速度也是由商品流通的规模和速度决定的。因此，在一定时期内，商品流通中所需要的货币量首先取决于流通中商品的数量。但货币流通又与商品流通有所不同，商品从生产过程进入流通过程后，经过交换就退出流通领域进入消费领域，而货币却一直停留在流通领域中，不断地作为商品流通的中介。这样，流通中所需要的货币量就取决于下列因素：待流通的商品数量；商品价格水平；货币流通速度。其中前两项即商品价格与商品数量的乘积就是商品价格总额。在一定的时期内，流通中所需要的货币量与商品价格总额成正比，与同一单位货通流通速度成反比，这就是金属货币流通规律。这种关系可用公式表示如下：

$$流通中所需要的货币量 = \frac{商品价格总额}{同一单位货币的平均流通速度（次数）}$$

如果以 M 代表执行流通手段职能的货币量，以 P 代表商品价格水平，以 Q 代表流通中商品数量，以 v 代表货币流通速度，则货币流通规律的数学表达式为：

$$M = \frac{PQ}{V}$$

这个公式表明了货币需要量的决定因素，即流通的商品量、价格水平和货币流通速度，同时也表达了这三个因素的变动与货币需要量变动的关系。这些关系就是

第一，货币需要量与商品数量、价格水平，进而与商品价格总额成正比。马克思认为，货币作为流通手段的运动，实际上只是商品本身形式的运动。也就是说，只有当参加交换的商品要实现其价值时，才会有货币的运动。因此，商品价格总额是决定货币需要量的最基本因素。货币需要量与商品价格总额成正比例关系，商品价格

总额越大,需要的货币量越多;反之,需要的货币量就越少。当价格水平一定时,商品价格总额取决于商品数量,商品数量越多,商品价格总额越大,需要的货币量越多;反之,需要的货币量就越少。因此,货币需要量与商品数量、价格水平成正比例关系。

第二,货币需要量与货币流通速度成反比。货币流通速度是单位货币在一定时期内在商品交易者之间的转手次数。在商品交易过程中,商品被出卖以后,就退出流通领域,进入消费领域,而货币则不退出流通领域,仍在买者与卖者之间不停地转手运动,为实现商品的价值服务。这样,在一定时期内,单位货币可以实现多倍的商品价值,也就是说,货币流通速度可以在某种程度上代替货币的数量。在商品价格总额一定的条件下,货币的流通次数减少,需要的货币量就会增加,因而货币需要量与货币流通速度成反比例关系。

当货币的支付手段职能产生后,特别是信用关系发展后,大量的商品买卖采用赊销的办法,一些债权债务关系可以延期支付或通过银行互相冲账,从而引起货币需要量的变化。因此,上述公式要作适当调整,即在商品价格总额中减去赊销商品的价格总额(即延期支付的总额)和债权债务相互抵消的商品价格总额,再加上过去销售而到期必须支付的商品价格总额,这才是在这一时期内真正需要用货币作为媒介来完成商品交换的总额。这样原来的货币流通量的公式应该扩充为:

$$\text{流通中所需货币量} = \frac{\text{全部商品价格总额} - \text{赊销商品的价格总额} + \text{到期的支付总额} - \text{相互抵销的支付总额}}{\text{同一单位货币的平均流通速度(次数)}}$$

以上货币流通量的规律是指金属货币的流通规律,这一规律适用于一切存在商品生产和货币流通的社会。在现实的交换过程中,商品流通的数量和价格总额处于不断地变化之中,同一单位货币的平均流通速度也是一个经常变动的量,因此,货币的实际需要量是一个经常变动的量。但是,在金属货币流通的情况下,由于货币本身具有价值,能够执行贮藏手段的职能,因而可以自发地调节流通中的货币量,使之与客观需要量相适应。

三、纸币流通规律与通货膨胀和通货紧缩

纸币流通规律是指流通中纸币总量所代表的价值量决定于货币需要量的规律,它是货币流通规律在纸币流通条件下的特殊表现

形式。

纸币是由金属货币衍化而来的,它是由国家发行并强制使用的价值符号。纸币本身没有价值,它之所以能够流通,是因为国家的强力支持。由于纸币是金属货币的符号,它代替金属货币执行流通手段的职能。无论发行多少纸币,它只能代表商品流通中所需要的金属货币量,因此纸币流通规律是以金属货币流通规律为基础的。纸币发行量应根据金属货币流通规律决定的货币需要量来确定。

马克思对纸币流通规律进行了概括:"纸币流通的特殊规律只能从纸币是金的代表这种关系中产生。这一规律简单说来就是:纸币的发行限于它象征地代表的金(或银)的实际流通的数量。"[①]

这一规律表明,纸币的发行量必须以商品流通中所需要的具有内在价值的金属货币数量为限度。如果纸币发行量相当于商品流通中所需要的金属货币量,那么纸币的购买力就会同它所代表的金属货币的购买力相等。例如,商品流通需要 10 亿元金币,国家发行 10 亿元的纸币代替金币流通,这样总额 10 亿元纸币代表 10 亿元金币的价值,每 1 元纸币的购买力同 1 元金币的购买力相等。如果纸币发行量超过上述限度,较大的纸币总额仍只能代表流通中所需要的金币的价值,每张纸币所代表的金币量就会相应减少,造成纸币贬值。如上例中,假定国家发行 20 亿元的纸币投入流通,则每 1 元纸币只能代表 0.5 元金币,从而价格为 1 元金币的商品,需要用 2 元纸币才能买到,即物价上涨 1 倍。因此,纸币流通与金属货币流通不同。在金属货币流通条件下,流通所需要的货币数量是由商品价格总额决定的,过多的金属货币会被流通所排斥,变成贮藏手段退出流通,从而使货币量得到自发的调节。而在纸币为唯一流通手段的条件下,商品价格水平会随纸币数量的增减而涨跌,这是由于纸币本身没有价值,不能像金属货币那样贮藏起来。如果纸币的发行量超过了商品流通中所需要的金属货币量,单位纸币所代表的金属货币量就会减少,纸币就会贬值,物价就要上涨。同时,纸币持有者则会千方百计地抛出纸币,以免进一步贬值。这样,纸币不但不会像金币那样自动退出流通领域,反而会把发行的纸币更大量地吸引到流通领域中去。

纸币发行量超过商品流通所需金属货币量所引起的货币贬值、物价上涨的现象,叫作通货膨胀。通货膨胀是在纸币流通条件下的

---

① 《资本论》第 1 卷,北京:人民出版社,2004 年,第 147 页。

特有现象。在金属货币流通条件下,由于金银本身具有价值,过多的金币或银币会自发地退出流通领域而被贮藏起来,使流通中货币量与需要量相适应,因此没有因货币过多而使物价上涨的现象。在纸币流通条件下,如果纸币发行过多,只能靠降低单位纸币所代表的价值量来与客观需要相适应,这就必然使物价上涨。所以,马克思说:"流通的纸币的价值则完全决定于它自身的量。"[①] 纸币数量超过流通中的客观需要,每个单位纸币所代表的价值量就必然减少。

通货膨胀在一定时期内可以增加一部分需求,从而刺激生产,出现经济的虚假繁荣。因此,第二次世界大战以后,许多资本主义国家把它作为反危机、刺激经济发展的一种手段。但通过增发货币所增加的需求不是真实的需求,没有相应的物资供应作保证,因此它不能从根本上解决生产和有支付能力需求之间的矛盾。

在私有制社会里,通货膨胀还是剥削阶级及其国家掠夺社会财富的重要手段。例如旧中国国民党政府在其统治的最后12年间(1937—1949),任意滥发纸币,导致纸币的发行量增加1400多亿倍,物价上涨了36万多亿倍,通过通货膨胀从广大人民手中掠夺的财富估计在150亿银元以上,这种恶性通货膨胀最终导致了国民经济的崩溃。

在社会主义制度下,如果国民经济比例失调,财政发生大量赤字,银行贷款失控,也可能导致通货膨胀。在传统的高度集中计划经济体制下,由于存在着严格的计划价格管制,流通中的货币量过多并不直接反映于物价的上涨上,而可能首先反映于货币流通速度的减慢、商品脱销或供应紧张等方面。这是因为,在价格受限制的条件下,流通中的货币量增加过多,平均每一个货币单位的周转次数就必然减少,而流通中过多的货币追求价格不变的商品,必然导致商品供不应求乃至脱销。如果把物价总水平明显地、持续地上涨称为公开性通货膨胀,则可以把市场上商品脱销或供应紧张等所反映的通货膨胀称为隐蔽性通货膨胀。在中国、苏联及东欧各国都曾出现过隐蔽性通货膨胀。在社会主义由计划经济向市场经济过渡的改革过程中,由于双重体制并存,通货膨胀具有公开与隐蔽的双重特点。中国自经济体制改革以来,也遇到了令人困扰的通货膨胀问题,特别是1988年通货膨胀率竟接近20%。严重的通货膨胀将危及国民经济的正常运行,甚至引发社会动荡。因此,如何制止或

---

① 《马克思恩格斯全集》第13卷,北京:人民出版社,1962年,第109页。

控制通货膨胀,将成为社会主义社会中一个重要的经济理论课题。

通货紧缩是指一般物价水平的持续下跌,即物价出现负增长。所谓一般物价水平,是指具有普遍代表意义的价格水平,即包括商品和劳务等价格水平。单一商品或某一部门商品价格下降并不构成通货紧缩。所谓持续下跌,是指一般物价持续下跌。关于持续下跌的期限,由于不同的经济环境下通货紧缩具有不同的特征,有的国家物价持续下跌5年以上,有的国家物价持续下跌仅几个月。一般认为,一般物价持续下降半年以上的现象称之为通货紧缩迹象。但以下两种价格下降不构成通货紧缩:其一,由于生产效率和竞争成本优势,产品到达最终消费者的流通成本更低,致使产品价格趋于下降,加上更多的企业将生产过程转入低工资成本的国家,消费者对产品支付的价格更低。其二,尽管产品的价格与以前一样,但是企业通过增加产品数量并提高产品质量,相对价格有所下降,这也不是经济学意义上的通货紧缩。

通货紧缩的原因是多种多样的,从世界各国发生的通货紧缩来看,它可能与货币政策有关,也可能与生产能力过剩、有效需求不足、政府支出缩减和放松管制等因素有关。通货紧缩对经济发展可能产生的危害是严重的。持续的通货紧缩会使消费者推迟购买,以等待更低价格的出现,这会使企业产品销售遇到困难,生产信心大减。产品供给过剩的矛盾会迫使企业削减生产,压缩存货,从而形成开工不足,导致就业减少。这样,消费者的货币收入也会相应减少,并出现消费需求不足的情况。更为严重的是,通货紧缩还会引发银行业危机,大大提高实际利率水平,引发企业破产的浪潮,以至于使局部的债务链条中断从而导致整个信用体系的紊乱甚至崩溃,最终导致经济衰退或萧条。

因此,通货紧缩和通货膨胀一样,都可能给经济发展带来灾难性的后果。要保持国民经济的持续、快速和健康发展,我们既要防止通货膨胀,又要防范通货紧缩。

本章小结

货币是商品生产和商品交换矛盾的产物。商品价值形式的发展依次经历了简单的价值形式、扩大的价值形式、一般价值形式和货币形式四个发展阶段。货币是价值表现的最完备形式,它是在长期商品交换发展过程中产生出来的。货币的本质是固定地充当一般等价物的商品。货币具有五种职能,其中最基本的职能是价值尺度和流通手段,其他三种职能是贮藏手段、支付手段、世界货币。货币的流通规律是:在一定时期内,流通中所需要的货币量与商品价格总额成正比,与同一单位货币流通速度成反比。纸币流通规律是货币流通规律在纸币流通条件下的特殊表现形式,纸币的发行限于它象征地代表的金(或银)的实际流通的数量。在纸币流通的情况下,如果纸币的发行量与商品流通中所需金属货币量不一致,就会引起通货膨胀或通货紧缩现象,危害经济的正常运行。

阅读书目

1. 马克思:《资本论》第 1 卷 第 1 篇,北京:人民出版社,2004 年。

2. 托马斯·梅耶等:《货币、银行与经济 9(中译本)》,上海三联书店、上海人民出版社,1994 年。

3. 李拉亚:《通货膨胀机理与预期》,北京:中国人民大学出版社,1991 年。

4. 钱小安:《通货紧缩论》,北京:商务印书馆,2000 年。

重点问题

1. 在一个经济社会中,有三个人分别生产了大米、小麦、马铃薯,如果大米生产者只偏爱小麦,小麦生产者只偏爱马铃薯,而马铃薯生产者只偏爱大米,在一个物物交换的经济中,这三个人之间会发生贸易吗?如果将货币引入,这三个人将怎样获得利益?

2. 早在十六世纪初,意大利航海家哥伦布就曾惊叹道:"'金'真是一个奇妙的东西!谁有了它,谁就能成为他想要的一切东西的主人。"金钱真的万能吗?货币究竟有哪些职能?它们所反映的货币的本质是什么?

3. 有人认为,通货紧缩不会像通货膨胀那样对经济运行产生很大的破坏力,而且通货紧缩的基本特征是价格下跌,这会给消费者带来好处,因为他们可以以更低廉的价格获得所需要的商品。你对此如何评价?

关键概念

货币流通规律　通货膨胀　通货紧缩　价格标准

相对价值形式　等价形式　货币　价值尺度　流通手段

贮藏手段　支付手段　世界货币

计算练习

去年,在供求一致的情况下,某种商品的单位价格为1元。今年生产该商品的劳动生产率提高了25%,货币价值仍然没变,但供求关系发生了变化。社会生产这种商品为10000件,而社会需求为15000件。试计算:①该商品单位价格应为多少?②单位商品价值与价格背离是多少?

第四章

资本的生产过程

 目的要求

本章将在掌握马克思劳动价值论的基础上,分析资本主义生产关系的实质,通过对剩余价值的生产过程和基本方法的分析,揭示无产阶级与资产阶级之间阶级对立的经济根源。通过教学,使学生在掌握劳动价值论的基础上,进一步掌握剩余价值理论,认清资本、剩余价值的一般属性和剩余价值生产和再生产的一般规律,为深刻认识资本主义经济实质和研究社会主义市场经济条件下的资本再生产,打下坚实的理论基础。

 主要内容

☆货币向资本的转化
☆资本的增殖过程
☆资本主义工资

 教学重点

☆资本总公式及其矛盾
☆资本划分的重大意义
☆剩余价值的生产
☆剩余价值理论是马克思经济学的基石

人类社会之所以能不断地从低级社会向高级社会迈进,根本的一点是因为社会生产力的不断解放与发展,而社会生产力的不断解放与发展所带来的另一个必然结果则是社会财富的极大涌现。社会财富一般表现为可以看得见、摸得着的实物形态,如汽车、房子等,同时表现为虽然看不见、摸不着但却客观存在的、以货币来计算的价值形态,如国民生产总值等。那么,在市场经济条件下,价值增殖的前提和关键是什么?这是本章需要阐明的问题。

第一节 资本主义生产方式的基本特征和前提条件

以生产资料私有制为基础的雇佣劳动制度是资本主义生产关系的实质。在剩余价值的生产过程中,资本主义生产关系的这一实质得到充分反映。资本主义生产方式有两个特征:

第一,在资本主义生产条件下,商品生产占统治地位,商品的范围扩大了,连工人的劳动力也成为商品。劳动者表现为自由的雇佣工人,劳动也表现为雇佣劳动,商品货币关系囊括社会经济生活的全部领域。在这里,不仅产品和生产要素都作为商品,而且商品还作为资本的产品,决定着资本主义生产方式的全部性质。

第二,资本主义生产的直接目的是榨取剩余价值。从本质上说,资本是生产资本的,但资本只有生产出剩余价值,然后才能把一部分剩余价值再转化为资本。剩余价值的生产是资本主义生产的直接目的和决定动机。

剩余价值的生产是由生产资料采取资本形式和劳动采取雇佣劳动形式这两个前提条件决定的,也就是由货币转化为资本和劳动力成为商品这两个前提条件决定的。如果不具备这两个前提条件,就不可能有剩余价值生产。

一、货币转化为资本

在当今的商品社会里,货币作为一般等价物和交换的媒介,正发挥着越来越重要的作用。然而,货币在流通过程中是如何实现价值增殖的呢?是什么原因促使货币在永不停止地做"滚雪球运动"呢?要弄清这些问题,首先要从了解资本运动的总公式开始。

(一) 商品流通公式和资本流通公式

货币，即我们通常所讲的"钱"，是我们日常生活中不能缺少的重要东西，正如社会上流行的一句话："钱不是万能的，但没有钱是万万不能的。"不仅如此，我们还经常发现，在有些领域，货币往往只能买一些我们需要的等值商品，如衣服、食品等。而同样是这些钱，一旦从我们手上转移到企业家手中，并且被用来投资的话，其结果就可能是会生出更多的钱来。事实上，当货币在某些领域能由少变多时，它就已经由货币变为资本。由此我们可以得出这样一个结论：资本其实是货币的一种特殊形式。当然这两者并不完全相同，资本都是货币，但货币并不就是资本，只有当货币能够以少变多带来增殖时，货币才变成资本。因此，资本就是能够带来剩余价值的价值。

由此可以看出，资本最初都表现为一定数量的货币，但货币并不就是资本。这种区别从静态的角度是无法看出来的，只有从它们的运动过程即流通过程来考察，才能看得清楚。因此，这里我们需要弄清楚商品流通公式和资本流通公式。

商品流通公式是：商品——货币——商品，即 W——G——W。意思是先卖出商品，取得货币，再用货币购买自己所需要的商品。起点是商品，终点也是商品。

资本流通公式是：货币——商品——货币，即 G——W——G。意思是先用货币购买商品，再把商品卖出去，重新换回货币。起点是货币，终点也是货币。

它们之所以都叫流通公式，因为它们都包括买和卖两个阶段，都是买和卖的统一，这是它们最主要的共同点。这儿我们要着重分析的是它们的区别。

这两个公式从表面上看，虽然只是买与卖在顺序上的不同，但从其实质内容来看，则有以下几个方面的区别：

第一，两种流通的目的不同。在商品流通公式中，货币是媒介，商品所有者出卖商品的目的是为了获取另外一种自己需要的商品，是为了使用价值，是为买而卖。比如某人有两幢房子，但他需要一辆汽车，于是他卖出一幢房子，首先完成 W——G 过程。但完成这一过程的目的并不在于 G，而是为了完成 G——W 这个过程，即用获得的 G 来买汽车，取得汽车的使用价值。在资本流通公式中，商品则成为流通的媒介和跳板。货币所有者先买进 W 的目的是为了把它再卖出去,重新取得货币,是为卖而买,从而取得交换价值。当然,货币所有者并不是因为买来卖去好玩才这么干的,而是因为他发现了一个秘密,这个秘密就隐藏在资本流通公式的内容里。

第二,两种流通的内容不同。在商品流通公式中,两端虽然都是商品,在价值上相同,但却有着不同的使用价值,如房子和汽车。在资本流通公式中,两端都是货币,虽然在质上是相同的,但价值的量却不同,收回的货币有了一个增殖额。所以,资本流通的完整公式应该是:G——W——G′,G′=△G+G。如 100 元——W——120 元,120 元=100 元+20 元(小鱼饵抛出去,钓回一条大鱼,这正是货币所有者发现的秘密)。这个 20 元的增加额,马克思称之为剩余价值。

第三,两种流通的限度不同。商品流通的最终目的是为了获得不同质的使用价值,是为了消费。只要交换到所需要的使用价值,流通就结束了,转而进入消费过程。例如卖掉 10 尺布,买回 1 担米,这米就用来烧饭了,不再进入流通领域。所以,简单 W 流通是有限度的。资本流通的目的是为了价值增殖,必须不断地运动,因此其流通是无限的。因为资本只有在不断地运动中,价值才能增殖,一旦停止流通,资本也就失去了增殖的功能,也就丧失了作为资本的本质特征,它就不能成为资本了,而仅仅是普通意义上的货币。

由上述分析可见,作为资本的 G 和作为一般 W 流通媒介的 G 是有本质区别的。一般 W 流通中的 G,只是充当 W 买卖的中介,其自身不会有任何的变化,只不过是从一个所有者手中转移到另一个所有者手中而已;而作为资本的 G 则不同,它能够带来剩余价值(m)。这就是它们最本质的区别。

刚才讲的 G——W——G′ 这个公式很重要,我们称它为流通领域中资本运动的总公式。以后我们在分析其他各种资本如商业资本、产业资本时,都要用到这个公式。

对于这个资本总公式,我们不禁要问,在流通中 G 是如何变为 G′的呢?

(二)资本总公式的矛盾

资本总公式存在着什么矛盾呢?用一句话来表述就是:从表面上看,资本总公式 G——W——G′ 和价值规律是相矛盾的。具体来说,按照价值规律,W 的价值是在生产过程中形成的,在流通领域 W 是按照它包含的价值量进入交换的,因此,在流通中价值应该只发生形式的变换,并不包含价值量的改变,因为按价值规律的要求,W必须实行等价交换。但是,资本总公式呈现出来的现象却是经过一买一卖的过程,资本发生了增殖,这就是资本总公式的矛盾。

这一矛盾是如何形成的呢?也就是说,增加了的那部分价值是从何而来的呢?

首先,它不可能在流通中产生。一些资产阶级学者认为流通中可以产生m是错误的,因为价值是人们在生产W时由抽象劳动凝结而成的,在流通中仅仅是价值形式发生变化,由G到W,由W到G,价值量不会改变。因而在市场上,不论是等价交换还是不等价交换,都不能产生m。等价交换毫无疑问不会产生m,否则就不能称为等价;而不等价交换也不会产生m。在市场上,不等价交换无非有这样三种情况:第一种是贵卖,第二种是贱买,第三种是既贱买又贵卖。我们分别分析这三种情况能否产生m。先看第一种情况,假如有人贵卖,明明100元的W,他却卖120元。表面上看他多得了20元,可这是暂时的,因为你能贵卖给别人,当你向别人买东西时,别人也能贵卖给你,正好相互抵消。再看第二种情况,假如有人贱买,明明100元的W,他却只花了80元买来。可与这一种情况相似的是,既然你能贱买别人的W,别人也能贱买你的W,也只能是相互抵消。最后看第三种情况,假如有人特别狡猾或者聪明,既贱买又贵卖,他是赚钱了。但与此相对应的是,市场上必定有个愚笨的人是既贵买又贱卖。所以,这种情况仅仅是改变了W总价值量在不同的资本家之间的分配,并不能增加原有的社会价值总量。因此,不等价交换也不能产生m。所以,马克思说:"无论怎样颠来倒去,结果都是一样。如果是等价物交换,不产生剩余价值;如果是非等价物交换,也不产生剩余价值。流通和商品交换都不创造价值。"①

其次,它又不可能离开流通产生。m既不能从流通中产生,也不能离开流通领域产生。因为离开了流通领域,商品生产者既不买也不卖,自己和自己的商品发生关系,严格地说,他的生产物已不是商品了,即像我们通常讲的"自己种粮自己吃,自己做衣自己穿"那样,当然不会有价值增殖。

由此可见,要解决G—W—G′矛盾必须有一个条件。这个条件是:剩余价值既不能从流通中产生,又不能离开流通领域产生。换

---

① 《资本论》第1卷,北京:人民出版社,2004年,第186页。

句话说,既要遵循价值规律要求,在商品交换时实行等价交换,又要在流通过程终了时实现价值的增殖。这是一个矛盾的两难选择,马克思在科学分析的基础上,历史地解决了这个难题。他第一个揭示出关于劳动力成为商品这个问题的实质,从而找到了解决这一矛盾的钥匙。通过这把钥匙,我们就可以一步步地看到,资本总公式与价值规律表面上看起来有矛盾,而实际上并不矛盾。所以,劳动力的商品化是货币转化为资本的前提,也是解决 G—W—G′ 矛盾的关键。下面我们就来讲劳动力的商品化这一问题。

二、劳动力成为商品

首先明确什么是劳动力?劳动力就是指人的劳动能力,即存在于人的身体中的体力和脑力的总和,通常用字母 A 表示。劳动力在各个社会都存在,只要有人类存在,就有劳动力。但 A 并非天然就是 W,它只有在一定的条件下才会成为 W。A 需要具备什么条件才会变为 W 呢?

(一)劳动力成为商品的条件

劳动力成为商品以劳动力的个人所有权为条件。劳动力虽然生来就是劳动者个人所拥有的劳动能力,但在不同的历史条件和社会制度下,劳动力的所有权并不都是归劳动者个人的。在奴隶社会和封建社会,奴隶和农奴虽有劳动能力,但由于其人身归属于奴隶主和依附于大土地所有者及领主们,没有劳动力的所有权或没有完整的劳动力所有权,也就不能自由地把自己的劳动力当作商品出卖了。

到了封建社会末期,经过小商品生产者的两极分化过程,新兴的资产阶级消灭了封建人身依附关系和超经济的强制,从而确立了劳动者个人在经济上的独立地位和人身的自由权利,也就确立了劳动者对自身劳动力的所有权。既然劳动者个人拥有自身劳动力的所有权,再加上劳动者还必须依靠自身的劳动来谋取生活资料,他就必须把自己的劳动力当作商品来随时与别人的商品相交换,这样劳动力就完全成了商品。正如马克思所说:"劳动力所有者要把劳动力当作商品出卖,他就必须能够支配它,从而必须是自己的劳动能力、自己人身的自由的所有者。"[①]

---

① 《资本论》第 1 卷,北京:人民出版社,2004 年,第 190 页。

不管在任何社会条件下,只要存在劳动力的个人所有权和市场交易关系,劳动力就会成为商品。劳动力成为商品,虽然是在资本主义制度下实现的,但并不是资本主义社会的特有现象,而是社会主义社会的共有现象。可能有人会问,在社会主义制度下,实行的是生产资料的公有制,劳动者人人都占有生产资料,虽说劳动者完全拥有自身劳动力的所有权,但并不是"自由得一无所有",为什么还要把劳动力作为商品来出卖呢?这是因为在一定生产力条件下建立起来的社会主义公有制经济,要达到能够充分满足社会全体成员各取所需的程度,将是一个漫长的发展过程。在这个过程中,劳动者个人还要凭借自己的劳动力谋生,劳动者之间还需要经过市场交换发生经济联系。社会主义市场经济的发展是不以个人主观意志为转移的。劳动力以商品形态出现在市场上,也就是水到渠成的事情。

劳动力作为商品,当然也就具备了商品的一般属性。下面我们就来分析劳动力商品的使用价值和价值。

(二)劳动力商品的使用价值和价值

1. 劳动力商品的价值

商品的价值是由生产该商品所花费的社会必要劳动时间所决定的,同其他所有商品的价值一样,劳动力商品的价值也是由生产和再生产劳动力这种商品所花费的社会必要劳动时间决定的。但这是从普遍意义上来讲的,从实际来看,劳动力商品的价值决定要复杂得多。由于劳动力存在于活人身上,要生产劳动力,就得生产一个活人,不仅要让他生出来,还要给他吃饭、穿衣,让他活下去以及繁衍下去。因此,劳动力商品的价值实际上就是生产和再生产劳动力所要花费的生活资料的价值,即生产这些生活资料所要花费的社会必要劳动时间的总和。具体来说,它包括三个方面:

一是维持劳动者本人生活所必需的生活资料的价值。比如每一个劳动者在吃、穿、住、用、行等方面的费用。

二是维持劳动者家属子女生活所必需的生活资料的价值。任何一个劳动者都具有自然属性和社会属性,作为一个自然人都要经历衰老和死亡,劳动力的再生产必须要有"接班人"。因此,在劳动力的价值里面必须包含维持劳动者家属子女生活所必需的生活资料的价值。

三是劳动者的教育训练费用。随着社会化大生产和高科技的发展,对劳动者的要求越来越高,劳动者仅靠一点简单的劳动技能是无法适应现代社会发展的需要的。另外,现代厂商为了取得更多的利润,也必须不断提高广大在职员工的劳动能力。因此,加大对员工的教育训练的力度已是势在必行的事情,也是企业在竞争中取得发展的需要,所有这一切费用也要归入到劳动力的价值中来。

除此之外,与其他商品相比一个不同之处是,劳动力价值的决定还要包含着历史的和道德的因素。

历史因素是指一个国家在不同的历史时期,由于社会发展水平不一样,生产力水平也高低不同,因而维持劳动力所需要的生活资料的数量、质量、品种、类型、价格等也都不一样,生产各种生活资料的社会必要劳动时间也不尽相同,这些最终都会影响到劳动力价值的高低。

在社会发展过程中,劳动力价值的决定受到两种倾向相反的因素影响:一方面,随着社会生产力的提高,各种生活资料的价值日益降低,从而使劳动力的价值趋向下降;另一方面,随着社会生产力和社会文化生活水平的提高,维持劳动者及其家庭的正常生活所必需的生活资料的数量和质量也日益提高,从而使劳动力价值趋于上升。

道德因素是指不同的国家和民族在各自具体的社会政治经济条件下,道德标准不尽相同,也往往会引起每个劳动力对其他家庭成员所尽义务的不同,因而导致维持劳动者家属子女所需生活资料价值的变化,从而最终影响到劳动力的价值。如中国和美国这两个国家,人们在对待年满18周岁后的法律意义上的成年人的抚养上,道德标准是大不相同的,这往往会引起劳动力价值的差异。

尽管历史和道德因素会影响到劳动力价值的决定,但在一定的国家、一定的社会历史时期,劳动力的价值即生产和再生产劳动力所需要的生活资料的价值总是相对确定的,并且有一个最低限度。

2. 劳动力商品的使用价值

劳动力商品的使用价值是劳动力商品最关键、最特殊的东西。

同其他商品一样,劳动力商品的使用价值也是在消费过程中实现的,而劳动力使用价值的消费过程,就是劳动过程本身。但不同的是,其他商品一旦实现了其使用价值,它所包含的价值就会随之消失,如面包在满足了人的充饥需要即实现了它的使用价值之后,其价值也就没了。而劳动力的使用价值则不一样,它具有创造商品、创造价值的能力。它不仅能创造出本身的价值,而且能创造出比它自身价值更大的价值,这就是劳动力商品使用价值的特殊性。例如,一个资本所有者花100元工资雇佣一个劳动力,劳动力在劳动中创造出100元以上的价值,如120元,其中100元与工资相抵消,20元就是劳动力在劳动过程中新创造出来的价值。资本所有者看中的正是这一点,他才愿意购买劳动力这种商品。也正是因为这一点,货币才会转化为资本。所以,劳动力成为商品是货币转化为资本的前提。同样,劳动力成为商品也是剩余价值产生的最重要的、具有决定意义的前提条件,这在后面的分析中还要讲到。

劳动力既然以商品的姿态出现在市场上,那它在买卖的过程必定也会有一个价格,下面我们就来分析劳动力的价格问题。

(三) 人力资本

马克思关于劳动力价值和使用价值的理论,已含有西方学者关于人力资本的某些合理思想。我们可以依据马克思的理论精神,批判地改造和使用人力资本这一概念。

人力资本是指体现在劳动者身上,通过投资形成并由劳动者的知识、技能和体力所构成的特殊形态的资本,也就是体现在劳动者身上并以其数量和质量表示的非物质资本。和物质资本一样,人力资本也有数量和质量的规定。从数量上看,一个社会中劳动力人数多少,在一定程度上可以表示该社会人力资本的规模。从质量上看,每个劳动者的素质或工作能力、技术水平、熟练程度各不相同,同一劳动者在接受某种教育或培训前后,其劳动质量或工作能力也存在差别。因此,人力资本大小的准确表述,还应当与劳动者受教育和培训的情况联系起来。人力资本与物质资本最主要的区别是人力资本的所有权不具备转让或继承的属性。人力资本是一种稀缺的生产要素,是经济增长和社会发展的决定性因素。

马克思将生产力中的人的要素看作最主要的要素。西方经济学将生产要素概括为:资本、劳动、土地和企业家创新能力。这里的资本指资本品,与土地一起构成生产的物的要素,而劳动实际是指有一定技能的劳动者,他们与企业家的创新能力一起构成人的要素。只有人的要素才会将物的要素组织起来,形成现实的生产力。如果把人的要素还原为价值,就可看作资本,即人力资本。

无论是劳动者的劳动技能,还是企业家的创新能力,都是生产不可缺少的要素。在市场经济条件下,生产要素要靠市场机制来配置,人力资源作为资本的一种特殊形态,也需要由市场来配置,因而也具有商品的属性。

（四）公有制经济与劳动力商品

对于在社会主义条件下，劳动力是否成为商品的问题，各位学者有不同的观点。有的论著依据马克思的论述，认为劳动力成为商品是与资本主义私有制相联系的，而公有制社会劳动者成为社会生产资料的主人，不具有劳动力商品的条件。

其实，在社会主义条件下，仍然需要市场来配置劳动力资源。只要存在商品生产和交换，就需要市场来配置生产要素，而劳动力则是主要的生产要素。劳动力之所以具有商品属性，是因为在社会主义公有制条件下，劳动者具有双重身份：一方面，劳动者作为公有生产资料的共同所有者，是公有企业和社会的主人，并通过社会保障和公用事业的受益来体现；另一方面，由于公有资产不能量化到个人，劳动者只能通过劳动合同的形式，与企业发生劳动交易关系，劳动者在一定期限内将自己的劳动力的支配权转让给企业。这些说明在相当大的程度上劳动力具有商品的属性。

否定社会主义条件下劳动力的商品性是基于社会主义不存在商品经济的情况。但现实情况是，社会主义仍要大力发展商品生产及市场经济。从公有制经济来看，劳动力成为商品的条件是包括"市场机制配置生产要素"这个关键因素的。在社会主义市场经济条件下，承认劳动力的商品性（不是说人是商品）有利于合理配置人力资源，促进个人效率和社会效率的提高。在市场化改革中，劳动力成为商品是客观事实。劳动力的市场流通，合同制、聘用制的实行，人才交流中心、劳动力市场的形成，这些表明我国已经在实践中承认了劳动力是商品。

第二节　资本的增殖过程

这一节是我们这一章的重点，它主要揭示了剩余价值的生产过程，从而更详尽地分析了资本是如何取得价值增殖的。

一、劳动过程和价值增殖过程

货币所有者在市场上购买到劳动力和生产资料后，就离开流通领域，进入生产过程，并使劳动力和生产资料相结合，生产出可用于交换的劳动产品。从这里我们可以看出,资本的生产首先也是一种商品生产。此时,资本的生产过程具有和一般商品生产过程相同的性质,即一方面是具体劳动创造使用价值的劳动过程,另一方面是抽象劳动形成价值的价值形成过程,是劳动过程和价值形成过程的统一。

这一特点是由我们曾学过的劳动二重性,即生产商品的劳动作为具体劳动创造使用价值,作为抽象劳动形成价值所决定的。

劳动过程就是指商品生产者的具体劳动创造使用价值的过程,或者按书上讲的是劳动者借助于劳动资料,通过有目的的活动作用于劳动对象,创造出满足人的某种需要的使用价值的过程。劳动过程的这种一般性质是在任何社会经济形态下所共有的。

在资本经济即资本占统治地位的市场经济条件下,劳动过程呈现出非常明显的特点:一是劳动者被集中在一定的企业中劳动,并受资本所有者或其代理人的指挥和监督。劳动者一经出卖自己的劳动力,其使用权就归属于购买者,劳动者也就不能再随心所欲地支配自己的劳动力了,而必须接受购买者的安排。二是劳动过程的产物直接归资本所有者占有和支配。作为直接创造和生产出劳动产品的劳动者,则没有支配劳动产品的权利。当然,对货币所有者来说,通过迫使劳动力和生产资料的结合而生产出商品的根本目的,不在于取得它的使用价值,而在于取得它所包含的价值量。

在劳动过程中价值是如何形成的呢?价值形成过程就是指抽象劳动形成商品价值的过程,这一过程包括两个方面:一方面是生产资料转移旧价值的过程,这是由具体劳动完成的。比如用棉花织布,棉花的价值通过具体劳动,被转移到布的价值中来。另一方面是活劳动创造新价值的过程,也就是抽象劳动形成价值的过程。在用棉花织布的过程中,劳动者将不断地消耗他的体力和脑力,因此又不断地在织出的布中加进新的价值。所以,价值形成过程就是转移旧价值和创造新价值的过程,而新产品的价值就由被转移而来的生产资料的价值和新创造的价值两部分构成。

其次,资本的生产过程还是劳动过程和价值增殖过程的统一。这个问题反映了资本生产过程的特性。

我们举例来说明:假定有一位货币所有者要生产100台机床,需要消耗钢材及机器设备等生产资料的价值20万元,再假定生产100台机床需要花费500个工人4个小时劳动,劳动者每小时创造的价值平均为10元,货币所有者购买一个劳动力一天的价格是40

元,雇用 500 个劳动者劳动一天需要支付的工资是 40 元×500＝2万元。根据图示,这 100 台机床的价值就是:被转移的生产资料的价值 20 万元＋新创造的价值 2 万元＝22 万元。如果货币所有者就到此为止,那么,这 100 台机床的价值同资本所有者最初投入的价值正好相等,整个生产过程就只是价值形成过程,货币所有者将一无所获。显然,货币所有者是不甘心的,他必须有点赚头才行。怎样才能达到这个目的呢?他发现付给每个劳动力一天的工资是 40 元,而他们每天只劳动 4 个小时,这太不合算了。于是他要求劳动者每天要劳动 8 个小时,500 个劳动者就会生产出 200 台机床,这时劳动者新创造的价值就是 2 万元×2＝4 万元,200 台机床的价值＝20 万元×2＋4 万元＝44 万元,而货币所有者只付出了 42 万元,价值增殖了 2 万元。此时的资本生产过程就成了价值增殖过程。马克思把增加的 2 万元称为剩余价值。由此可见,剩余价值的产生就是由于货币所有者把劳动者的劳动时间延长到补偿劳动力价值所需要的劳动时间以上,从而使劳动力创造的价值超过了劳动力的价值,这也是资本增殖的秘密。所以,剩余价值就是由劳动者创造的超过劳动力价值的那部分价值。

从上例我们也可以看出,所谓价值增殖过程,"不外是超过一定点而延长了的价值形成过程"。这个"一定点"其实就是劳动者劳动力的价值。如果新创造的价值正好等于劳动力价值,那就只是单纯的价值形成过程,如果新创造的价值多于劳动力的价值,那就成为价值增殖过程。

在分析了资本的生产过程之后,我们也就得到了解决资本总公式矛盾的办法了。货币所有者在经过 G—W—G 后获得 G′或剩余价值并没有违背价值规律。货币所有者在购买劳动力及各种生产资料时,或者在出卖他的商品时,都是在等价交换的原则下进行的,只不过是由于劳动力这种特殊的商品所具有的特殊的使用价值,能够在生产过程中创造出多于劳动力价值的新价值,从而使新商品的价值量多于货币所有者的最初投入,因而在流通过程结束后便出现了一个 △G。因为在生产过程中,劳动者一天的劳动实际上分为两部分:一部分是必要劳动时间,用以再生产劳动力的价值;另一部分是剩余劳动时间,生产出剩余价值。所以,剩余价值从质上看,是剩余劳动的凝结,是物化的剩余劳动;从量上看,是超过原预付货币额的一个增殖额。

二、不变资本和可变资本

(一)不变资本和可变资本

前面我们讲了,资本是能够带来剩余价值的价值,但这并不等于说,资本的所有部分都能发生增值。因此,马克思根据资本不同部分在剩余价值生产中所起的不同作用,把资本区分为两部分:一部分叫不变资本,用"c"表示;一部分叫可变资本,用"v"表示。

什么是不变资本?什么又是可变资本呢?我们知道,一般的商品生产都必须有两大类生产要素:一大类是如机器设备、原料等生产资料;一大类是劳动力。所以,马克思就把用来购买厂房、机器设备、原料、辅助材料等生产资料的资本,叫作不变资本(c);而用来购买劳动力的资本,叫作可变资本(v)。

为什么要把用来购买厂房、机器设备、原料、辅助材料等生产资料的资本叫作不变资本呢?通过前面对资本生产过程的分析我们知道,机器设备和原料等的价值在生产过程中并没有消失,只不过是被转移到新产品中去了而已,其量的大小并没有发生变化,所以叫不变资本。而用来购买劳动力的那部分资本,则被用来支付劳动者的工资,并被劳动者购买了生活资料而在生产过程以外消费了,但这部分价值将在生产过程中由劳动者再生产出来。而货币所有者购买劳动力的核心原因在于:劳动者在劳动过程中不仅能将相当于工资部分的价值生产出来,而且能生产出超过工资部分的价值,实现价值增殖,所以劳动力叫可变资本。

通过这样一划分,我们可以得出这样一个结论:在整个资本中,不变资本并不能带来价值增殖,只有可变资本才能带来价值增殖,因此,可变资本才是剩余价值产生的唯一源泉。

划分不变资本与可变资本的意义在于可以在劳动价值论的基础上,从资本增殖的角度说明劳动在社会财富创造中的巨大作用,为正确分析社会化大生产条件下劳动力与生产的物质技术条件之间的关系提供了依据。

(二)剩余价值率(m')

现在我们知道,商品的价值实际上分为三部分,即不变资本、可变资本和剩余价值,用公式表示就是:$c+v+m$。如果我们不对资本进行划分,就很容易误解为 m 是全部资本带来的,经过对资本的划分,我们就可以很清楚地知道,剩余价值只是可变资本价值变化的结果。因此,在考察资本增殖的程度时,就不能用剩余价值和全部资本作对比,而应该用剩余价值和可变资本作对比。马克思把剩余价值和可变资本的比率叫做剩余价值率,其公式为:$m'=m\div v$。例如,某个货币所有者花费 1000 元资本,其中 800 元用于购买生产资料,200 元作为工资,劳动者在生产过程中创造出剩余价值 300 元。那么,$m'=300$ 元 $\div 200$ 元 $=150\%$。在前面我们学过,劳动者的劳动时间分为必要劳动时间和剩余劳动时间,在必要劳动时间内的必要劳动创造可变资本价值,在剩余劳动时间内的剩余劳动创造剩余价值。所以,剩余价值率的公式还可以表示为:

剩余价值率=剩余劳动时间÷必要劳动时间

=剩余劳动÷必要劳动

这些公式都准确地表明了活劳动的增殖能力。在资本主义制度下,m' 准确地表现了资本家对雇佣工人的剥削程度。在社会主义制度下,m' 表示了劳动者提供剩余劳动、生产剩余价值,对企业和社会贡献的水平。任何资本所有者都希望自己所拥有的资本能够最大限度地增殖,那么,实现这一目标的基本方法有哪些呢?

三、剩余价值的源泉和本质

商品的新价值是由工人的劳动创造的,它包括必要价值和剩余价值,必要劳动时间创造的价值就是必要价值,剩余劳动时间创造的价值,就是剩余价值。

剩余价值是商品经济的一般范畴,而不是资本主义的特殊范畴,因为剩余劳动既然是人类社会发展的基础,就存在于一切社会中。在商品经济社会中,剩余劳动必须产生剩余价值,剩余价值通过商品流通才能实现。

既然承认社会主义社会存在商品经济和公有资本关系,就应该同时承认存在剩余价值,剩余价值在不同的所有制下具有不同的性质。在资本主义私有制中的剩余价值是由雇佣工人创造的、被资本家无偿占有的、超过劳动力价值的那一部分价值。资本主义的剩余价值的本质不在于"剩余",而在于"无偿占有"。在社会主义公有制中的剩余价值是由劳动者创造的、归劳动者及其社会占有的、超过劳动者个人生活需要的那一部分价值。承认社会主义有剩余价值,并区分剩余价值占有关系的不同,就不会混淆社会主义与资本主义的本质区别。

四、生产剩余价值的两种方法

生产剩余价值的方法很多,但概括起来不外两种,即绝对剩余价值生产和相对剩余价值生产。下面我们逐一进行分析。

(一)绝对剩余价值生产

什么叫绝对剩余价值?绝对剩余价值是指在必要劳动时间不变的条件下,通过绝对延长工作日的方法所生产的剩余价值。这种生产方法,就叫绝对剩余价值生产,或者说,绝对剩余价值生产就是在必要劳动时间不变的条件下,通过延长工作日来增加剩余劳动时间,以绝对增加剩余价值的生产。

由于劳动者的工作日分为两大部分,即必要劳动时间和剩余劳动时间,必要劳动时间用以再生产劳动力的价值,剩余劳动时间用以生产剩余价值。所以,在必要劳动时间不变而又延长工作日的情况下,剩余劳动时间就被绝对地延长了,因而也就可以生产出更多的剩余价值。例如,原来的工作日是 8 小时,其中必要劳动时间 4 小时,剩余劳动时间也是 4 小时,剩余价值率=4÷4=100%。

在必要劳动时间 4 小时不变的情况下,把工作日延长为 10 小时,剩余劳动时间就变为 6 小时,剩余价值率也就变为 6÷4=150%,和原来相比整整提高了 50 个百分点。

所以马克思说:"把工作日延长,使之超出工人只生产自己劳动力价值的等价物的那个点,并由资本家占有这部分剩余劳动,这就是绝对剩余价值的生产。"①

既然工作日的绝对延长可以带来更多的剩余价值,那么,资本所有者能不能无限制地延长工作日呢?显然不能,因为工作日或称劳动日指的是劳动者在一昼夜中的劳动时间,也就是我们通常讲的一个白天加一个夜晚共 24 个小时的时间。在这 24 小时之内,劳动者受生理条件的制约,不可能连续不停地进行劳动,必须有吃饭、睡觉、休息的时间,才能保证劳动力供应的持续性。另外,延长工作日还要受到社会的和道德的限制。就是说,作为一个具有社会属性的劳动者,还要有一定的时间照顾家庭、抚养子女,参加一些社会活动,以及读书、看报,进行必要的文化娱乐活动,这样才能满足劳动力发展的精神需要和社会需要。这种需要能满足到什么程度,则是

---

① 《资本论》第 1 卷,北京:人民出版社,2004 年,第 557 页

由一国当时的社会经济、文化发展水平所决定的。

这两个因素决定了工作日的长度不能等于而只能小于 24 小时,这也是绝对剩余价值生产的局限性。

随着社会的发展,世界各国都在法律上对工作日的长度作出了规定,这使得资本所有者通过用延长工作日的办法来生产剩余价值的行动受到制约。但尽可能多地获取剩余价值又是资本所有者的最大目的,于是他们便转而采用其他的方法——相对剩余价值生产,来达到他们的目的。

(二)相对剩余价值生产

相对剩余价值就是在工作日不变的条件下,由于必要劳动时间缩短所生产的剩余价值。这种生产方法,就叫相对剩余价值生产。

按照上例,假定工人的工作日为 8 小时,其中必要劳动时间 4 小时,剩余劳动时间 4 小时,剩余价值率是 4÷4=100%。

在工作日长度不变的情况下,怎么能得到更多的剩余价值呢?就要相对地缩短必要劳动时间,从而增加剩余劳动时间。假如把上例中 4 小时的必要劳动时间缩短为 2 小时,在 8 小时的工作日长度不变的情况下,剩余劳动时间就被相应地延长为 6 个小时,剩余价值率也就变为 6÷2=300%,比原来提高了 200 个百分点。

可见,相对剩余价值就是由必要劳动时间和剩余劳动时间的比例相对地发生变化而产生的,前提就是要缩短必要劳动时间。但是,必要劳动时间怎么样才能缩短呢?换言之,相对剩余价值是如何形成的呢?如图 4-1 所示:

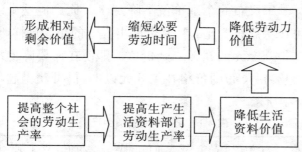

图 4-1 相对剩余价值形成图

如图分析:①要获得相对剩余价值,前提是要缩短必要劳动时间;②要缩短必要劳动时间,就要降低劳动力的价值,因为必要劳动时间就是用来再生产劳动力价值的时间;③要降低劳动力的价值,首先要降低维持劳动者本人及其家庭生活所需要的生活资料的价值,因为劳动力的价值就是由生活资料的价值决定的;④我们前面讲过,社会劳动生产率越高,单位商品的价值量越低,它们之间成反比关系,因此要降低生活资料的价值,就必须提高这些生产部门的劳动生产率。同时,生活资料的价值中还包括生产资料转移的价值,这些生产部门的劳动生产率提高了,也会降低生活资料的价值。这就要求全社会的劳动生产率的普遍提高。因为只有这样,才能造成所有生活资料价值的下降。⑤全社会劳动生产率的提高,首先是从个别资本所有者开始的,而个别资本所有者提高劳动生产率的动机,是因为他发现,缩短了本企业生产商品的个别劳动时间以后,在得到生产相同商品的所有企业都有的剩余价值的基础上,能够比别人多得一些剩余价值。这时他多得的剩余价值,马克思称之为超额剩余价值。超额剩余价值是如何生产出来的呢?

前面我们讲过,商品生产者总是竞相改进生产技术,以提高个别劳动生产率,使他的个别劳动时间低于社会必要劳动时间,在商品的价值量仍然由社会必要劳动时间决定及商品继续按社会价值出售的情况下,这个商品生产者就将比别人多获得剩余价值,于是超额剩余价值就出现了。通过下例我们会看得更清楚。

超额剩余价值是商品个别价值低于社会价值的差额。例如,假定纺织部门生产布的平均劳动生产率为:每个工人1天12小时生产12尺布,耗费生产资料价值12元,12小时劳动生产创造的新价值也是12元,12尺布的价值共计24元。每尺布的社会价值是2元。如果有一个纺织厂首先改进生产技术,企业劳动生产力提高了1倍,工人在12小时内可以生产24尺布。24尺布耗费的生产资料价值是24元,12小时劳动创造的新价值仍是12元,24尺布的总价值便是36元,每尺布的个别价值下降到1.5元。但这个纺织厂的资本家仍可按每尺布2元的社会价值出卖他的布。这样,他便可从每尺布中获得0.5元的超额剩余价值。即使在需要降低出售价格的情况下,只要每尺布的价格在1.5元以上,仍可获得超额剩余价值。如表4-1所示。

表 4-1 超额剩余价值生产表

	生产产品	W 总价值	W 社会价值	W 个别价值	超额
一般企业	12尺棉布	24元 (12c,6v,6m)	2元	2元	0
个别企业劳动生产率提高一倍	24尺棉布	36元 (24c,6v,6m)	2元	1.5元	12元

超额剩余价值是个别价值低于社会价值的差额,它同样也是由

本企业工人创造的。它是由缩短工人必要劳动时间、相应延长剩余劳动时间而产生的,因而实质上也是相对剩余价值,是相对剩余价值的特殊表现形式。

如按前例,织布工人每小时创造 1 元新价值,一般必须用 6 小时才能生产出劳动力价值的等价(6 元)。现在这个纺织厂的劳动生产率提高了 1 倍,每个织布工人 12 小时能生产 24 尺布,价值 48 元,除去生产资料的转移价值 24 元,实现了 24 元新价值,平均每小时 2 元,高出平均水平 1 倍。但是投资者付给工人的劳动日价值仍是 3 元,工人只要用 3 小时就能生产出劳动力价值的等价。这样,该厂工人必要劳动时间减少为 3 小时,剩余劳动时间相应延长到 9 小时,剩余价值率由原来的 100% 提高到 300%。

个别企业获得超额剩余价值是暂时的,因为经过激烈的竞争,迫使其他投资者也采用新技术。而当新技术普遍采用后,部门平均劳动生产率提高了,这种商品的社会价值随之下降,个别先进企业的超额剩余价值也就会消失。不过,超额剩余价值在这个企业消失,又会在另一个企业产生。因而从整个社会看,它的存在仍是持续不断的。而且,正是这种此起彼伏追逐和实现超额剩余价值的经济过程,导致了社会劳动生产率的普遍提高,从而使工人必需生活资料趋于便宜,劳动力价值日益降低,相对剩余价值不断增加。"因此,提高劳动生产力来使商品便宜,并通过商品便宜来使工人本身便宜,是资本的内在冲动和经常的趋势。"[①]

以上介绍了两种剩余价值生产的方法,现在我们就来看一看这两种方法之间存在什么样的关系。

绝对剩余价值生产和相对剩余价值生产这两种剩余价值生产的方法,是既有区别又有联系。首先,绝对剩余价值生产是相对剩余价值生产的一般基础。因为只有把工作日绝对延长到必要劳动时间以外,才能产生剩余价值,否则,就只是价值形成过程。同时,绝对剩余价值生产又是相对剩余价值生产的出发点。因为只有在把工作日分割为必要劳动时间和剩余劳动时间的前提下,资本所有者才能通过提高劳动生产率等方法不定期缩短必要劳动时间,从而相对延长剩余劳动时间,生产出更多的剩余价值。其次,相对剩余价值的生产方法也是绝对剩余价值的生产方法。相对剩余价值生产虽然在形式上没有延长工作日,但由于它是靠提高劳动生产率等方法来获取更多的剩余

---

① 《资本论》第 1 卷,北京:人民出版社,2004 年,第 355 页。

价值的,因而在劳动强度等方面,对劳动者的要求是绝对地提高了,所以带有明显的绝对剩余价值生产的特征。

在经济发展的不同阶段,绝对剩余价值生产和相对剩余价值生产分别起着不同的作用。在经济发展的初期,由于生产工具的简单、生产力水平的低下,资本所有者更多地采用绝对剩余价值生产的方法来获取剩余价值。随着经济的发展,在生产中科学技术被广泛应用,从而为劳动生产率的提高提供了可能,再加上其他因素的制约,所以,资本所有者往往是以相对剩余价值生产作为获取剩余价值的主要方法。

四、当代剩余价值生产的新特点

第二次世界大战后,以原子能、电子计算机、合成材料和高空技术等为主要标志的新科技革命,完全不同于以前的科技革命,其最大区别在于:过去的科技革命是以机器代替手工劳动为特点,而这次科技革命是以机器操纵机器、机器部分代替人脑的劳动力特点。也就是说,它已不局限于人的手足的延伸和体力的扩大,而发展到了人的智力的延伸,使人们可以从一部分脑力劳动中解放出来。新科技革命对发达资本主义国家生产力的发展产生了巨大影响。一方面,它使社会的物质技术基础发生了巨大变化。机器体系通过电脑装置实现了自动化运转,生产工艺变革极大地缩短了生产的工艺流程。人工合成材料的不断涌现,使劳动对象发生革命性的变化,拓宽了社会物质生产领域。另一方面,它促使生产力的主体因素——劳动者发生了巨大变化。劳动者对现代生产的关键性作用和意义,已经不在于所耗体力的多少和所掌握手工技艺是否熟练,而在于知识、智力水平的高低和创造性能力的强弱。因而,专家和工程技术人员占全部职工的比重不断上升,劳动力素质普遍提高。新的科技革命所引起的生产力诸因素的巨大变化,有力地促进了各国劳动生产率的增长。

新科技革命还引起了各国经济结构的重大变化。其一,整个社会生产的重心从物质部门向非物质生产部门转移,在国民生产总值中农业和工业的比值下降,服务业等第三产业的比重上升。如发达国家第三产业从战后的不到 50%,发展到如今的 70% 以上。而农业和加工制造业大幅度下降。其二,社会物质生产的重心持续从农业、采掘业、能源业向制造业、建筑业转移。其三,在工业内部,传统工业发展相对缓慢,而一些尖端技术的新兴工业迅速发展。其四,在就业结构上，第一产业和第二产业就业人数比值不断下降，第三产业就业人数比重不断增加，在绝大多数发达资本主义国家已超过50%，而美国在1985年就达到73.1%。

新科技革命对资本主义生产方式引起的巨大变化，使剩余价值生产呈现出新的特点。

一是提供剩余价值的部门大为扩展。在第一次世界大战前的相当长时期中，提供剩余价值的主要是物质生产和物质交换部门。在当代，第一和第二产业即传统的剩余价值生产部门的产值在国民经济中的比重大大下降，而第三产业的比重大大上升，其中包括从直接物质生产过程中独立出来的产品开发、生产决策、市场分析、信息获取、设备维修、售后服务等部门，都成为提供剩余价值的部门。

二是提供剩余价值的主体有所变化。过去，第一产业和第二产业的工人是提供剩余价值的主体，而当代已从体力劳动者为主逐渐向脑力劳动者为主转化。

三是提供剩余价值的手段更文明。早期的泰罗制、福特制等加强劳动强度来提供更多剩余价值的方式已淡化，逐渐被文明的"行为管理"所取代。它强调对人的行为的激发与引导，重视对企业职工高级需要的满足，以调动持久的动力。现在，从表面上看，劳动者的劳动条件大为改善，繁重的体力劳动明显减少，而劳动者的脑力支出、紧张和专注程度却可能提高了。

五、剩余价值规律是市场经济的基本规律

同资本范畴一样，剩余价值作为社会、经济范畴，也是一般和特殊的统一。所谓剩余价值一般，是指不论在何种社会制度下，只要存在剩余劳动和商品货币关系，就存在的剩余价值。无论在何种社会制度下，资本所有者之所以要把他的资本投放到生产领域，其最根本的目的就是要通过生产和流通过程取得价值增殖，也就是要取得剩余价值，这是市场经济的必然要求。

所谓剩余价值特殊，是指在不同社会制度下，剩余价值体现着不同社会性质。在资本主义条件下，它是指资本家以生产资料私人所有为基础，无偿占有的雇佣工人创造的剩余价值。在社会主义条件下，尤其是社会主义市场经济条件下，生产资料实行的是以公有制为主体、多种所有制经济共同发展的基本经济制度，当资本由国家和劳动者集体占有时，劳动者创造的剩余价值被国家和集体占有。由于在社会主义制度下国家和集体代表着广大人民的最高利

益,因而被国家和集体占有的剩余价值,最终仍归劳动者所占有。当资本被个人所占有时,其剩余价值的取得确实带有一定的剥削性。但他取得的方式和程度均要受到社会主义法律的制约,从总体上看,这是有利于社会主义初级阶段生产力的解放和发展的,是符合邓小平同志提出的"允许一部分地区、一部分人先富起来,逐步实现全体劳动者的共同富裕"的思想的。

马克思曾在《资本论》中把剩余价值和剩余价值规律作为资本主义社会的特有范畴来认定,这同马克思对商品经济的认识有着密切关系。在马克思看来,虽然商品经济很早就已出现,但只有到了资本主义社会,商品经济才成为一种占主导地位的经济形态,剩余劳动才成为获取剩余价值的形式。剩余价值和剩余价值规律在资本主义社会之前不存在,而马克思又认为商品和货币在社会主义条件下将消失,因而社会主义也不存在剩余价值和剩余价值规律,所以,他认定剩余价值和剩余价值规律是资本主义社会的特有范畴。而事实上,在社会主义条件下,商品经济仍然存在,商品和货币也依然存在,因而剩余劳动还要物化为剩余价值,剩余价值规律依然起作用。所以,在变化了的情况下,我们对马克思主义学说的某些具体结论要敢于突破,用马克思主义的发展观来分析现实生活。这样我们就可以把剩余价值和剩余价值规律看作市场经济的基本规律。

在市场经济条件下,社会经济运动的实质不在于价值的决定和实现,而在于剩余价值的生产和实现。资本追求剩余价值的规律就是剩余价值规律。剩余价值规律是市场经济的基本规律,其原因是:第一,剩余价值规律决定着市场经济的实质。资本所有者将他拥有的资本投放到哪一领域,投放多少资本,采取什么方式进行生产、生产多少,完全取决于能够获得多少剩余价值,所以,最大限度地追求剩余价值是市场经济条件下资本所有者的直接目的和决定性动机。因此,从微观上看,市场行为主体只有遵循剩余价值规律,才能生存、发展;从宏观上看,只有全社会获得越来越多的剩余价值,社会进步才有雄厚的物质基础。第二,剩余价值规律决定着市场经济运行的各个方面和主要过程。在市场经济条件下,无论是个别资本、社会资本,还是国际资本,都必须以追求最大限度的剩余价值作为根本目标;无论是购买生产所需的生产要素、实现生产要素的结合,还是销售生产出来的产品,都必须以能否获得最大限度的剩余价值为标准;无论是生产、流通,还是分配、消费,都必须以追求剩余价值作为其出发点和归宿。离开了对剩余价值的追求,就没有市场经济的运行。第三,剩余价值规律决定着市场行为主体的命运。在市场经济条件下,激烈的市场竞争要求资本所有者能够以最小的投入获得最大的产出,也就是要尽可能多地取得剩余价值,这样才能在竞争中占据主动,也才能在市场中求得发展。否则,就将会被无情的市场淘汰。

六、资本是市场经济的一般范畴

自党的十四大,尤其是十四届三中全会以来,建立和完善社会主义市场经济体制便成为我国经济体制改革的主要目标和方向。由此也打破了"市场经济是资本主义的专利"的樊篱,市场经济开始为社会主义制度服务。既然社会主义也可以搞市场经济,那么,商品、货币、资本等马克思认为在未来的社会主义社会不存在的东西,也就有了继续存在的必要和条件,这大大发展了马克思主义政治经济学。而马克思之所以认为资本、商品等是资本主义特有的,原因是:一方面,在历史上,资本首先是在资本主义生产方式下大规模产生和发展的,研究资本主义生产方式下的资本,就抓住了资本主义生产方式的核心;另一方面,在马克思看来,资本是同商品经济紧密相连的,而商品经济,尤其是发达的商品经济为资本主义所独有。

社会主义和资本主义都存在着资本这个事实证明,资本作为市场经济的一般范畴,也是一般性和特殊性的统一体。所谓资本一般,就是一切资本所共有的、本质的规定性。这种规定性就是资本能够在运动中保存自己并实现自我增殖的属性。任何资本只要不能实现价值增殖,也就丧失了作为资本的资格,只能是一般的货币了;而任何货币只要在运动中实现了价值增殖,也就会摇身一变成为资本了。

资本作为能够带来剩余价值的价值的一般属性,主要表现在:第一,资本的价值性,即资本首先必须是一种价值物,代表着一定的价值;第二,资本的垫支性,生产者为了取得剩余价值,必须预先垫付一定的货币资本。比如货币所有者必须先拿出一定量的货币购买劳动力、生产资料等;第三,资本的运动性,资本所以能增殖,能带来剩余价值,关键是它处在无休止的运动中,不断地从一种形式转化为另一种形式。资本无休止的运动是资本取得增殖的必要前提和条件,一旦资本停止运动,资本将不能增殖,也就失去了资本的功能;第四,资本的增殖性,资本是一种自行增殖的价值,是能够带来剩余价值的价值。这是货币所有者之所以要将货币转化为资本的根本目的所在。

与资本一般相对应的是资本的特殊。资本作为一个社会范畴和经济学范畴,是不可能脱离开一定的社会制度和社会生产而单独存在的,因此它总是要表现为各种具体的形态,所以资本的特殊就是各种"现实的资本",是采取了不同形式并在特定生产方式下运行的资本。我们在理解资本的特殊时,可以从下面两个角度进行:一是从资本运动过程的具体形式看,任何资本都要采取各种不同的具体形式,如生产在准备阶段采取货币资本的形式,在流通阶段采取商业资本形式等;二是从资本体现的生产关系看,资本虽然不是某一种社会制度所特有的现象,在资本主义社会和社会主义社会都存在,但在不同的社会制度下,它往往体现出不同性质的生产关系,并且为其服务。这与只反映资本是能够带来增殖的资本一般而言,又是一种特殊。

按照马克思的观点,私人资本是带来私人剩余价值的价值,是资本主义制度的特殊产物。在以往的政治经济学教科书中,社会主义部分见不到资本的概念,是以资金、资产,甚至资本金等概念取代。随着社会主义市场经济体制的改革进程的深入,人们越来越感到不承认资本概念会在市场经济生活中遇到许多障碍。如在合资企业中,外方投资称资本,中方出资叫资金。在财务账上,资金、资本也无从区分。由此,近年来,提出公有制条件下资本的属性问题,并将资本这一概念宽泛化。中共"十五大"报告正式提出了"公有资本"的概念,这是党的文献上第一次正式使用这个概念(资本与剩余价值是两个密切相关的对应性概念,我们将剩余价值与资本均作宽泛化解释,实现逻辑一致)。我们应以马克思主义经济学为指导,结合我国社会主义市场经济体制改革的实际,有必要全面、客观认识资本的属性。

资本是历史的产物,具体地说是商品经济社会的产物,是人类发展阶段史上完全不同的社会形态所共有的。但资本与不同社会经济制度结合在一起,表现为不同的社会属性,这体现资本的特殊性质。如在资本主义社会,资本是与生产资料私人所有结合在一起的,其性质就是能带来私人剩余价值的价值,体现了资本对雇佣工人的剥削关系。私人资本及其带来的剩余价值属于资本家所有。所以,马克思说:"资本也是一种社会生产关系。这是资产阶级的生产关系,是资产阶级社会的生产关系。"[①]

---

① 《马克思恩格斯选集》第1卷,北京:人民出版社,1972年,第363页。

第三节　资本主义工资

一、工资的一般现象与本质

劳动力价值的货币表现是劳动力价格,也就是工资。这个概念往往会被经济领域的一般表象所掩盖。因为在经济领域,劳动者给货币所有者干活,货币所有者按日、周或月给劳动者支付工资,在表面上看起来,好像是劳动者干多少活给多少钱,劳动者出卖给货币所有者的是劳动,而不是劳动力,劳动者的全部劳动都得到了报酬,工资变成了劳动的价值或价格。其实不然,劳动者出卖的只能是劳动力,而不能是劳动。因为劳动不是商品,也无法成为商品,这至少可以从三个方面进行说明:

第一,商品的价值是由社会必要劳动时间决定的,价值的实体就是劳动,商品的价值就是凝结在商品中的一般劳动。劳动本身没有价值,如果劳动有价值,那就等于说劳动就是劳动,价值等于价值,这完全是同语反复。

第二,如果劳动是商品,那么它在市场上出卖以前就应该作为一个独立的商品存在。而事实上,货币所有者在市场上购买的只是劳动力,而不是劳动。劳动是劳动力的使用过程,劳动者的劳动是在进入生产过程后,在货币所有者的监督下进行的,这时,劳动者的劳动已经属于货币所有者了,劳动者已经没有权力再出卖劳动了。

第三,如果说劳动是商品,按照等价交换原则,货币所有者就应该支付给劳动者全部劳动的报酬。这样,货币所有者就得不到剩余价值了,等于白辛苦。显然,货币所有者是不会干这种无利可图的事情的。如果货币所有者以低于劳动价值来支付报酬,交换就不等价了。所以说,劳动是商品的逻辑是不能成立的。

马克思科学地区分了劳动和劳动力,解决了政治经济学中的一个极重要的问题。这一理论使人们可以透过工资这种现象看到资本主义生产的实质,看出工资掩盖下的资本家剥削工人的关系。

二、工资的基本形式

工资有两种基本形式:计时工资和计件工资。

(一)计时工资

计时工资是按照劳动者的劳动时间支付的工资。以年、月、周、日为基本时间单位，是劳动力年、月、周、日、时价值的货币表现形式，主要有年工资、月工资、周工资、日工资和小时工资。比如我们现在到人才市场看，劳资双方谈判的首要问题，往往就是年薪或月薪的数量。另外，在考察资本主义制度下资本家对工人剥削的程度时，计时工资往往会掩盖剥削强度，因为工作日的长短和劳动强度不同，工人在同一单位时间内支出的劳动也不等。所以，要把工资量和劳动日长度及劳动强度联系起来分析。马克思在分析工资时用了"劳动价格"这个概念。用"劳动价格"并不是说劳动真有价格，而是借用来计算每小时劳动力的价格。如果工资量不变，工作日延长或劳动强度提高，劳动价格就会降低。在这种情况下，资本家可以不改变工资量，而延长工作日或增加劳动强度，降低劳动价格，加强对工人的剥削。在工作日延长或劳动强度增加的情况下，即使日工资提高了，但劳动价格可以不变。如果工作日的延长或劳动强度的提高超过了一定的限度，即使工资提高，劳动价格还会下降。所以，资本家在提高工资的情况下，可以通过更大幅度地延长工作日或提高劳动强度，来降低劳动价格，加强对工人的剥削。

(二)计件工资

随着资本主义的发展和机器大工业的出现，计件工资越来越广泛地流行起来。计件工资是按劳动者生产的产品数量支付的工资，主要适用于产品规格较为固定、数量界限比较明显的行业。这种工资形式具有更大的欺骗性，因为工人所得工资的多少是以他完成的产品数量为计量标准的，这就更容易掩盖必要劳动和剩余劳动的界限。

计件工资之所以能随资本主义的发展而广泛流行起来，是因为实行这种工资形式，资本家可以通过规定一定时间内必须完成的产品的数量和质量，监督工人的劳动，榨取更多的剩余劳动。资本家还可以用较高的劳动生产率作为尺度，规定生产产品的单价，从而提高工人的劳动强度，增加剩余劳动。同时，资本家还可以借口产品质量不合格来克扣工人的工资。

随着生产自动化的发展，特别是电子、信息技术的发展，许多资本主义国家又由以计件工资为主改为以计时工资加奖励为主。因为很多自动化装置本身就严格控制了工人的劳动强度和质量,资本家可以在工资不变或略有提高的情况下,通过现代化装备提高劳动强度,榨取更多的剩余价值。

计时工资与计件工资虽然在计量标准上有所不同,但两者在本质上是相同的,都是以劳动力价值为依据。计时工资是计件工资的基础,计件工资是计时工资的转化形式。因为企业在确定每件产品的单价时,正是把劳动者在一定时间内的计时工资与同期生产出来的产品数量进行比较而确定的。

除计时工资和计件工资外,劳动力价值还有一些派生形式,如奖金、津贴、补助等,其实质都是劳动力价值的货币表现。

三、名义工资和实际工资

货币所有者支付给劳动者的是货币工资,劳动者拿到货币工资的目的并不仅仅是单纯为了这些货币,而是为了去购买生活资料,维持本人及其家庭生活的需要。由于物价水平的不确定,同量的货币工资往往表现为不同量的实际生活资料,所以,就有了名义工资和实际工资之说。以货币来表现的工资叫作名义工资,以货币所能实际购买到的生活资料的数量来计算的工资叫作实际工资。

名义工资和实际工资的变动有时一致,但经常不一致。一般来说,名义工资提高了,实际工资会提高;反之,名义工资下降了,实际工资也会下降。但决定实际工资的还有其他因素,如生活资料价格、房租价格、税收负担和劳务价格等。因此,名义工资提高了,如果上述价格上涨的幅度大于工资的提高幅度,实际工资还是会下降。只有当名义工资的涨幅大于这些价格的涨幅时,实际工资才会有所增长,但其涨幅仍将会小于名义工资的涨幅。所以,任何为提高工资而进行的斗争的核心,都应该是考察实际工资的增长状况,而不应该仅限于名义工资的增长。

四、工资的国民差异

这个问题,是从另一个角度说明工资的本质。我们知道,不同的国家,即使同样是资本主义国家,工资水平也是有的高,有的低。工资水平的高低在不同的国家是有很大差别的,这叫做工资的国民差异。之所以这样,主要是由不同国家的劳动力价值不同造成的,概括地说,工资水平的差异主要是由于各国的生产力水平、文化发展水平以及各国工人阶级形成和发展的历史条件等因素决定的。

所以,工资的国民差异往往只能反映出不同的国家在经济、文化等方面发展的差异,而不能反映出劳动者的社会地位状况。

另外,工资的国民差异还反映了国际市场上同工不同酬的现象,也就是同样的人在不同的国家干同样的活,付出同样的劳动,而获得的货币工资是大不一样的。究其原因,主要是在国际市场上,商品的国际价值是按照世界范围的社会必要劳动时间来确定的。那么,劳动生产率高、个别劳动时间低的国家,其商品的国际价值就高;而劳动生产率低、个别劳动时间高的国家,其商品的国际价值就低。

本章小结

作为资本的货币,其流通公式是:G—W—G'。其流通的目的是取回更多的货币,也就是价值增殖,即剩余价值。当货币作为带来剩余价值的价值时,就转化为了资本。货币转化为资本的前提条件是劳动力成为商品。

任何社会的商品生产过程都是劳动过程和价值形成过程的统一。资本主义和社会主义的商品生产过程是劳动过程与价值增殖过程或剩余价值生产过程的统一,但在不同经济制度下的劳动生产过程和价值增殖过程的特点和内涵有差异。

绝对剩余价值生产和相对剩余价值生产是生产剩余价值的两种基本方法。其中,绝对剩余价值生产是在必要劳动时间不变的条件下,靠绝对延长工作日来生产剩余价值的方法;相对剩余价值生产是在工作日长度不变的条件下,靠缩短必要劳动时间来生产剩余价值的方法。

剩余价值的来源是可变资本,不变资本只发生价值转移而不发生价值增殖。剩余价值规律是资本主义社会的基本经济规律,是价值规律的一种表现和延伸。

工资的实质是劳动力的价值或价格,但是在现象上却表现为劳动的价值或价格。工资的形式主要有计时工资和计件工资。名义工资和实际工资的变动可能出现多种情况。

阅读书目

马克思:《资本论》第1卷,北京:人民出版社,2004年。

重点问题

1. 如何理解"资本是带来剩余价值的价值"?如何正确认识资

本的特殊性与一般性?

2.马克思说,货币所有者变为资本家,"必须在流通中,又必须不在流通中,这就是问题的条件"。试问:货币转化为资本究竟是怎样实现的?

3.对剩余价值的两种基本方法你是怎样理解的?

4.正确认识工资的实质与形式,如何理解名义工资与实际工资的关系?

关键概念

剩余价值率　不变资本　可变资本　资本总公式

绝对剩余价值生产　相对剩余价值生产

第五章

资本主义再生产和资本积累

 目的要求

本章将在掌握马克思劳动价值论的基础上，分析资本主义生产关系的实质，通过对剩余价值的生产过程和基本方法的分析，揭示无产阶级与资产阶级之间阶级对立的经济根源。通过教学，使学生在掌握劳动价值论的基础上，进一步掌握剩余价值理论，认清资本、剩余价值的一般属性和剩余价值生产和再生产的一般规律，为深刻认识资本主义经济实质和研究社会主义市场经济条件下的资本再生产打下坚实的理论基础。

 主要内容

☆货币向资本的转化
☆资本的增殖过程
☆资本主义再生产和资本积累

 教学重点

☆资本总公式及其矛盾
☆资本划分的重大意义
☆剩余价值的生产
☆资本积累和资本有机构成
☆剩余价值理论是马克思经济学的基石

第四章我们分析了剩余价值的生产,初步弄清了资本所有者进行生产的实质。但是,资本所有者手中的财富往往会像滚雪球一样越滚越大,这是为什么呢?这就需要我们不仅要了解资本怎样生出剩余价值,还要进一步了解剩余价值是怎样变成资本的。正如马克思所说的:"我们以前考察了剩余价值怎样从资本产生,现在我们考察资本怎样从剩余价值产生。"[①]考察剩余价值怎样转化为资本,这就是马克思的资本积累学说。

第一节 资本主义的再生产和资本积累

一、资本的再生产

(一)什么是再生产

生活常识告诉我们,生产是人类社会存在和发展的基础,人天天要吃饭,所以农民年年要种庄稼;衣服穿了会破,因此工人要年年织布;机器用久了会磨损、报废,所以厂家又要不断地生产新机器。可见,社会只要不停止消费,也就不能停止生产。因此,社会生产总要连续不断、周而复始地进行。如果中断,社会就要灭亡。这种不断更新和不断重复的生产就是再生产。其实,只要我们不是孤立地看一次生产过程,而是从经常的、不断反复的运动过程来看,那么,每一个社会生产过程实际上也就是再生产过程,每一次生产都是上一次生产的更新和重复。资本要不断地保存和增大它的价值,也要不断地进行再生产。

再生产按其规模状况,可以分为简单再生产和扩大再生产两大类。下面我们就来讲什么是简单再生产和扩大再生产。

(二)简单再生产和扩大再生产

简单再生产就是生产规模保持不变的再生产,或者说,就是在原有规模上重复进行的再生产。具体来说,就是在简单再生产的方法下,社会生产的新产品仅够补偿已消耗掉的生产资料和生活资料。

扩大再生产就是生产规模比原来扩大的再生产。具体来讲,就

[①] 《资本论》第1卷,北京:人民出版社,2004年,第635页。

是在扩大再生产的方法下,社会生产的新产品除了用于补偿已消耗的生产资料和消费资料外,还有多余的部分用于扩大生产的规模。

例如,一个皮鞋生产商,如果每年都用同样多的工具、设备、原材料和劳动力,生产同样多的皮鞋,这就是简单再生产;如果他在第二年增加了工具、设备、原材料,也多雇佣了劳动力,生产的皮鞋也大大增加,这就是扩大再生产。

任何一个社会要想取得发展,都必须采用扩大再生产的方法。但"千里之行始于足下",生产无论怎么样扩大,总是以原有规模为基础和出发点,只有在完成简单再生产的基础上,才能进行扩大再生产。所以,简单再生产是扩大再生产的前提和基础,而扩大再生产则是简单再生产的继续和发展。

虽然所有的生产都是从简单再生产开始的,但扩大再生产往往成为所有生产过程的主要特征。一般说来,扩大再生产可分为两种类型,即外延式的扩大再生产和内涵式的扩大再生产。

外延式的扩大再生产是通过增加生产要素的数量而实现的扩大再生产。如上例中我们所举的皮鞋生产商,如果他在生产技术、工艺水平、生产流程都不变的情况下,仅仅是靠增加工具、设备、劳动力等生产要素而形成的扩大再生产,就是外延式的扩大再生产。

内涵式的扩大再生产是通过提高生产要素的使用效率而实现的扩大再生产。它就是在厂房、机器设备和劳动力等生产要素数量不增加的情况下,主要是通过技术进步、加强管理、提高生产要素的质量等方法,使生产规模不断扩大的再生产。

在现实生活中,外延式的扩大再生产同内涵式的扩大再生产往往是结合在一起的,很难把它们两者完全独立开来。比如在采用外延式的扩大再生产时,随着进行新的投资而增加机器、设备等生产要素的数量和规模时,往往伴随着生产要素质量的提高;在采用内涵式的扩大再生产而进行技术改进或更新机器设备时,同样需要增加新的投资,并或多或少伴随着数量规模的扩大。但需要我们明确的一点是,随着社会生产力水平的发展和科学技术的进步,随着可持续发展战略被越来越多的国家所采用,内涵式的扩大再生产在整个社会再生产中所占的比重将越来越大,并将会成为扩大再生产的主要方式。

社会再生产不论是简单再生产还是扩大再生产,就其内容来说,既是物质资料的再生产,又是生产关系的再生产。一方面,再生产必须生产出一定的生产资料和生活资料,用来补偿或增加已经消耗的物质条件；另一方面，任何生产又都具有一定的社会形式，都是在一定的生产关系下进行的，随着生产的不断更新和重复，这种关系也不断地被再生产出来。所以，任何社会的再生产都是物质资料再生产和生产关系再生产的统一。

二、资本主义简单再生产

资本主义简单再生产是指资本家把剥削来的剩余价值全用于个人消费，再生产只是在原有规模上的重复进行。

分析资本主义简单再生产，可以看到把资本主义过程作为一个孤立的生产过程所看不到的特点：

第一，资本家用来购买劳动力的可变资本是由工人生产出来的。如果从孤立的一次生产过程来看，好像工人的工资是资本家用自己的货币作为可变资本预付出来的，好像是资本家养活工人。其实，如果从再生产的过程来看，资本家付给工人的工资只是工人在前一个生产过程所创造的新价值的一部分，资本家把这些产品卖出以后取得货币，以其中的一部分作为工资付给工人，另一部分作为剩余价值为资本家所占有。所以，不是资本家养活了工人而是工人自己养活了自己，同时也养活了资本家。

第二，不仅可变资本是工人创造的，而且资本家的全部资本都是工人创造的。资本家预付的全部资本，不管最初来源如何，经过若干次的再生产过程，都会成为剩余价值的积累物。资本家为了掩盖自己剥削起家的历史，总是说自己的资本是靠自己或祖先"辛勤劳动"积攒起来的。但是，只要我们从再生产的角度来看，就会发现资本家的全部原有资本，不管它最初是怎么来的，就算它是通过劳动积攒起来的，经过一定时期以后，都会变成积累起来的剩余价值。所以，资本家的全部资本都是靠剥削工人的劳动得来的。所以，当工人阶级掌握政权后，夺回资本家的全部资本完全是名正言顺、合情合理的事情，这不过是工人阶级把被资本家掠夺去的财产重新收归自己所有而已。

第三，工人的消费是再生产得以进行的必要条件，工人阶级在劳动过程以外也从属于资本。工人的个人消费，就是工人用工资购买各种消费资料以满足自己生活的需要。由于这种消费是在生产过程以外进行的，所以，如果孤立地从一次生产过程来看，工人的个人消费好像完全是他自己的事情，同资本主义生产无关。但是，如果从再生产的角度来考察，情况就完全不同了。这时，工人进行个人消费,不过是为了恢复被消耗了的劳动力,以便继续卖给资本家,使资本主义再生产顺利进行。所以,工人的个人消费的实质是为资本家再生产出可供剥削的劳动力,这也是资本主义再生产的必要条件,工人虽然可以自由地把劳动力卖给这个或那个资本家,但他在出卖劳动力以前,在经济上是隶属于整个资产阶级的。

这些特点说明,在资本主义简单再生产过程中,生产商品不仅生产剩余价值,而且生产出资本家的全部资本和一无所有的劳动者。也就是说,一方面再生产出资本家,另一方面再生产出雇佣工人。总之也就是把资本主义生产关系也再生产出来了。所以,资本主义再生产是物质资料再生产和资本主义生产关系再生产的统一。

三、资本扩大再生产与资本积累

(一)资本积累的定义

商品生产所有权规律是建立在自己劳动基础上的规律。

资本主义占有规律是无偿占有别人劳动的规律。

"商品生产按自己本身内在的规律越是发展成为资本主义生产,商品生产的所有权规律也就越是转变为资本主义的占有规律。在扩大再生产的巨流中,全部原预付资本,与直接积累的资本即重新转化为资本(不论它是在积累者手中,还是在别人手中执行职能)的剩余价值或剩余产品比较起来,总是一个近于消失的量(数学意义上的无限小的量)"[①]。

资本的本质在于追求更多的剩余价值,然而,在一定的条件和时期内,剩余价值率是相对固定的。那么,怎样才能不断获得更多的剩余价值呢?资本所有者发现,如果不把生产过程中获得的剩余价值全部消费掉,而把其中的一部分重新作为资本使用,这样资本总额增加了,就会生产出更多的最终产品,从而获得更多的剩余价值,资本所有者的目的就达到了。所以,资本所有者把一部分剩余价值转化为资本,使生产在扩大的规模上重复进行,这就是资本的扩大再生产。

例如,某资本所有者投入了10000元进行生产,其中不变资本8000元,可变资本2000元,不变资本与可变资本的比例为8∶2,再假定剩余价值率为100%。那么,第一个生产过程结束后,资本所有

---

① 《资本论》第1卷,北京:人民出版社,2004年,第644页。

者获得了 2000 元的剩余价值。如果资本所有者只把他获得的剩余价值的一半用于消费,而把另一半转化为资本,投入到第二个生产过程,那么,他的资本总额就成为 11000 元。仍按 8∶2 的比例算,不变资本就成为 8800 元,可变资本为 2200 元,如果剩余价值率也保持不变,那么,在第二个生产过程结束后,资本所有者会获得 2200 元剩余价值。与第一个生产过程相比,他多得了 200 元的剩余价值。尝到甜头后,资本所有者将会不遗余力地按照这个法则坚持下去。因而,资本总额会不断地扩大,生产的规模也会不断扩大,剩余价值也将会随之而不断增加。

从这个例子中我们可以清楚地看到,资本不仅带来了剩余价值,剩余价值也在产生更多的资本,而资本所有者的资本总额之所以能不断增加,根本的一点就是他把剩余价值的一部分重新转化为资本的结果。马克思把这种剩余价值的资本化叫作资本积累。可见,资本积累过程就是资本扩大再生产的过程。这里,把剩余价值、资本积累和资本扩大再生产三者之间的关系表示如下:

剩余价值→源泉→资本积累 源泉→资本扩大再生产

即:资本积累的源泉是剩余价值,而资本积累本身又是资本扩大再生产的源泉。

(二)资本积累的原因

资本所有者为什么要进行资本积累呢?并不是因为他(她)有勤俭节约的美德,而是因为以下两方面的原因:一是由资本追求剩余价值的本质决定的,是剩余价值规律作用的必然结果。资本就是要在不断的运动中实现价值增殖,为了实现更大的价值增殖,获得更多的剩余价值,资本所有者就必须不断扩大他的资本额,进行资本积累。所以,从这个角度看,正是由于资本所有者对剩余价值的"贪婪",才引发了进行资本积累的内在冲动。二是由市场经济的竞争规律决定的。市场经济是竞争性极强的经济,在竞争过程中往往以"成败论英雄",所以,任何一个企业,一个资本所有者,如果不能在规模、技术、生产率等各方面不断取得发展,他就不但不能获得剩余价值,而且可能亏损,甚至破产、倒闭,直至被市场淘汰。市场的这种优胜劣汰机制具有极强的残酷性,但对每一个资本所有者来说,又是都必须面对的难题,都要承受它所带来的同样的压力,所以它又是公平的。内在的动力和外在的压力,迫使资本所有者不断地积累,不断地扩大再生产,这就是资本积累的真正动因。

(三)决定资本积累数量的因素

由于资本积累以剩余价值为源泉,而其自身又是资本扩大再生产的源泉,所以,研究资本积累不仅要揭示其实质,还要分析它的量,以及有哪些因素决定着资本积累的数量。从总体上来看,决定资本积累数量的因素可分为两个方面:

一方面,在剩余价值量已定的情况下,积累的数量取决于剩余价值分割为积累和资本所有者个人消费的比例。用于个人消费部分越大,积累量就越小;反之,则越大。我们往往把积累和消费的比例称为积累率。假如有 100 万剩余价值,对半分割,积累率就是 50%,积累量是 50 万。如果 1:3 分割,积累率就是 25%,积累量只有 25 万。

另一方面,在积累率已定的情况下,资本积累的数量就取决于剩余价值的绝对量。因此,凡是决定剩余价值大小的因素,同样也会决定资本积累的数量。就生产过程本身来说,则主要表现为以下几个因素:

(1)剩余价值率。在其他条件相同的情况下,剩余价值率越高,剩余价值量就越大,资本积累的数量也就越多。如两个资本所有者,都投入 10000 元生产皮鞋,不变资本和可变资本都按 8:2 的比例划分,劳动生产率也都一样高。但由于他们的剩余价值率不一样,一个是 100%,一个是 200%,因而他们取得的剩余价值也就不一样,一个是 2000 元,一个是 4000 元。如果他们的积累率都是 50%,则他们用于积累的数量就大不一样,一个是 1000 元,一个是 2000 元。随着生产过程的不断循环,他们的境况将大为迥异。

(2)社会劳动生产率的水平。社会劳动生产率水平越高,资本所带来的剩余价值量也就越大,从而积累量也会越大。比如,劳动生产率提高可以降低劳动力价值,从而提高剩余价值率;劳动生产率提高还可以降低生产资料和生活资料的价值,使同量货币资本可以购买更多的生产要素,这也实际上扩大了资本积累量;劳动生产率的提高还会使原有资本在更新换代时,被效率更高、价格更低的生产资料所代替,这也会增加剩余价值量,从而增加积累量。

(3)所用资本与所费资本的差距。所用资本是指在生产过程中全部投入使用并发挥作用的资本,如上例中资本所有者投入的 10000 元货币资本,将全部被用于生产过程。所费资本是指在生产过程中实际耗费掉的资本。如上例在 10000 元的资本总额中,可变资本将全部被消费并一次在生产过程中被新创造出来,用于购买原材料等的资本也将被全部转移到新产品中,而不变资本中用于购买厂房、机器设备等的资本,虽然在生产中全部被使用,但只会是逐渐地、部分地被消耗着,因而它们的价值也只是一部分一部分地被转移到新产品中去。这样所用资本和所费资本之间就会出现一个差额,差额越大,说明不变资本中用于购买厂房、机器设备等的资本被消耗和转移的越少。因此,当产量不变时,同量产品中所包含的所费资本就越少,单位产品的个别价值就越低。而在市场上,商品是按商品的社会价值出卖的,个别价值低的商品所获得的剩余价值就会增加,这对个别资本所有者来说,可以获得超额剩余价值,对整个社会来说,可以获得相对剩余价值。经过剩余价值向资本的转化,资本家就会大大增加资本积累的数量。

(4)预付资本的大小。在剩余价值率和不变资本与可变资本的比例保持不变的情况下,预付资本越多,可变资本也就相应越多,剩余价值也就越多,从而也就越有可能增加资本的积累量。例如,有A、B两个资本所有者,剩余价值率都是100%,不变资本和可变资本的比例都是8∶2,但他们两人的预付资本却不相同,A资本所有者预付的资本是10000元,而B资本所有者预付的资本是20000元。这样,一个生产过程结束以后,A资本所有者获得了2000元的剩余价值,而B资本所有者则获得了4000元剩余价值。如果他们的积累率都是50%的话,A资本所有者只有1000元的剩余价值转化为资本,而B资本所有者则有2000元的剩余价值转化为资本。随着生产过程的反复进行,他们两人的境况将大不相同。

由此我们可以看出,这一切增加剩余价值的方法都会增加资本的积累量,而资本积累数量的大幅度增加,反过来又将带来更多的剩余价值。如此不断反复,使资本所有者的财富越积越多,最终造成全社会财富分配的两极分化。那么,在资本积累过程中,个别资本又是通过什么方法不断增大的呢?这是我们要谈的第三个问题。

第二节 资本有机构成和相对过剩人口

研究资本积累的发展趋势,就要研究资本积累对资本和劳动两方面发生的影响。

一、资本有机构成和资本积聚与集中

生产中的资本总是由不同部分并按一定的结构结合在一起,这叫作资本的构成。资本的构成可以从两方面来考察:从物质形式看,资本是由生产资料和劳动力组成的,并在数量上存在着一定的比例,这种比例是由生产的技术水平决定,这种由技术水平决定的生产资料和劳动力的比例,叫作资本的技术构成;从价值方面看,资本是由不变资本和可变资本组成的,它们之间也存在一定的比例关系,不变资本和可变资本的比例叫作资本的价值构成。资本技术构成和价值构成存在着密切联系,一般地说,技术构成的变化会引起价值构成的变化,而价值构成的变化也反映着技术构成的变化。这种由技术构成决定并反映着技术构成变化的资本价值构成,叫作资本有机构成,通常用 $C:V$ 表示。

在资本主义生产发展初期,以手工业技术为基础进行生产,技术水平较低,因而资本有机构成也较低。资本主义发展到机器大工业以后,技术水平迅速提高,不变资本在生产中的比重不断增加,资本有机构成也迅速提高。

资本有机构成的提高一般以个别资本增大为前提。在资本积累过程中,个别资本的增大是通过资本积聚和资本集中这两种形式来实现的。

所谓资本积聚,是指个别资本依靠自己的积累,即通过剩余价值的资本化来增大自己的资本总额。这种资本积聚是资本积累的直接结果,是靠资本所有者的剩余价值资本化,像"滚雪球"一样滚起来的。如我们前面所举的例子中,资本所有者投入资本 10000 元,按 8:2 分割成不变资本和可变资本,假定剩余价值率是 100%,则第一个生产过程结束后,资本所有者获得了 2000 元剩余价值。再假定资本积累率是 50%,那么在第二个生产过程开始时,他的资本总额为 11000 元,在第三个生产过程开始时,他的资本总额将达到 12100 元,这就是资本的积聚。

资本积聚可以增加社会资本的总量,但对于个别资本总额的增大,则受到原有资本量和剩余价值量的限制,增大的速度比较缓慢。尤其是以下这两方面的因素,更是限制了资本积聚的速度:一是受社会财富增长程度的限制。就是说,资本积聚速度的增长要以社会财富总量的增长为前提,没有社会财富的增加,资本积聚就不可能。二是受社会资本分散程度的限制。由于社会资本是由许多单个资本组成的,所以,单个资本的个数越多,社会资本就越分散,单个资本的总额就越小,在生产过程中获得的剩余价值及剩余价值向资本的转化也就越少,因而资本积聚的速度也就越慢。

所以,当要进行数量非常巨大的投资,如修筑铁路、港口以及太空开发时,仅仅依靠资本的积聚来取得所需资本,就显得速度太慢、时间太长。这时就需要另外一种形式来加速资本的膨胀,那就是资本集中。

所谓资本集中,是指把许多已存在的规模较小的资本合并成为一个较大的资本。如果我们把资本积聚说成是"滚雪球"的话,那么,资本集中就可以说成是"堆雪人"。在市场经济条件下,"雪人"往往是靠两个渠道"堆"起来的:一是靠吞并,"大鱼吃小鱼"。二是靠联合,组织股份公司。无论是哪种方式,都是借助于竞争和信用这两个杠杆来实现的。竞争使许多技术落后、产品成本较高的中小资本亏本,甚至破产倒闭,而那些技术先进、管理有方的大资本则可以乘机吞并这些中小资本,从而壮大自己。同时,大资本所有者还可能凭借自己良好的信用来联合那些中小资本,组建股份公司,从而扩大资本的控制范围。

资本集中不能增加社会资本的总量,所改变的不过是原有资本的重新分配或组合。但这种方法可以不受个别资本量和剩余价值量的限制,在很短时间内集中巨额资本,建立起现代大生产。马克思曾风趣地说过:"假如必须等待积累去使某些单个资本增长到能够修建铁路的程度,那么恐怕直到今天世界上还没有铁路。但是,集中通过股份公司转瞬之间就把这件事完成了。"①

在现实生活中,资本积聚和资本集中这两种方法,一方面是相互联系、相互促进,共同发展的。其一,积聚为集中创造条件,积聚得越多,越有能力吞并弱者。其二,集中也必然加速积聚,因为规模越大,越有条件改进技术、提高生产率,从而获得更多的剩余价值,这必然加大了积聚。另一方面也存在着很大的区别。两者的区别在于,资本集中可以不受社会财富增长的限制而使个别资本迅速增大,但却不能增加社会资本的数量;而资本积聚虽然要受到社会财富增长程度和社会资本分散程度的限制,但却可以增加社会资本的总量。

---

① 《资本论》第 1 卷,北京:人民出版社,2004 年,第 688 页。

二、资本有机构成不断提高和相对过剩人口的形成

(一)相对过剩人口的含义

相对过剩人口,也就是失业人口的经常存在,这是资本主义国家很普遍的社会现象。目前,各国工人失业的人数相当庞大,已经成为这些国家一个严重的社会问题。相对过剩人口的形成,同资本积累过程中资本有机构成的变化有很大的关系。在资本主义初期,资本积累过程中曾经存在过资本有机构成不变或变化缓慢的情况,这样,可变资本就与资本总额按同一比例增长,于是便会出现资本对劳动力的需求超过劳动力的供给的现象,引起工人工资的某些提高,工人的生活状况也可能获得某些改善。

但是,资本对劳动力的需求不是由总资本的大小所决定,而是由其中可变资本的大小决定的。所以,当可变资本在社会总资本中所占的比重相对减少时,资本对劳动力的需求也就会相对减少。资本积累最初只表现为量的扩大,后来通过资本有机构成的提高产生了质的变化,也就是不变资本的部分相对增大,可变资本部分相对减少。随着资本积聚和资本集中,资本有机构成不断提高。在整个资本主义发展中,资本有机构成提高是一种趋势。从美国加工业资本有机构成提高的情况看,1889 年为 4.44c:1v,1899 年为 5.33c:1v,1909 年为 6.31c:1v,1919 年为 6.33c:1v,1929 年为 6.10c:1v,1939 年为 6.48c:1v。随着资本有机构成的提高,虽然在总资本量增大的情况下,可变资本的绝对量也可能增大,但可变资本在总资本中所占的比重会不断下降,相对量在不断减少,所以,资本对劳动力的需求也就相对减少了,这是从资本对劳动的需要方面来说的。由资本有机构成提高所引起的资本对劳动力需求的相对减少,可以表现为两种情况:

一种情况是追加资本的有机构成提高,而原有的资本有机构成不变,这样,由于追加资本中包含着追加的可变资本,所以,资本对劳动力的需求虽然是相对量减少了,但绝对量却有所增加。

另一种情况是不仅追加资本的有机构成提高了,而且原有资本的有机构成民也提高了,这样,原有资本就不会再雇佣过去那么多的工人,也就是说,有一部分工人要被解雇。这时只要追加资本所吸收的劳动力数量少于被解雇的劳动力数量,资本对劳动力的需求就不仅会相对地减少,而且会绝对地减少。

随着资本积累地进行,劳动力对资本的供应却绝对地增加。这主要是因为:其一,由于生产技术的不断进步和机器的广泛使用,许多操作变得简单了,对劳动者的体力要求也降低了,从而导致了大量的妇女和儿童进厂;其二,资本主义的发展使小生产者不断分化,大批农民和手工业者破产纷纷加入雇佣劳动者的队伍;其三,资本主义的激烈竞争,使一些中小资本家破产,他们需要另谋职业,其中某些人甚至被迫沦为雇佣劳动者。既然劳动力对资本的供给在绝对地增加,而资本对劳动力的需求却相对地有时甚至是绝对地减少,那么不可避免地就会产生失业人中,也就是相对过剩人口。

所以,相对过剩人口是指相对于资本的需要来说的,或者说,是劳动力的供应超过了资本对它的需要。所以,人口过剩不是绝对的。从以上的分析可以看到,相对过剩人口完全是由资本主义制度造成的,是资本主义特有的人口规律。

相对过剩人口是资本主义积累的必然产物,也是资本主义存在和发展的必要条件。第一,为资本主义生产方式提供劳动力的"蓄水池",可以随时调节和满足不同时期资本对劳动力需要的产业后备军。资本主义生产的发展是周期性的,不断地从高涨到危机,又从危机到高涨这样循环往复、间歇地进行。当危机到来的时候,大批工厂倒闭,生产大幅度下降,资本对劳动力的需求大大减少,于是失业人口急剧增加;但在高涨时期,生产规模迅速扩大,又迫切需要吸收大量的劳动力,而仅仅依靠人口地自然增长显然不能适应这种需要。相对过剩人口的存在就可以随时调节和满足不同时期资本对劳动力的需要,起着"蓄水池"的作用。第二,大量失业人口地存在有利于资本家加强对在业工人的剥削。在劳动力供过于求的情况下,资本家不仅可以从市场上购买到更廉价的劳动力,而且可以迫使在业工人接受较低的工资和较差的劳动条件,或者强迫在业工人延长劳动时间和提高劳动强度。

相对过剩人口的存在既是资本主义生产方式的产物,又对资本主义生产方式的存在和发展具有重要的作用。所以,任何一个资本主义国家都不可能也不会真正愿意消灭失业人口。资产阶级国家经常宣扬"实现充分失业"、"消灭失业"等,也实际上是不可能的事情。

(二)相对过剩人口的基本形式

1. 流动形式的过剩人口

流动这种形式的过剩人口主要存在于现代工业的中心或者大城市。随着生产的扩大和缩小,工人时而被吸收到生产中去,时而又被解雇投入成为失业人口,经常处于就业和失业不断交替的流动状态。

2. 潜在形式的过剩人口

潜在形式的过剩人口主要是指农业中的过剩人口。随着资本主义在农业中的发展,一方面使越来越多的农民破产,被迫出卖劳动力;另一方面由于农业中资本有机构成的提高,对农业工人的需要又不断减少,这样在农业中就形成了大量的过剩人口。从表面上看,他们通常还保留着少量的生产资料,有的甚至有少量土地,好像还没有失业,但他们依靠自己少量的生产资料很难维持生活,随时准备补充城市工人的队伍,所以叫作潜在的过剩人口。

3. 停滞形式的过剩人口

这种形式的过剩人口主要是指那些没有固定社会职业,只是进行家内劳动,也就是从工厂揽点活在自己家里操作完成的人。这些人的特点是:劳动时间长,劳动条件最坏,而工资又低。所以,他们的生活状况处于工人阶级平均正常水平以下。

此外,还有那些丧失劳动能力依靠救济而生存的人们。在当代一些发达的资本主义国家里,由于人口自然增长率比较低,法律限制使用童工,小生产者破产等原因,一般性失业人口有所控制。但随着新技术的采用、新部门的兴起及产业结构的调整,普遍存在"结构性失业人口",也就是由于新的科学技术在生产中的应用而不能适应要求的失业人口。

第三节　资本积累的一般规律和无产阶级贫困化

一、资本积累的一般规律

马克思关于相对过剩人口的理论和资本的积聚与集中的理论,是以对资本积累的一般规律的深刻揭示为基础的。资本主义积累的一般规律进一步剖析了资本主义经济关系的实质,从理论上有力地论证了资本积累过程的历史趋势。

随着资本积累的增进和资本有机构成的提高,社会财富必然会越来越集中于资产阶级手中。与此同时,给无产阶级带来的却是极其恶劣的后果。马克思说:"社会的财富即执行职能的资本越大,它的增长的规模和能力越大,从而无产阶级的绝对数量和他们的劳动生产力越大,产业后备军也就越大。可供支配的劳动力同资本的膨胀力一样,是由同一些原因发展起来的。因此,产业后备军的相对量和财富的力量一同增长。但是同现役劳动军相比,这种后备军越大,常备的过剩人口也就越多,他们的贫困同他们所受的劳动折磨成反比。最后,工人阶级中贫苦阶层和产业后备军越大,官方认为需要救济的贫民也就越多。这就是资本主义积累的绝对的、一般的规律。"[①]由此可见,资本主义积累的一般规律,实质上是指资本积累的进行必然会引起资产阶级财富和无产阶级贫困的同时积累这种内在的本质的必然联系。

马克思所阐明的资本主义积累的一般规律,深刻地揭示了在资本积累的过程中,资本家阶级的财富积累和无产阶级的贫困积累之间的内在本质的联系及其发展变化的客观必然性。它反映了资本积累的增长对无产阶级命运所产生的严重影响,说明了资本主义生产关系的对抗性质,是无产阶级反对资产阶级剥削和进行社会主义革命的经济根源。

资本主义积累的一般规律发生作用的结果,一方面造成了资产阶级的财富膨胀;另一方面又造成了无产阶级的贫困化。

二、无产阶级贫困化

无产阶级贫困化是指整个无产阶级处于贫困状态的地位。它有相对贫困化和绝对贫困化两种表现形式。

(一)无产阶级相对贫困化

无产阶级相对贫困化是指无产阶级的收入在社会国民收入中的比重下降。列宁指出:"工人的相对贫困化,即他们在社会收入中所得份额的减少更为明显。工人在财富迅速增长的资本主义社会

---

① 《资本论》第1卷,北京:人民出版社,2004年,第707页。

中的比较份额愈来愈小,因为百万富翁的财富增加得愈来愈快了。"① 在资本主义社会财富的分配中,无产阶级所占的份额是随着资本主义经济发展相对下降的。例如,战后美国制造业工人的工资在他们所创造的国民收入中占的比例：1947 年为 50%,1954 年为 47.4%,1963 年为 43.4%,1970 年为 42.8%,1973 年为 41.8%。无产阶级相对贫困化同工人的生活水平是否有所改善是无关的。随着社会生产的发展,工人的物质生活水平是会有所改善的,"工人可以得到的享受纵然增长了,但是,比起资本家的那些为工人所得不到的大为增加的享受来,比起一般社会发展水平来,工人所得到的社会满足的程度反而降低了"。②

(二)无产阶级绝对贫困化

无产阶级的绝对贫困化是指无产阶级物质生活状况的绝对恶化。正如列宁所说："工人的贫困化是绝对的,就是说,他们简直愈来愈穷,生活更坏,吃得更差,更吃不饱,更要挤在地窖和阁楼里"。③ 无产阶级绝对贫困化主要表现在实际工资下降、失业率提高、失业人口增加和生活在贫困线以下的人口大量存在等方面。但这种情况只存在于一部分工人之中,比如美国失业工人和部分黑人工人的状况,一些发展中的资本主义国家的工人状况。而且,无产阶级绝对贫困化并不是长期的,经常发生的普遍趋势,而是间歇地有时存在的现象。比如,在机器代替手工劳动时期,由于资本有机构成的急剧提高,机器排斥了大量工人,再加上个体农民破产加入无产阶级队伍,形成了大量产业后备军,劳动力供给大大超过需求,雇佣工人的实际工资下降等,造成了无产阶级的绝对贫困化;在资本主义经济危机和经济发展停滞时期,"使小生产者更加陷于破产,使雇佣劳动更加依赖资本,并更加迅速地引起工人阶级状况的相对的而有时是绝对恶化"④。在物价上涨和通货膨胀迅猛发展的时期,实际工资下降,工人所得工资能买到的消费品和劳务越来越少。在战争时期,工人的生活状况由于战乱影响而绝对恶化。马列主义经典作家也是反对把无产阶级绝对贫困化看作一种经常不断存在的现

---

① 《列宁全集》第 18 卷,北京:人民出版社,1988 年,第 430、431 页。
② 《马克思恩格斯选集》第 1 卷,北京:人民出版社,1972 年,第 367、368 页。
③ 《列宁全集》第 18 卷,北京:人民出版社,1988 年,第 430 页。
④ 《列宁全集》第 24 卷,北京:人民出版社,1972 年,第 464 页。

象。恩格斯曾针对《1981年社会民主党纲领草案》中"无产阶级的人数和贫困越来越增长"的提法指出:"这种绝对地说是不正确的。工人的组织,他们的不断增强的抵抗,会在可能范围内给贫困的增长造成某些障碍。"[①]列宁也说过:"我同样认为,指出资本主义制度下,'群众的穷苦和贫困'是十分必要的。我不主张说绝对地日益穷苦和贫困。"[②]"我没有说过不断遭到贫困。"[③]

三、资本原始积累

资本主义经济制度和社会主义经济制度建立的途径不同,资本主义的原始积累和社会主义的原始资本积累具有不同的特征。

(一)资本主义的资本原始积累

劳动者和生产资料是生产过程的两个基本要素,但是对于资本主义生产来说,劳动者必须具有人身自由而又失去生产资料,生产资料和生活资料必须集中在资本家手里。要想能够有条件既雇佣大批工人,又购买大量生产资料和生活资料,从而组织较大规模的资本主义生产,就必须有大量货币财富在少数人手里积累。因而,大批雇佣劳动者队伍的形成和少数人拥有大量货币财富就成为资本主义生产方式建立的两个基本条件。

在资本主义经济制度建立以前,小商品生产者的分化虽然在不断地准备着这两个条件,但这一进程非常缓慢。15世纪的地理大发现,使世界市场急剧扩大,新兴资产阶级在强烈的致富欲望推动下,采取暴力手段来加速这两个条件的形成,这就是资本的原始积累过程。因为它是发生在资本主义生产方式确立以后,所以叫资本的原始积累。

资本主义的资本原始积累是生产者和生产资料相分离的过程,它的实质是资产阶级用暴力手段剥夺生产者,强迫生产者与生产资料相分离,并使生产资料和货币财富迅速集中在自己手中的过程。剥削广大农民是资本原始积累全部过程的基础,因为资本主义发展所需要的雇用劳动力大量来自失去土地的农民,典型是被称为"羊吃人"的英国的"圈地运动"。15世纪70年代,由于毛纺业急剧发

---

① 《马克思恩格斯全集》第22卷,北京:人民出版社,1972年,第270页。
② 《列宁全集》第6卷,北京:人民出版社,1986年,第31页。
③ 《列宁全集》第6卷,北京:人民出版社,1986年,第49页。

展,养羊业变得极为有利可图。贵族地主竞相把耕地变为牧场,可还不能满足他们追逐利润的欲望,于是,统治阶级颁布了许多法律,占取农民土地,迫使他们进工厂做工。

为了加速货币财富的积累,新兴资产阶级还采取了暴力手段,在海外发动侵略战争掠夺殖民地;在国内通过发行国债、实行重税、保护关税制度等,聚敛大量财富。所有这些方法都是依靠国家权力,来促进封建生产方式向资本主义生产方式的转化。

资本主义国家都经历了资本原始积累过程。尽管各个国家的具体方式不同,但其实质都是一样的,即用暴力剥夺的手段为资本主义生产方式的建立创造经济条件。在这个过程中,大量的雇佣劳动者队伍被创造出来了,大量的原始资本积累起来了。所以,马克思说:"这种剥夺的历史是用血与火的文字载入人类编年史的。"①

(二)旧中国的资本原始积累

与资本主义原始积累不同的是,中国的资本原始积累是外国侵略者用战争的暴力强迫中国的农民和手工业者同生产资料相分离,把中国的财富劫往国外的过程。1840年英国用炮舰轰开了中国的大门,随之不断扩大对中国的商品输出,特别是以十分低廉的价格在中国市场倾销洋纱洋布,最终使中国的自然经济结构逐步解体了。耕织的分离和自然经济的破坏给中国资本主义的发展形成了商品市场,而大量农民和手工业者的破产,又给资本主义形成了劳动力的市场。

另外,伴随着外国商品进口贸易而发迹的中国买办、商人及官僚地主等,又聚敛了可观的货币财富。因此,中国资本主义条件的具备,主要不是中国资本主义萌芽的自然发展过程,而是外国资本主义入侵的结果。外国资本主义侵略的目的是从中国掠夺大量的财富,但是在客观上又引致了中国资本主义的资本原始积累过程。

中国近代的原始资本积累过程,在实质上同一般的原始资本积累过程并没有什么不同,只是在具体方式和手段上有差异而已。近代中国是一个半殖民地半封建性质的社会,经济十分落后,在帝国主义、封建主义、和官僚垄断资本主义的压迫和剥削下,中国原始资

---

① 《马克思恩格斯全集》第23卷,北京:人民出版社,1972年,第783页。

本积累和生产力发展都十分缓慢。

四、资本积累的历史趋势

资产阶级革命的胜利,使社会生产力获得了前所未有的发展,也为技术革命开辟了广阔的道路。从18世纪中叶开始,由英国掀起的产业革命迅速遍及了欧美各国,此后,资本主义开始了工业化的过程。

产业革命和由此导致的机器大工业生产,是资本主义经济发展的转折点,它为资本主义制度的建立奠定了强大的物质基础。从此,资本主义生产方式才彻底战胜封建制度和小商品生产,成为占统治地位的生产方式。随着社会生产力的不断提高和现代市场经济的发展,生产资料也迅速集中起来,社会分工和生产专业化也日益深化,使得生产规模越来越大,产量越来越高。资产阶级为了不断扩大商品的销路和寻求廉价的资源,奔走于全世界,把自己的触角延伸到世界各个角落。于是,不仅分散的地方市场汇合于统一的国内市场,而且市场打破了民族和地域,形成了世界范围的市场交易。

资本主义生产方式确立以后,它一方面把分散的孤立的、规模狭小的个体生产,转变为社会化的大生产,另一方面又把以自己劳动为基础的个体私有制,转变为以剥削劳动为基础的资本主义私有制。

资本主义生产的高度社会化,客观上要求生产资料和产品归社会共同占有。但在资本积累过程中,由于竞争的加剧,生产资料却越来越集中在少数资本家手中。这样,就形成了生产的社会化和生产资料资本主义私人占有之间的矛盾,这个矛盾就是资本主义的基本矛盾。

资本主义经济尽管曲折起伏,但本质上始终是资本主义经济制度本身内在的基本矛盾的不断积累和深化。资本积累不仅为资本主义制度的灭亡准备了客观的物质条件,即社会化的大生产,而且为资本主义制度的灭亡准备了掘墓人,即无产阶级。正如马克思对资本积累趋势所说的:"资本的垄断成了与这种垄断一起并在这种垄断之下繁盛起来的生产方式的桎梏。生产资料的集中和劳动的社会化,达到了同他们的资本主义外壳不能相容的地步。在这个外壳就要爆炸了,资本主义私有制的丧钟就要敲响了。剥夺者就要被剥夺了。"[①] 这种资本主义资本积累的历史趋势是不以任何人的意志为转移的。

本章小结

  不断重复、周而复始的社会生产过程就是社会的再生产。它按生产规模可以为分简单再生产和扩大再生产。资本主义再生产的主要形式是扩大再生产。

  资本积累是一种客观的经济规律,具有一定的客观必然性。其中,对剩余价值的追求是资本积累的内在动力,竞争的作用则是资本积累的外在强制压力。

  资本有机构成是指由资本技术构成决定,并反映资本技术构成变化的资本价值构成。随着扩大再生产和资本积累的进行,资本有机构成不断提高,从而形成相对过剩人口。资本有机构成的提高和个别资本的增大相联系。

  资本积累的一般规律表现为随着资本积累的进行,一方面是资本家手中社会财富的积累,而另一方面则是创造财富的无产阶级贫困的积累。无产阶级的相对贫困是客观存在的。

阅读书目

  1.马克思:《资本论》第1卷,北京:人民出版社,1972年。

  2.《马克思恩格斯全集》第23卷,第7篇,北京:人民出版社,1972年。

  3.列宁:《资本主义社会的贫困化》,见《列宁全集》,第18卷。

重点问题

  1.资本主义简单再生产过程有何特点?

  2.资本积累的实质是什么?资本积聚和资本集中之间的相互关系是怎么样的?

  3.资本积累怎样引起资本有机构成的提高?给工人带来什么结果?

---

① 《资本论》第1卷,北京:人民出版社,2004年,第831页。

关键概念

　　资本积累　资本积聚　资本集中　资本有机构成

　　相对过剩人口　资本主义积累一般规律

　　无产阶级贫困　所用资本　所费资本

第六章

资本的流通过程

 目的要求

资本只有在不断的运动中,才能实现价值的增殖。资本的运动过程是生产过程与流通过程的统一。学习本章要求掌握产业资本运动的特点、一般规律及其对剩余价值生产的影响,了解个别资本的循环和周转,掌握个别资本的运行目标和经营机制,为了解社会主义市场经济中企业运行的一般规律奠定理论基础;同时,本章通过考察社会总资本的再生产和流通过程,揭示社会总资本运动的规律性,进一步揭露资本主义生产方式的内在矛盾并阐明马克思再生产理论的广泛适用性。

 主要内容

☆单个资本的再生产和流通
☆社会资本的再生产和流通
☆资本主义经济危机

 教学重点

☆资本循环的一般规律和资本周转速度及其对剩余价值生产的影响
☆社会资本简单再生产和社会资本扩大再生产的基本条件
☆资本主义经济危机

第一节　单个资本的再生产和流通

一、产业资本的循环

产业资本是指投资在工业、农业、建筑业等各个物质生产部门的资本,是能够实现价值增殖的资本。

(一)产业资本循环的三个阶段

产业资本循环要经过的三个阶段是购买阶段、生产阶段和销售阶段。

1. 购买阶段

产业资本循环的第一阶段是购买阶段。资本家用货币资本去购买一定数量的生产资料和劳动力,为剩余价值生产准备条件。这一阶段的公式是:

$$G-W\begin{cases}Pm\\A\end{cases}$$ (字母 Pm 代表生产资料,A 代表劳动力)

从形式上看,这一阶段只是普通的商品流通过程。但是,实际上它是产业资本循环的特定阶段。因为,这里购买的不是普通的商品,而是购买能为资本家创造剩余价值的劳动力,以及生产剩余价值所必需的生产资料,特别是购买劳动力这一特殊商品。资本家只有购买到劳动力和相应的生产资料,才能进行剩余价值的生产,所以这是资本运动的特定阶段。这一阶段上的货币已不是普通的货币,而是货币形式的资本,即货币资本。货币资本是产业资本循环过程中所采取的第一个职能形式。购买阶段是购买劳动力和生产资料,为剩余价值生产准备条件。

2. 生产阶段

资本循环的第二阶段是生产阶段。资本家把买来的劳动力和生产资料相结合,生产出包含剩余价值的商品。这一阶段的公式是:

$$W\begin{cases}Pm\\A\end{cases}\cdots P\cdots W'$$ (字母 P 代表生产过程,W'代表包含剩余价值的商品,…虚线代表流通过程的中断和生产过程的进行)

从形式上看,这一阶段只是普通的生产过程。但是,实际上它是产业资本循环的特定阶段。因为,这里的劳动力和生产资料不仅发挥生产要素的作用,而且发挥着资本的作用,成为生产剩余价值的手段,采取生产资本的形式,成为生产资本。生产资本是产业资本循环过程中所采取的第二个职能形式,它的职能作用是生产剩余价值。

3. 销售阶段

产业资本循环的第三阶段是售卖阶段。资本家把生产出来的包含着剩余价值的商品销售出去,以换回货币。这一阶段的公式是:

$$W'—G'（字母 G' 代表包含剩余价值的货币）$$

从形式上看,这一阶段也只是普通的商品流通过程。这里只是按照价值出售商品,并没有发生价值增殖。但是,这里出售的是包含剩余价值的商品,是资本主义生产过程的产物,它体现着资本家剥削雇佣工人的关系。因而,这也是产业资本循环的特定阶段,是原有资本和剩余价值的实现过程。这里的商品是采取商品资本的形式,是商品资本。商品资本是产业资本循环过程中所采取的第三个职能形式。它的职能作用是实现剩余价值。

资本的循环是指产业资本依次经过三个阶段,变更三种职能形式,使价值得到增殖,最后又回到原来出发点的运动过程。产业资本循环的公式为:

$$G-W\begin{Bmatrix} Pm \\ A \end{Bmatrix}\cdots P\cdots W'-G'$$

从上面的分析可以看出:产业资本的循环是生产过程和流通过程的统一。购买和销售阶段是流通过程,生产阶段是生产过程,这三个阶段是互相依赖、紧密联系的。如果在任何一个阶段上发生阻碍,资本的循环过程就会受到影响,甚至中断。货币资本、生产资本、商品资本是产业资本在循环过程中采取的三种职能形式,而不是独立的资本形态。它们分别发挥着不同的职能作用,但都是为了生产和实现剩余价值。

(二)产业资本的三种循环形式

资本家的目的是无休止地谋取剩余价值,这就决定资本循环是一个连续不断、周而复始的运动过程。如果我们把资本循环看作一个连续不断的过程,就不难发现在资本循环过程中,不仅货币资本要依次经过三个阶段,回到原来的出发点,而且生产资本、商品资本也要依次经过三个阶段,回到原来的出发点。因而,产业资本不只是有一种循环形式,而是有三种循环形式,即货币资本的循环形式、生产资本的循环形式和商品资本的循环形式,它是这三种循环形式的统一。产业资本的三种循环形式可用公式表示如下:

一是货币资本的循环形式:$G—W\cdots P\cdots W'—G'$。货币资本循环是以货币资本为出发点和复归点的运动,它清楚表明资本生产的目的是为了价值增殖,但掩盖了 m 的真正来源。

二是生产资本循环形式:$P\cdots W'—G' \cdot G—W\cdots P$。生产资本循环是以生产资本为出发点和复归点的运动,它清楚表明 m 来源于生产,但掩盖了资本生产的目的。

三是商品资本循环形式:$W'—G' \cdot G—W\cdots P\cdots W'$。商品资本循环是以商品资本为起点和回归点的运动,它揭示了流通过程对于资本循环的重要性,但掩盖了资本所有者追求 m 的真实动机。

产业资本循环的三种形式从不同的侧面反映了产业资本运动的特性在于价值增殖,但同时又表现出各自的片面性。因此,只有把三种循环形式统一起来进行考察,才能全面地把握资本运动的实质及运动规律。

(三)产业资本循环是三种循环形式的统一

产业资本循环是货币资本循环、生产资本循环、商品资本循环三种循环形式的统一,它是以资本循环的连续性为条件的。资本循环的连续性就是资本的三种循环同时不间断地在各种职能形式上和各个阶段上的运动。

产业资本要连续不断地循环必须具备两个条件:第一,产业资本三种职能形式在空间上的并存性。也就是说,全部产业资本必须按一定比例分割成三个部分,同时并存在货币资本、生产资本、商品资本三种职能形式上。这三种职能形式依次更替,保持循环的连续性。第二,产业资本三种职能形式在时间上的继起性。也就是说,产业资本的每一种职能形式必须同时依次通过资本循环的三个阶段,依次改变它们的形式,最后又回到原来的形式上。

与产业资本连续不断循环的这两个条件相适应,产业资本也必然要同时在空间上并列存在货币资本循环、生产资本循环、商品资本循环,并且每一种循环形式也必须在时间上相继进行转化。因此,产业资本只有并列处在三种职能形式上,又同时处在三种循环形式上,才有循环过程的连续性。产业资本循环的连续性,不仅是流通过程与生产过程的统一,而且也是三种循环形式的统一。

产业资本三种职能形式和三种循环形式,在空间上的并存性和时间上的继起性是相互联系和互为条件的。并存性决定继起性,并存性是继起性的前提,没有并存性,各种职能形式和循环形式就不能相继转化。反过来,继起性是并存性的保证,如果各种职能形式和循环形式不能相继进行转化,三种职能形式和循环形式的并存性就会被破坏,因此,并存性又是继起性的结果。

那么,如何在三个循环的统一中认识现实资本循环的总过程呢?这里应着重把握以下几个要点:

1. 并存性

资本所有者必须把全部资本按一定比例分成三个部分,使其同时并存于货币资本、生产资本和商品资本三种职能形式上。只有这样,资本循环过程才能不间断。假如,某一资本所有者共有9万元资本,如果全部都作为货币资本用于购买生产资料和劳动力,那么就会造成这样的后果:购买阶段进行,其他两个阶段中断;当这些生产资料和劳动力投入生产过程后,他手里已经没有了货币资本,购买阶段又会中断;当生产出新产品时,由于生产资本没有了,购买阶段和生产阶段又要停顿。如图6-1所示。

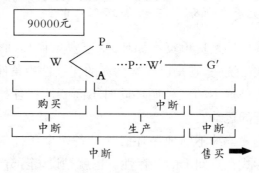

图 6-1

可见,只要资本所有者把全部资本投在某一种职能形式上,其他阶段上的资本运动就会中断,资本循环也就无法正常进行下去。因此,为了保持资本循环的连续性,资本所有者就必须把全部资本一分为三,分别投放在资本的三种职能形式上。比如上例中,各投放3万元。这样,三种职能形式同时并存、向前推进,资本循环的三个阶段才能不出现中断,才能使资本不断地依次更替,反复循环下去,如图6-2所示。

以上说的是资本的三种职能形式在空间上的并存性,那么,只有并存行不行呢?如果三种形态的资本都停在那里不动,整个资本又怎能循环得起来呢？所以，不仅并存，而且要依次运动起来，也就是继起。

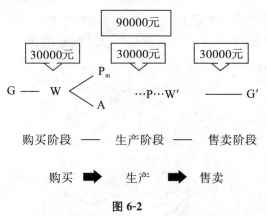

图 6-2

2. 继起性

继起性是指并存着的资本的每一种职能形式都必须同时连续不断地顺次通过三个阶段，相应变更它们的职能形式并回到原来的出发点。也就是说，同时并存的三种职能形式，各自都要连续不断地循环，使三种资本形态相继转化。比如上面的例子，3 万元的生产资本经过购买阶段转化为生产资本，这时，3 万元的生产资本必须同时转化为商品资本，而 3 万元的商品资本又必须同时转化为货币资本，这样三种资本形态都依次经过三个阶段并依次相继转化，就能保证在购买、生产和售卖每一个阶段上，随时都有相应的资本在执行职能，从而使资本循环不至于中断。

3. 并存性和继起性的关系

并存性与继起性互为前提、互为条件。一方面，并存性是继起性的前提，空间上不并存，就不可能有时间上的先后继起；另一方面，并存性又是继起性的结果，没有时间上的前后继起、不断地运动，也就无法实现空间上的并存，如图 6-3 所示。

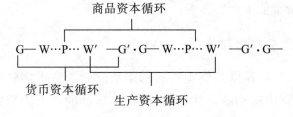

图 6-3

资本三种职能形式的并存性和继起性，必然形成资本的三种循环形式"连续的并列进行"的统一的运动。由于货币资本、生产资本和商品资本同时并存又依次相继转化,这就必然形成货币资本的循环、生产资本的循环和商品资本的循环这三个循环都在同时并列地运行,共处于产业资本循环这一统一体之中。这三种循环"连续、并列"的统一性,可用如图6-4所示的"风扇"图来描述。

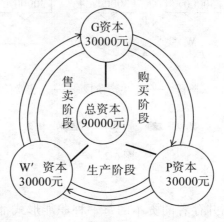

图 6-4

以上我们考察了产业资本的循环,重点分析了资本运动过程中所经历的各个阶段及采取的职能形式,进一步揭示了资本只有在连续不断地运行中才能实现其价值增殖这一本质。但是,资本要带来剩余价值,不仅需要运动,而且有个运行速度的快慢问题。同样的资本投入,运行速度不一样,同一时间里带来的剩余价值量也就不一样。那么,资本运行速度的快慢、时间的长短对剩余价值生产究竟有什么影响呢?弄清这一问题,就必须进一步分析产业资本的周转。

二、产业资本的周转

资本循环的不断反复、周而复始的运动过程,就是资本周转。考察资本周转着重于影响资本运动速度快慢的因素以及资本周转速度对剩余价值生产的影响。

(一)资本的周转速度

资本的周转速度是资本周转的中心问题。资本周转和资本循环一样,是资本运动的形式,包含着资本运动的三个阶段和三种职能形式。在资本周转理论所研究的问题中,核心是周转速度问题。

资本周转速度是指预付资本运动的快慢,它可以用周转时间和周转次数来表示。周转时间就是产业资本家从预付一定形式的资本开始,经过资本的循环运动,实现了价值的增殖,然后重新回到原来的资本形式时为止所经历的时间,也就是产业资本的一个循环周期的时间,它是资本的生产时间和流通时间的总和。资本周转时间的长短是受它本身的生产条件和流通条件制约的。资本周转次数是指在一定时间内资本所经历的周转的次数。这里的"一定时间",通常以"年"作为自然计量单位。如果以 U 表示"年"这个时间单位,以 u 表示周转一次所需要的时间,以 n 表示资本周转次数,那么,一年内资本周转次数的计算公式是:

$$n = \frac{U}{u}$$

假设,有甲、乙两个资本家,甲的资本周转一次的时间是 3 个月,那么它在一年内的周转次数是:n＝12/3＝4 次。乙的资本周转一次的时间为 6 个月,那么它在一年内的周转次数是:n＝12/6＝2 次。前者比后者快一倍。由此可见,资本的周转速度和周转时间成反比。资本周转时间越短,资本的周转速度就越快;资本的周转时间越长,资本的周转速度也就越慢。

由于资本循环是流通过程和生产过程的统一,因此资本周转时间是流通时间同生产时间的总和。

生产时间包括:其一,劳动时间,是指劳动者在生产岗位上加工劳动对象所实际花费的时间。劳动时间的长短取决于产品的性质、设备的优劣、劳动的熟练程度和强度、企业管理水平、生产技术水平、劳动生产率的高低、分工协作的程度等多种因素。其二,劳动对象受自然力独立作用的时间。在某些产品的生产过程中,虽然劳动过程中止,但自然力对劳动对象仍在发生作用,这个时间也属于生产时间。如农业中农作物生长时间,酿造业中劳动对象的发酵时间等。其三,生产资料的储备时间,即生产资料虽已进入生产领域,但还未投入劳动过程的这段时间。为了使生产能够连续进行,原料、材料、燃料等都应保持一定的储备量,这种原材料的储备时间也属于生产时间。生产资料储备的必要量取决于生产规模、劳动效率、生产资料的市场状况、交通条件等多种因素。超过一定的必要量,就会拉长原材料的储备时间,增加资本的周转时间。其四,停工时间,指投入生产过程的固定资产,因工人休息停止运转或是对机器设备进行正常检修而占用的时间。

流通时间包括购买劳动力和生产资料的购买时间与出售带有剩余价值的商品的出售时间两个部分。它们受市场供求状况、产销距离、运输和通讯等条件的影响,如图 6-5 所示。

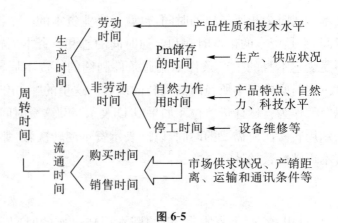

图 6-5

(二) 固定资本与流动资本

生产资本的构成也是影响资本周转速度的重要因素。生产资本是由厂房、机器设备、原材料、辅助材料等要素和劳动力要素共同构成的。生产资本按其组成部分的价值周转方式不同,区分为固定资本和流动资本。

固定资本是指以机器、设备、厂房、工具等劳动资料形式存在的那部分生产资本。它们是不变资本的一部分。这一部分资本在物质形态上全部参加生产过程,可以在多次生产过程中发挥作用,并保持其固定的物质形态。它们的价值按其在使用过程中的磨损程度一部分一部分地转移到新产品中去,随着新产品的售出又一部分一部分地收回。例如,有一套价值 10 万元的机器设备,可以使用 10 年。在产品生产中,整个机器每年全部参加生产过程,而其价值按磨损程度,每年只有 1 万元转移到新产品中。经过 10 年,这套设备的价值才全部转移完毕,并随产品的售出全部收回。

流动资本是指以原材料、燃料、辅助材料等劳动对象形式和劳动力形式存在的那部分生产资本。投在劳动对象上的生产资本,从物质形式上看,经过一次生产过程全部消耗掉,形成一种新的使用价值;从价值形式上看,经过一次生产过程,价值全部转移到新产品中去,并随产品销售转化为货币重新流回资本家手中。而投在劳动力上的那部分资本,其价值并不是转移到新产品中去,而是由工人在生产过程中重新创造出来。虽然,从价值形式上看,投在劳动力上的资本与投在原材料等劳动对象上的资本的作用是不同的,但二者的价值周转方式却是相同的,即都是通过一次生产过程把全部价值加入到新产品中去,并随产品销售一次全部收回。因此,购买劳动力的那部分生产资本,也构成流动资本的一部分,如图 6-6 所示。

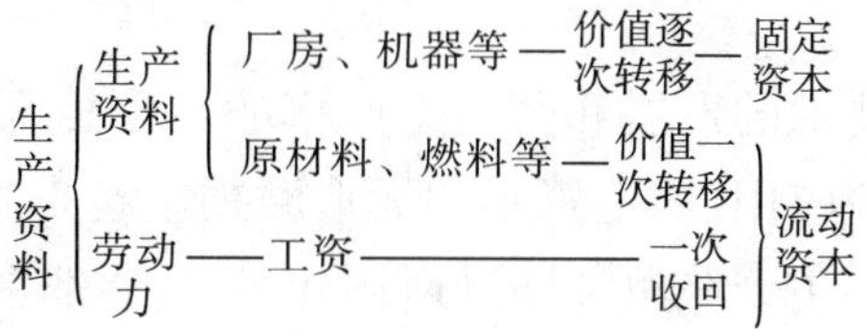

```
         ┌──────┌─ 厂房、机器等 ── 价值逐 ── 固定
生  ┌ 生产│      │                次转移    资本
产 ─┤ 资料 │                                      ┐
资  │      └─ 原材料、燃料等 ── 价值一          │
料  │                            次转移          ├ 流动
    │                                             │ 资本
    └ 劳动力 ── 工资 ──────── 一次            │
                                   收回          ┘
```

图 6-6

生产资本既可以划分为不变资本和可变资本,又可以划分为固定资本和流动资本。这两种划分的依据和意义是完全不同的。

第一,划分的依据不同。不变资本和可变资本是按它们在剩余价值生产过程中的作用不同来划分的。固定资本和流动资本是按它们在生产过程中价值周转方式不同来划分的。

第二,划分的目的不同。把资本区分为不变资本和可变资本是为了进一步揭示剩余价值的真正来源。把资本区分为固定资本和流动资本是为了具体考察预付资本的周转速度及其对剩余价值生产的影响。

第三,划分的内容也有所不同。不变资本部分中的厂房、机器设备等属于固定资本,而不变资本部分中的原料、燃料、辅助材料等,以及可变资本部分属于流动资本。

通过分析固定资本与流动资本的划分,我们知道流动资本的价值是在一次生产过程中转移到新产品中去的,并随着新产品的出售一次性收回。而固定资本的价值是逐次转移的,它的周转自然要比流动资本慢得多。因此,加快资本周转的关键是要加快固定资本的周转,这就需要进一步分析固定资本的价值转移问题。

固定资本的价值是按照其磨损程度逐渐转移到新产品中去的。由磨损程度决定的固定资本转移价值的大小,直接影响资本的周转速度。固定资本按其磨损的原因不同,分为有形磨损和无形磨损。

固定资本的有形磨损也叫物质磨损,这种磨损是看得见、摸得着的。造成这种磨损的原因有两个:一是由于固定资本在生产过程中的使用引起的。一般说来,使用时间越长,使用强度越大,物质磨损也就越大。所以,固定资本的有形磨损与固定资本的使用成正比。二是受自然力的作用引起的,如金属由于氧化会生锈,木材由于日晒雨淋会腐朽,这种磨损无论固定资本使用与否都会发生。

固定资本的无形磨损又叫精神磨损。造成这种磨损的原因也有两种:一是由于劳动生产率的提高,生产同样机器设备的社会必要劳动时间减少,使原有固定资本的价值相应降低;二是由于新技术的发明和应用,出现了效率更高的机器设备,使原有的固定资本贬值。

随着科学技术的发展和劳动生产率的不断提高,以及新机器设备的不断发明和应用,固定资本的无形磨损呈越来越多的趋势。

为了保证再生产的顺利进行,固定资本全部磨损后要进行更新,即在价值上进行补偿,在实物上进行替换。为了保证固定资本及时更新,必须不断地把固定资本转移的价值从销售商品的收入中提取出来,并以折旧基金的形式加以积累。这种按固定资本的磨损程度,以货币形式逐步提取补偿的办法,叫作折旧。根据固定资本的磨损程度,以货币形式每年提取的资本价值叫折旧费。公式是:

$$折旧费 = \frac{固定资本原始价值}{固定资本平均使用年限}$$

比如,某种机器设备的原值为 10 万元,平均使用寿命为 4 年,那么每年提取的折旧费就是:10÷4=2.5 万元。

每年所提取的折旧费与固定资本原值的比率,叫作折旧率,其公式为:

$$折旧率 = \frac{折旧费}{固定资本原始价值}$$

仍以上例说明:这套机器设备的折旧率为:

$$\frac{2.5(万元)}{10(万元)} \times 100\% = 25\%$$

折旧率是反映固定资本损耗程度的指标,折旧率高,表明机器、设备等在一次生产过程中磨损厉害;反之则反是。因此,衡量一个企业的固定资本损耗程度和折旧情况,通常以折旧率为标准。

从上述分析不难看出,如果固定资本周转的越慢,更新时间拖得越长,那么,自然力引起的有形磨损和技术进步引起的无形磨损就越大,这样很可能不等折旧完,机器、设备已经报废,资本所有者就会吃大亏。因此,为了加快固定资本周转、减少不必要的损失,资本所有者总是一方面要千方百计地提高固定资本的利用率,如提高劳动强度、轮班作业"连轴转"等,另一方面要提高折旧率,加速固定资本周转,以便更快收回固定资本的全部价值。

以上我们分别考察了固定资本和流动资本的周转,下面综合起来看预付资本的总周转。

(三)预付资本的总周转

1. 预付资本总周转的含义

预付资本又称"垫支资本",是指资本所有者为了获取剩余价值用于购买生产资料和劳动力的全部货币资本。

所谓预付资本总周转,是指预付资本中固定资本和流动资本的平均周转。也就是说,生产资本中固定资本周转慢,流动资本周转快,那么考察资本的总周转速度就既不能只看固定资本,也不能只看流动资本,而必须把固定资本和流动资本的周转速度平均起来计算。由于固定资本和流动资本在预付总资本中所占比重不一定相等,所以,资本总周转并不是二者周转速度的简单平均,必须采用下列公式计算:(以年为单位)

$$预付资本总周转速度=\frac{固定资本年周转价值总额+流动资本年周转价值总额}{预付资本总额}$$

例如:

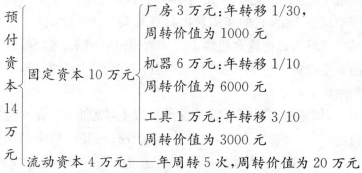

那么,一年内预付资本周转速度(次数)=(1+20)÷14=1.5次

2. 影响预付资本总周转速度的因素

从上述公式可以看出,影响预付资本总周转速度的主要有两方面的因素:

(1)固定资本和流动资本的周转速度。在固定资本和流动资本在预付资本中的比重既定时,总周转速度取决于固定资本和流动资本各自的周转速度。固定资本和流动资本本身周转快,预付资本总周转速度就越快;反之就越慢。从公式看,固定资本和流动资本一年内周转速度越快,分子就越大,计算出来的结果即总周转次数就越多。

(2)固定资本和流动资本在生产资本中所占的比重。在固定资本和流动资本各自的周转速度既定是时,预付资本总周转速度取决于固定资本和流动资本的比例。因为固定资本周转慢,流动资本周转快,所以,流动资本所占比重越大,预付资本总周转速度就会越快;反之,固定资本所占比重越大,预付资本总周转速度就会越慢。当然,固定资本和流动资本的比例不是可以随意改变的,多少固定资本配多少流动资本是由产品性质和技术条件决定的。保持合理的比例，资本总周转才能快起来，比例不合理，不是导致固定资本闲置，就是导致流动资本积压和浪费，这都会延缓资本总周转速度。

（四）资本周转速度对剩余价值生产的影响

资本周转速度的快慢关系到一定数量的产业资本所能带来的剩余价值量的多少。因此，产业资本家总是力求加快资本的周转速度。

第一，加速固定资本周转一方面可以提高固定资本的完好率、利用率、生产率等，减免磨损造成的损失；另一方面可以通过加速固定资本更新，提高劳动生产率，创造更多的超额剩余价值。如1台机器价值1万元，假设可用10年，年周转次数为1/10次。如果劳动生产率提高1倍，它的年周转次数就提高为1/5次，即5年中通过产品出售就可以把这台机器1万元的原值收回来。这样，这台机器提前5年被更先进的机器所取代，就能减免一部分磨损，生产更多的剩余价值。

第二，加速资本周转可以节省预付资本，特别是节省预付资本中的流动资本。例如，甲、乙两企业，生产规模相同，每年都需要流动资本12万元，即平均每月1万元，甲企业一年周转12次，乙企业一年周转1次。这样甲企业只需要流动资本1万元，这1万元周转12次，就相当于12万元流动资本发挥作用，而乙企业就需要12万元。因而，甲企业由于周转速度比乙企业快，节约流动资本11万元，从而提高了资本的增殖能力。

第三，加速资本周转可以增加年剩余价值总量，提高年剩余价值率。我们知道，只有可变资本才直接产生剩余价值。加速资本周转，特别是加速流动资本中的可变资本的周转，可以增大年剩余价值量。在可变资本额及剩余价值率不变的情况下，年剩余价值量同可变资本的年周转次数成正比。例如，假设甲乙两个企业的剩余价值率均为100%，预付可变资本均为2000元，甲企业可变资本年周转3次，乙企业可变资本年周转6次。这样甲企业年剩余价值总量 $=2000\times100\%\times3=6000$（元）；乙企业的年剩余价值总量 $=2000\times100\%\times6=12000$（元）。加速固定资本周转可以节省固定资本，相应增加流动资本特别是其中可变资本的数量，同样也可以增加年剩余价值总量。

年剩余价值率就是年剩余价值量同预付可变资本的比率。在预付可变资本数额一定的情况下,年剩余价值率的高低直接取决于年剩余价值总量的多少,它同年剩余价值总量成正比,因而也同可变资本年周转次数成正比。前例中甲企业的年剩余价值率=6000÷2000×100%=300%;乙企业的年剩余价值率=12000÷2000×100%=600%;从此例也可以看出,年剩余价值率实际上也等于剩余价值率乘上可变资本的年周转次数,用公式表示:

$$M' = \frac{M}{v} \times 100\% = \frac{m \cdot n}{v} \times 100\% = m' \cdot n$$

（其中,M'表示年剩余价值率,M为年剩余价值量,v为预付可变资本,n为预付可变资本的年周转次数）

可见,加快资本周转,特别是加快可变资本的周转次数,势必会提高年剩余价值率。

年剩余价值率不同于剩余价值率。剩余价值率是剩余价值同可变资本的比率,它反映资本主义的剥削程度。年剩余价值率是年剩余价量同预付可变资本的比率,它反映预付可变资本的年增殖程度。

年剩余价值率与剩余价值率不能混同。

首先,从质上讲,它们反映的关系不同。剩余价值率是活劳动创造的剩余价值与同期实际发挥作用的可变资本的比率,它在资本主义条件下,反映的是资本家对雇佣工人的剥削程度;在社会主义条件下,它反映的是工人提供的剩余劳动与维持自身生活的必要劳动的关系,与资本周转速度无关。年剩余价值率是一年内生产的剩余价值总量与预付可变资本的比率,它反映的是预付可变资本的增殖程度,并受剩余价值率、预付可变资本量和资本周转速度三个因素的制约。

其次,从量上看,二者通常不等值。一般说来,只要资本周转次数不等于1,年剩余价值率与剩余价值率就不等量。只有当预付可变资本每年周转一次,预付可变资本与一年中实际发挥作用的可变资本数量相等时,年剩余价值率与剩余价值率才会完全相等。

第二节　社会资本的再生产和流通

资本主义生产是社会化的大生产,各部门之间的发展只有保持适当的比例关系,才能使社会资本再生产得以正常进行。

一、社会资本与社会总产品的实现

在资本主义经济中,各个企业的资本都通过自身的循环和周转,实现着价值增殖。这种各自独立发挥资本职能的资本,就是单个资本。但是,在社会分工和生产社会化条件下,各单个资本又是相互联系、相互依存的。这种相互联系、相互依存的所有单个资本的总和,就是社会资本,或称社会总资本。

个别资本的这种相互联系、相互依存关系,决定了个别资本的循环不是孤立进行的,而是同其他个别资本的循环交织在一起的。某个资本由货币资本转化为生产资本,同时就是另外的资本由商品资本转化为货币资本。就是说,一个资本家的买,同时是别的资本家的卖。因此,各个资本的运动是互为前提、互相交错的。这种互相联系的个别资本运动的总和就形成社会资本的运动。

社会资本运动同个别资本运动在本质上存在着共同点,都是生产和实现剩余价值的运动,都体现着资本主义生产关系的运动,它们都必须采取货币资本、生产资本、商品资本的职能形式,不断地进行循环和周转,实现生产过程和流通过程的统一和三种循环的统一。但是作为个别资本有机整体的社会总资本的运动与个别资本的运动又有重大的区别。这种区别不仅表现在数量上和规模上,更重要的是表现在内容上。社会资本的运动不仅包括生产消费,而且包括个人消费;不仅包括媒介生产消费的资本流通,而且包括媒介个人消费的一般商品流通;不仅包括预付资本的运动,而且包括剩余价值的运动。个别资本的运动则不是这样,它只包括生产消费,不包括个人消费以及媒介消费的一般商品流通。因为,无论是工人还是资本家的个人消费以及购买消费品的商品流通,都是在个别资本循环以外进行的。因此,在考察个别资本循环时,可以把个人消费撇开。但是,在考察社会总资本运动时就不能撇开个人消费,因为从整个社会来看,资本家和工人购买消费品的过程,同时也就是生产消费品部门的资本家出卖商品的过程,即他们的商品资本转化为货币资本的过程。因此,这一过程包括在社会资本的运动之中,是社会资本运动的一个组成部分。

(一)社会总产品构成及其实现

考察社会资本的运动,必须首先考察社会资本运动的出发点和核心问题,即考察社会总产品及其实现问题。

既然社会资本的运动包括生产消费和个人生活消费,因此考察社会资本运动必须以社会总产品为出发点。所谓社会总产品,是指社会各个物质生产部门在一定时期内(通常是以年为单位)所生产出来的全部物质资料的总和。社会总产品从价值上看,是由不变资本、可变资本和剩余价值三部分构成;从实物形式上看,是由生产资料和消费资料构成。

从社会总产品出发考察社会资本运动,核心问题就是社会总产品各个组成部分是如何实现的,也就是社会总产品的补偿问题,社会总产品的补偿有价值补偿和实物补偿两个方面。社会总产品的价值补偿是指社会总产品各个组成部分的价值,如何通过商品的全部出售,以货币形式收回,用以补偿生产中预付的不变资本和可变资本价值并获得剩余价值。社会总产品的实物补偿或实物替换,是指社会总产品的各个组成部分的价值转化为货币形式以后,如何再转化为所需要的产品。其中,相当于不变资本的价值,从哪里和怎样重新取得所需要的生产资料;相当于可变资本的价值和资本家用于个人消费的剩余价值,从哪里和怎样重新取得所需要的生活资料。社会总产品的价值补偿和实物补偿问题,也就是社会总产品的实现问题。

为什么社会总产品的实现问题是考察社会资本运动的核心问题呢?首先,因为社会总产品的价值补偿是社会资本运动正常进行的基础。社会资本运动即资本主义社会再生产要正常进行,最基本的条件是社会总产品必须全部销售出去,并在补偿预付的不变资本和可变资本价值的同时获得剩余价值。只有这样,生产者才能重新购买再生产所需要的生产资料和劳动力。如果社会总产品不能或不能全部销售出去,生产这些产品所消耗的资本价值便不能全部得到补偿,资本主义再生产就无法顺利进行。其次,因为社会总产品的物质补偿或替换是保证社会资本运动正常进行的关键。社会资本运动即资本主义社会再生产要正常进行,关键的保证就是上一个生产过程中消耗掉的生产资料和消费资料能够得到替换,否则,资本主义社会再生产过程就无法继续进行。可见,考察社会资本再生产运动的核心问题就是社会总产品的实现(包括销售与补偿)问题,特别是要着重考察社会总产品的实现条件,即社会资本再生产的条件。只要社会总产品具备了所需要的实现条件,社会资本的再生产也就有了保证。

(二)社会总产品的构成和社会生产的两大部类

为了考察社会总产品的实现及其所需要的条件,首先就要分析社会总产品的构成情况,以及与此相适应的社会生产的划分。

马克思从实物形式和价值形式两个方面来分析社会总产品的构成。资本主义社会的社会总产品,从实物形态上按其最终用途来看,可分为生产资料和消费资料两大类。其中,生产资料用于补偿生产中消耗掉的生产资料和用于扩大再生产,消费资料则用于资本家和工人的个人消费需要。资本主义社会的社会总产品,从价值形态上分为不变资本价值(c)、可变资本价值(v)和剩余价值(m)三个组成部分。其中的不变资本价值是旧价值的转移,代表在商品生产过程中消耗掉的预付不变资本;可变资本价值和剩余价值是雇佣工人在商品生产过程中创造出来的新价值,可变资本价值用来补偿生产中消耗掉的可变资本,剩余价值用于资本家的个人消费和用于扩大再生产的资本积累。

既然社会总产品的实物形态是由生产资料和消费资料两大类构成的,与此相适应,社会生产便分为两大部类。一类是制造生产资料的部类,又称为第一部类,用符号"Ⅰ"表示;另一类是制造消费资料的部类,又称为第二部类,用符号"Ⅱ"表示。

二、社会资本简单再生产

为了避免一些非本质因素的干扰,对研究社会资本的再生产和流通必须作出如下假设:整个社会除资本主义经济外没有其他经济形式,因而全社会只有无产阶级和资产阶级;商品都按价值出售,价格不变;生产周期为1年,固定资本的价值在一个生产周期中全部转移到新产品中去;不考虑对外贸易。

在社会资本简单再生产条件下,剩余价值全部用于资本家的个人消费,社会生产规模不变。因此,根据社会资本再生产的基本原理,假设社会总产品的物质构成和价值构成如下:

假定一年年终两大部类产品结构如下图:

$$\left.\begin{array}{l}\text{Ⅰ } 4000c+1000v+1000m=6000(生产资料)\\ \text{Ⅱ } 2000c+500v+500m=3000(消费资料)\end{array}\right\}9000$$

第一部类(Ⅰ)产品价值总量为6000元,其构成是不变资本4000元、可变资本1000元,在剩余价值率为100%的情况下剩余价值为1000元,实物构成全部表现为生产资料。第二部类(Ⅱ)产品价值总量为3000元,其构成是不变资本2000元,可变资本500元,在剩余价值率也为100%的情况下剩余价值为500元,产品的实物构成全部表现为消费资料。这样社会总产品价值总量为9000元,实物构成既有生产资料,也有消费资料。

这里价值9000元的社会总产品能够实现,即在价值上能得到实现,在实物上能得到替换,必须经过以下三条途径进行交换。

第一,第一部类4000c,通过第一部类的内部各部门和企业之间进行交换来实现。因为价值量为4000c这部分生产资料经出售价值得到补偿以后,为维持简单再生产,在实物上还要替换为4000元新的生产资料,而只有第一部类才生产生产资料,所以Ⅰ4000c只能通过第一部类内部交换来实现。

第二,第二部类500v+500v在第二部类内部各部门和企业之间进行交换来实现。因为价值量为500v+500m这部分消费资料经出售在价值上得到实现以后,在简单再生产条件下,在实物上必须全部替换为新的消费资料,而只有第二部类才生产消费资料,所以Ⅱ500v+500m只能通过第二部类内部进行交换来实现。

第三,第一部类1000v+1000m同第二部类2000c在两大部类之间进行交换来实现。因为第一部类1000v+1000m这部分生产资料经出售价值得以实现后,在简单再生产条件下,在实物上应全部替换为消费资料,而第一部类不生产消费资料;第二部类2000c这部分消费资料经出售在价值上得以实现以后,在简单再生产条件下,在实物上应替换为新的生产资料,而第二部类并不生产生产资料。所以,Ⅰ1000v+1000m同Ⅱ2000c只能通过两大部类之间交换来实现。

在以上三个方面的交换关系中,两大部类之间的交换是最基本的交换关系,因此,第一部类的可变资本和剩余价值之和必须等于第二部类的不变资本价值,这是社会资本简单再生产的基本实现条件。用公式表示是:Ⅰ(v+m)=Ⅱc。

由这个基本实现条件,还可以引申出另外两个实现条件:第一,(c+v+m)=Ⅰc+Ⅱc,即第Ⅰ部类全部产品的价值应该等于两大部类的不变资本的总和。第二,Ⅱ(c+v+m)=Ⅰ(v+m)+Ⅱ(v+m),即第Ⅱ部类的总产品的价值应该等于两大部类的可变资本和剩余价值的总和。

社会资本简单再生产的三个实现条件,反映了两大部类之间及其内部的基本比例关系,只有遵循这种比例关系,社会总产品才能完全得到实现,社会资本简单再生产才能正常进行。

三、社会资本扩大再生产

资本主义再生产的特征是扩大再生产。社会资本的扩大再生产就是资本家把剩余价值的一部分转化为追加资本,生产在扩大的规模上重复进行。

马克思研究的社会资本扩大再生产是外延式扩大再生产,即以投入追加资本为前提。追加资本包括追加的不变资本和追加的可变资本,分别用于购买追加的生产资料和追加的劳动力。与追加的劳动力相适应,社会还应有维持劳动力再生产的追加的消费资料。因此,要使社会资本能够进行扩大再生产,必须具备以下两个前提条件。

第一,第一部类所生产的生产资料,除了补偿当年两大部类已经消耗的生产资料以外还有剩余,即 $I(c+v+m) > Ic+IIc$。为了使这个公式能直接反映出两大部类之间的关系,在这个不等式的两端同时减去 Ic,则简化为:$I(v+m) > IIc$。只有符合公式要求,才能保证供应社会资本扩大再生产所需要的追加的生产资料。如果 $I(v+m) = IIc$,说明第一部类所生产的生产资料,只能满足社会资本进行简单再生产的需要;如果 $I(v+m) < IIc$,则连简单再生产也不能维持。

第二,第二部类生产的消费资料,除了补偿当年两大部类的资本家和工人已经消费的消费资料以外还有剩余。即 $II(c+v+m) > I(v+\frac{m}{x}) + II(v+\frac{m}{x})$。在社会资本扩大再生产的条件下,剩余价值分割为资本家用于个人消费的剩余价值 $\left(\frac{m}{x}\right)$ 和用于积累的剩余价值 $\left(m-\frac{m}{x}\right)$ 两个部分。同样为了使上述公式能直接反映出两大类之间的关系,在不等式两端同时减去 $II\left(v+\frac{m}{x}\right)$,则简化为:$II\left(c+m-\frac{m}{x}\right) > I\left(v+\frac{m}{x}\right)$,即第二部类原有不变资本加资本家用于积累的剩余价值要大于第一部类原有可变资本加资本家用于个人消费的剩余价值。如果不等式的左端同右端相等,说明第二部类所生产的消费资料只能满足社会资本简单再生产对消费资料的需求;如果不等式的左端小于右端,则消费资料的生产和供给连社会资本简单再生产也不能维持。

社会资本扩大再生产的实现条件,其基本原理同社会资本简单再生产完全一样,即两大部类相交换的产品在价值上相等,在实物上相互满足对方的需要。因为社会资本扩大再生产的实现仍按前述三种途径进行,所以这里只是发生了形式上的改变。下面我们先分析社会资本扩大再生产是怎样进行的,分析中把社会资本简单再生产实现条件的上述基本原理运用起来,就能揭示出社会资本扩大再生产的实现条件。

假设第一年终社会总产品的构成如下式:

$$\text{I}(4000c+1000v+1000m)=6000(生产资料)$$
$$\text{II}(1500c+750v+750m)=3000(消费资料)$$
$$\}9000$$

第二年社会资本要进行扩大再生产。假设第一部类的资本家把 1000m 中的一半即 500 用于积累,按原来 4:1 的比例分别追加不变资本和可变资本,另外 500 用于个人消费。这样,第二年初第一部类产品的价值结构重新组合为:

$$\text{I}(4000c+400\triangle c)+(1000v+100\triangle v)+500\frac{m}{x}=6000$$

图式中 △c 代表追加的不变资本,△v 代表追加的可变资本。

第二年初,在第一部类产品价值构成进行重新组合的同时,第二部类产品的价值构成也应作相应调整和重新组合。所谓相应调整,是指调整后的第二部类的不变资本应同调整后的第一部类的 $1000v+100v+500\frac{m}{x}$ 相等,即第二部类原来的 1500c 应追加 100c;按照第二部类原来的资本有机构成 2:1,原来的 500v 应追加 50v;原来的 750m 经积累以后还剩 600m。这样,第二年初第二部类产品价值构成重新组合为:

$$\text{II}(1500c+100\triangle c)+(750v+50m)+600\frac{m}{x}=3000$$

第一年终的社会总产品在第二年初其价值结构按上述调整和重新组合的情况进行再生产,通过三方面的交换和个人消费,在剩余价值率不变的情况下,不仅第二年终生产规模扩大了,社会总产品也完全可以实现。

可见,社会资本扩大再生产总产品的实现条件应当是:

第一,基本实现条件是第一部类原有的可变资本加追加的可变资本,再加资本家用于个人消费的剩余价值,必须等于第二部类原有的不变资本加追加的不变资本。在实物上适应对方的需要,交换双方在价值上相等,用公式表示为:

$$\text{I}\left(v+\Delta v+\frac{m}{x}\right)=\text{II}(c+\Delta c)$$

这个实现条件反映了两大部类之间在社会资本扩大再生产条件下的相互制约关系。从这个基本实现条件同样可以推演出另外两个实现条件。

第二,在上述基本实现条件公式的两端同时加上$\text{I}(c+\Delta c)$,并且等式左端的Δc、Δv、$\frac{m}{x}$合并为$\text{I}m$,得:

$$\text{I}(c+v+m)=\text{I}(c+\Delta c)+\text{II}(c+\Delta c)$$

这就是社会资本扩大再生产社会总产品的第二个实现条件,即第一部类所生产的全部生产资料在价值上必须等于两大部类在扩大再生产条件下所需要的生产资料价值的总和,在实物上适应对方的需要。这个公式说明社会资本扩大再生产的社会总产品中生产资料怎样才能实现。

第三,在上述基本实现条件公式的等式两端同时加上$\text{II}\left(v+\Delta v+\frac{m}{x}\right)$,等式两端易位,易位后等式左端的$\Delta c$、$\Delta v$、$\frac{m}{x}$合并为$\text{II}m$,得:

$$\text{II}(c+v+m)=\text{I}\left(v+\Delta v+\frac{m}{x}\right)+\text{II}\left(v+\Delta v+\frac{m}{x}\right)$$

这就是社会资本扩大再生产社会总产品的第三个实现条件,即第二部类生产的全部消费资料,在价值上必须等于两大部类工人和资本家在扩大再生产情况下所需要的消费资料价值的总和。交换双方在价值上相等,在实物上适应对方的需要。这个公式说明社会资本扩大再生产的社会总产品中消费资料产品怎样才能实现。

综上所述,社会资本扩大再生产的实现条件同社会资本简单再生产的实现条件,其基本原理是完全一致的,即:一是两大部类相交换的产品在价值上相等,在实物上适应对方的需要;二是第一部类生产的生产资料同两大部类所需要的生产资料在价值上相等,在实物上适应对方的需要;三是第二部类生产的消费资料同两大部类工人和资本家所需要的消费资料在价值上相等,在实物上适应对方的需要。不同的是在社会资本扩大再生产条件下,剩余价值被分割为用于积累的剩余价值$\left(m-\frac{m}{x}\right)$和用于个人消费的剩余价值$\left(\frac{m}{x}\right)$两大部分,以至两大部类的不变资本和可变资本分别有一个追加部分,即$\text{I}\Delta c$和$\text{I}\Delta v$、$\text{II}\Delta c$和$\text{II}\Delta v$,但这仅仅是形式上和范围上的区别。

社会资本扩大再生产的实现条件,反映了社会生产的两大部类之间及其内部都必须保持一定的比例关系,社会资本再生产才能顺利进行。在资本主义经济中,社会资本再生产所要求的比例关系,以及社会总产品实现所需要的各种条件,都是通过经济危机自发地强制地实现的。

四、生产资料优先增长规律

马克思在对社会总资本扩大再生产进行分析时,有一系列假定前提:首先,假定市场供求平衡,也即对危机发生的现实可能性暂且存而不论,先将社会总产品再生产顺利进行的必要条件讨论清楚,为下一步讨论市场失衡和经济危机作好理论准备;其次,与前一假定相一致,分析没有考虑货币因素,进而买与卖之间不存在时间的分离;最后,假定资本有机构成不变,即只分析了外延扩大再生产的情况,而将分析技术较难处理的内涵的扩大再生产暂且搁置。

关于最后一点假定,更展开的讨论是由列宁进行的。在现实的经济中,内涵的扩大再生产以技术进步为前提,技术的进步和运用使资本有机构成不断提高,扩大再生产总是与技术进步和资本有机构成联系在一起的。列宁把技术进步和资本有机构成提高因素引入了马克思的社会总资本扩大再生产的理论中,提出了生产资料生产优先增长的理论。这一理论的基本内容是:在以科技进步为特征的扩大再生产条件下,由于技术进步提高了生产资料与劳动力的比率,追加的资本中用于生产资料的部分所占比重也就会更大些,社会对生产资料需求的增长会快于对消费资料的需求的增长,从而生产资料的生产也就应快于消费资料的生产。相应地,制造生产资料的那部分生产资料生产的增长就应快于制造消费资料的生产资料生产的增长。

在理解生产资料生产优先增长理论时,应注意:第一,生产资料生产优先增长是在社会总资本扩大再生产条件下,技术进步和资本有机构成提高的结果。第二,生产资料生产优先增长并不意味着生产资料的生产可以脱离消费资料生产的增长而孤立地、片面地增长。"生产消费(生产资料的消费)归根到底总是同个人消费联系着,总是以个人消费为转移。"第三,并不排除在一定时期,消费资料生产的增长快于生产资料生产的增长。

第三节　资本主义经济危机

在资本运行过程中,自1825年资本主义第一次爆发经济危机以来,每隔若干年就要爆发一次经济危机,扰乱了资本主义再生产的进程。资本主义经济危机是资本主义基本矛盾存在、激化和集中暴露的证明。

一、资本主义经济危机的实质和根源

资本主义经济危机是指资本主义经济发展过程中每过一定时间就要爆发的生产过剩的危机。这种生产过剩不是生产的商品绝对超过了人们的物质生活需要,而是一种相对过剩,即生产的商品相对于人民群众有支付能力的需求来说是过剩了。生产相对过剩是资本主义经济危机的实质。

资本主义经济危机是由资本主义生产方式基本矛盾,即生产的社会化与生产资料的资本主义私人占有之间的矛盾发展到一定程度引起的。在资本主义制度下,随着机器大工业的发展,生产社会化达到了很高的程度。在企业内部,生产的社会化表现为大机器代替了手工工具,大批人共同使用社会化的生产资料;产品生产过程变为由许多人协同进行的社会化大生产,产品也由许多人共同生产。在整个社会内部,生产的社会化表现为社会分工和专业化的广泛发展,企业之间和部门之间的相互联系、相互依存的程度大大加强,整个社会生产已经联结成一个统一的整体。随着资本主义世界市场的形成,生产的社会化还从一国范围扩大到世界范围。社会化大生产的发展,客观上要求部门之间和企业之间以及生产和消费之间保持一定的比例。但是,生产资料资本主义私有制和社会生产的无政府状态,却使国民经济各部门和各企业之间以及生产和消费之间,不可能建立起与社会化大生产相适应的比例关系。生产的社会化与生产资料资本主义私人占有之间的矛盾,反映了资本主义生产关系与生产力之间的矛盾,它是资本主义经济危机爆发的根源。

在资本运行过程中,资本主义基本矛盾具体表现为两个方面:

第一,个别企业内部生产的有组织性和整个社会生产的无政府状态之间的矛盾。在资本主义制度下,资本家为了最大限度地获取利润,要改进生产技术、完善劳动组织和经营管理,使资本主义企业内部具有相当严密的组织性和纪律性。但是,由于生产资料被资本家私人占有,个别资本家并不能准确地了解市场信息,只是根据自己的私利和对市场的估计来决定和指挥企业的生产,因而必然使整个社会生产处于自发性和盲目性之中。这一矛盾发展到一定程度,必然会导致社会再生产比例关系的破坏,当这种比例关系失调发展到十分严重的程度,引起大量商品过剩,就会导致经济危机。

第二,资本主义生产无限扩大趋势同人民群众有支付能力需求相对缩小之间的矛盾。受剩余价值绝对规律和资本主义竞争规律作用的支配,资本家会不断地扩大生产规模,积极采用先进的技术设备,从而使资本主义生产具有无限扩大的趋势,与此相适应,也要求市场的扩大。但是,资本积累的增长和资本有机构成的提高造成了相对过剩人口的存在,使广大人民群众陷入失业和半失业的贫困之中。与资本主义生产无限扩大的趋势相比,人民群众有支付能力的需求相对缩小,这就不可避免地导致资本主义生产与消费的严重对立。当这一矛盾发展到一定程度时,市场上的大量商品就找不到销路,就会出现生产的相对过剩,从而导致经济危机。

二、资本主义经济危机的周期性及其新特点

资本主义经济危机具有周期性,即每隔一定时间重复出现一次的周而复始现象。形成这种现象的原因在于资本主义基本矛盾运动的阶段性。资本主义基本矛盾的尖锐化导致经济危机的爆发,而经济危机的爆发使供求矛盾得到缓解,社会生产得到恢复和发展。但由于经济危机只能暂时缓解而不能根除资本主义基本矛盾,因而随着资本主义经济的恢复和高涨,资本主义基本矛盾又会重新激化,导致经济危机的再一次爆发。

经济危机的周期爆发使资本主义再生产也呈现出明显的周期性。从一次危机爆发到下一次危机的爆发,构成资本主义再生产的一个周期,它一般包括危机、萧条、复苏、高涨四个阶段。危机阶段是再生产周期的决定性阶段,既是上一个周期的终点,又是下一个周期的起点,往往在经济呈现最繁荣现象时爆发。危机过后是萧条阶段,整个经济生活呈现一片萧条停滞景象。萧条持续一段时间后,市场状况有所好转,经济开始逐步回升,经济逐渐摆脱停滞局面,萧条阶段过渡到复苏阶段。当社会生产和流通能够复苏到赶上

或超过经济危机以前的最高点时,复苏阶段便进入高涨阶段。资本主义经济的高涨只是暂时的,新的高涨包含了新的危机的先兆。当资本主义经济的各种矛盾发展到尖锐程度时,危机就会再次爆发,资本主义再生产就会进入下一个周期。

资本主义再生产周期的物质基础是固定资本更新。固定资本更新是指以厂房、机器设备等物质形式存在的那部分生产资本由于磨损或其他原因而用新的物质形式来更换。它的是具体作用有:第一,固定资本的大规模更新为摆脱危机、促进复苏和高涨准备了物质条件,因为它会推动生产资料部门的恢复和发展,带动消费资料生产的回升,从而增加社会需求,刺激生产发展。第二,固定资本的大规模更新又为下一次危机的到来准备了物质基础,因为它会促进社会生产力的急剧增长,提高技术水平和资本有机构成,从而也会加剧资本主义基本矛盾,导致经济危机再次爆发。

从资本主义发展的历史来看,第二次世界大战以后,新科技革命和国家垄断资本主义的进一步发展,使资本主义经济危机和再生产周期出现了一些新的特点。具体如下:第一,危机周期的长短不规则,周期性遭到一定程度的破坏。在整个 19 世纪,经济危机每隔 10 年左右爆发一次;进入 20 世纪以后,经济危机缩短到大约每隔 7~8 年爆发一次;战后,一些主要资本主义国家经济危机的周期时间已经缩短到大约每隔 5 年左右就爆发一次。第二,周期进程中的阶段交替界限不清,每一阶段的特征不明显。战后,在国家对经济生活的干预下,危机阶段持续的时间明显缩短,危机期间生产下降的幅度减弱,周期进程中没有明显的萧条阶段和复苏阶段,高涨阶段常常被局部性危机或生产停滞所打断。第三,危机的程度有所减弱,但生产过剩和失业却成为周期中的经常现象。战后,一些主要资本主义国家在危机阶段的生产下降程度和失业率的增长都低于战前,但在整个周期中,生产过剩和失业却是经常现象。第四,经济危机与通货膨胀相结合。战后,资本主义国家经济危机期间出现了经济停滞和通货膨胀并存的"滞涨"局面,这是由资本主义国家为刺激经济增长而过度增发货币和扩大财政赤字造成的,也是资本主义基本矛盾进一步深化的结果。

本章小结

个别产业资本的运动表现为资本循环和资本周转。资本的运行过程是一个不断从原点出发然后又回到起点的循环过程。产业资本的循环过程经过购买、生产和销售三个阶段,分别采取货币资本、生产资本和商品资本三种职能形式。产业资本循环是生产过程和流通过程的统一,同时还是三种循环形式的统一。要保证产业资本循环的连续性,必须保持资本运动的并存性和继起性。

不断重复的资本循环过程就是资本的周转。考察资本周转的快慢有资本周转时间和资本周转次数两方面,其中资本周转速度与周转时间成反比,与周转次数成正比。

相互联系、相互依赖的个别资本的总和构成了社会总资本。考察社会总资本再生产,其核心问题是社会总产品的实现,也就是社会总产品的实物补偿和价值补偿。马克思再生产理论的两个理论前提是社会总产品的价值构成分为 $c+v+m$ 三部分和社会生产分为生产资料生产和消费资料生产两大部类。

资本主义社会的基本矛盾是经济危机周期性爆发的根源。由于生产资料私有制,导致了资本主义社会中单个企业生产的有组织性和整个社会生产的无政府状态之间的矛盾,以及资本主义生产无限扩大和劳动人民有支付能力的需求相对缩小之间的矛盾。一旦矛盾激化,周期性的经济危机就不可避免。

阅读书目

1. 马克思:《资本论》第 2 卷,北京:人民出版社,1975 年,第 1、4、7、9、20、21 章。

2. 张卓元主编:《政治经济学大辞典》,北京:中国社会科学出版社,1988 年。

重点问题

1. 产业资本循环经历哪些阶段和出现哪些职能形式?
2. 影响资本周转速度的因素有哪些?
3. 资本周转速度对剩余价值生产有什么影响?
4. 简述马克思分析社会资本再生产的基本原理。
5. 社会资本简单再生产的实现过程和实现条件是什么?
6. 社会资本扩大再生产的前提条件和实现条件是什么?

7.资本主义经济危机的实质和根源是什么?

关键概念

资本循环　资本周转　有形磨损　无形磨损　固定资本
流动资本　折旧　资本周转时间　预付资本总周转
个别资本　社会总资本

计算练习

1.某资本主义企业年产9000件商品,投资固定资本10万元,使用年限为10年;投资流动资本5万元,周转时间为3个月;雇佣工人100人,每月人平均工资50元;每件商品社会价值为30元。试计算:①剩余价值率m'为百分之多少?②年预付资本周转速度为多少?③年剩余价值率M'为百分之多少?

2.在资本有机构成不变,剩余价值率m'不变,价格与价值一致的条件下,假定第一年社会总产品的价值构成是:

Ⅰ　8000c+2000v+2000m=12000

Ⅱ　3000c+1500v+1500m=6000

试求:①第二年社会总资本进行扩大再生产,当第一部类的积累率为30%时,第二部类的积累率应是多少?②第二年两大部类产品总价值各为多少?

第七章

资本运行的具体形式

 目的要求

本章将在掌握马克思劳动价值论的基础上，分析资本主义生产关系的实质及其发展阶段，以及剩余价值的各种具体形式，揭示无产阶级与资产阶级之间阶级对立的经济根源。通过对本章的学习，着重掌握社会资本运行的基本原理，揭示社会资本运行的基本规律，为搞好社会主义市场经济的正常运行提供理论上的指导。

 主要内容

☆平均利润和生产价格
☆商业利润、利息和地租

 教学重点

☆利润率的平均化和生产价格
☆商业资本与商业利润
☆借贷资本与利息
☆虚拟资本与证券市场
☆土地所有权与地租

在资本主义经济运行中,资本存在着多种具体形态,有产业资本、商业资本、借贷资本、银行资本等。与不同的资本形态相对应,剩余价值也分割为产业利润、商业利润、利息、银行利润以及资本主义地租等多种具体形式。分析剩余价值的各种具体形式,是为了更好地认识资本主义的分配关系,进一步揭示在资本主义社会资产阶级与无产阶级之间的整体经济关系。

第一节　平均利润和生产价格

一、利润率的平均化和生产价格

(一)平均利润的形成

在市场经济的运行过程中,由于各个产业部门本身的特点和技术发展水平的不同,资本有机构成高低的不一样,使得各部门、各行业的利润率都大不相同。而所有的资本所有者进行投资的主要目的就是要追求高额的利润。在现实生活中,利润率的高低是由剩余价值率、资本有机构成和资本周转速度等这些具体因素决定的。如果资本有机构成高、资本周转速度慢的企业只能获得较低的利润率,出于追求高额利润的目的,资本所有者就会放弃这些企业或行业,而跻身于利润率高的行业,因而必定会造成激烈的竞争。激烈的竞争所带来的结果是必然导致全社会利润率的平均化,也使利润转化为平均利润。

那么利润是如何转化为平均利润的呢?

1. 资本主义成本价格

资本主义企业所生产的商品价值,由两部分构成:一是工人的具体劳动所消费的生产资料而转移到商品中去的旧价值,即物化劳动的耗费(c);二是工人抽象劳动凝结到商品中的新价值,即活劳动的耗费($v+m$)。所以,商品价值是生产商品的实际劳动耗费($W=c+v+m$)。

然而,在资本主义社会里,资本家不从事劳动,生产商品所耗费的仅仅是他们的资本。所以,对资本家来说,生产商品所耗费的不变资本和可变资本价值,即资本主义生产费用(也叫所费资本),就是成本价格(k)。

成本价格形成后,商品价值就由 $W=c+v+m$ 转化为 $W=k+m$,从而掩盖了不变资本和可变资本的根本区别,掩盖了剩余价值的真正源泉,剩余价值被看作商品价值在成本价格以上的增加额,即资本家所费资本的产物。

2. 剩余价值转化为利润

在资本主义社会,剩余价值不仅被看作商品价值在成本以上的增加额,而且被看作资本家全部预付资本的一个增加额。预付资本中未被消耗的那部分不变资本也被看作剩余价值的源泉。马克思指出:"剩余价值,作为全部预付资本的这样一种观念上的产物,取得了利润这个转化形式。"[①]剩余价值转化为利润,商品价值就由成本和利润(p)两部分构成。如果用 p 表示利润,那么,商品价值的公式就由 $W=c+v+m$ 转化为 $W=k+p$。

3. 利润和剩余价值的区别和联系

利润和剩余价值本来是一个东西,量上也相等,只是当把剩余价值看作不同资本的产物时,在观念上就产生出两个概念:一个是"剩余价值",是可变资本的产物,是本质;一个是"利润",是全部预付资本的产物,是具体表现形式。因此,剩余价值转化利润,掩盖了资本主义的剥削关系。

4. 剩余价值率转化为利润率

剩余价值转化为利润的同时,剩余价值率也就转化为利润率。利润率是剩余价值与全部预付资本的比率。

用 p' 代表利润率,C 代表全部预付资本,利润率的公式为 $p'=m/C$。

5. 剩余价值率和利润率的区别

一是反映的关系不同:前者揭示的是资本家对工人的剥削程度,后者则表示全部预付资本的增殖程度;二是量上不同,前者总是大于后者。所以,利润率掩盖了资本主义的剥削关系。

利润率既然是资本增殖程度的标志,所以,追求尽可能高的利润率是资本主义生产的动力。对此,马克思曾引用19世纪英国一位评论家登宁格的一段话:"资本害怕没有利润或利润太少,就像自然界害怕真空一样。一旦有适当的利润,资本就胆大起来。如果有10%的利润,它就保证到处被使用;有20%的利润,它就活跃起来;有50%的利润,它就铤而走险;为了100%的利润,它就敢践踏一切

---

① 《马克思恩格斯全集》第25卷,北京:人民出版社,1972年,第44页。

人间法律；有300%的利润，它就敢犯任何罪行，甚至冒绞首的危险。"[①]

不同企业、不同时期的利润率是不同的。决定和影响利润率的主要因素有：

第一，剩余价值率。在其他条件相同的情况下，利润率与剩余价值率按相同方向变化。剩余价值率高，利润率就高。

第二，资本有机构成。在其他条件不变的情况下，利润率与资本有机构成按相反的方向变化。资本有机构成提高，利润率则降低。

第三，资本的周转速度。在其他条件不变的情况下，年利润率与资本周转速度按相同的方向变化。资本周转速度加快，资本年利润率就会提高。

第四，不变资本的节约。利润率与不变资本的节约程度按相同的方向变化。在可变资本量和剩余价值率已定时，不变资本越节约，同量剩余价值与较小的总资本相比，利润率就越高。

6. 利润转化为平均利润

部门之间竞争的结果形成平均利润率。假定整个社会有食品、纺织和机械三个工业生产部门，它们的其他条件都相同，而资本的有机构成不同，三个生产部门的资本有机构成分别为90c:10v、80c:20v、70c:30v。每个部门均投入资本100万元，剩余价值率都是100%，假定三个部门的不变资本在一个生产过程中全部转移到商品价值中去。那么，三个工业部门生产的商品价值分别为：食品部门130万元，纺织部门120万元，机械部门110万元。如果按商品价值出售，它们的利润率分别为30%、20%、10%。

列表7-1说明。

表7-1　　　　　　　　　　　　　　　　单位：万元

生产部门	资率	M'	M	P'
食品	70c+30v		30	30%
纺织	80c+20v	100%	20	20%
机械	90c+10v		10	10%

不同部门的利润率高低不同，必然引起不同部门之间的竞争，主要表现为资本转投，即资本家总是把资本投向利润率高的部门。资本将从机械部门抽出，转投到食品工业部门，其结果是：机械部门

[①] 《马克思恩格斯全集》第17卷，北京：人民出版社，1972年，第258页。

由于资本减少,生产能力减弱、产品供不应求、价格上涨、利润率上升;食品工业部门则由于资本增加,生产能力增强、产品供过于求、价格下跌、利润率下降。利润率的变化直至两部门趋向平均化,资本转投才会暂停下来。一旦不同部门的利润率又出现差异,表现为资本转投的部门之间的竞争又重新开始,利润率再次趋向平均化。

可见,平均利润率是不同部门的资本所有者通过竞争重新分配剩余价值的结果,其源泉仍然是剩余价值。从本质上看,平均利润率就是把社会资本作为一个整体时所得到的利润率,即剩余价值总额和社会资本的比率。

用 P' 表示平均利润率,其公式是:

P' =剩余价值总额÷社会资本总额

上例的平均利润率就是 $(30+20+10)÷(100+100+100)=20\%$。

平均利润率形成就意味着等量资本大体上可以获得等量利润。各个预付资本按照平均利润率所获得的利润,就是平均利润,即:

平均利润=预付资本×平均利润率

用 P 表示平均利润,其公式为 $P=P' \cdot C$。其中,C 是预付资本。

平均利润率形成过程,同时就是利润转化为平均利润的过程。这一过程反映了各部门资本家通过竞争,按照等量资本获得等量利润的原则和要求,重新瓜分剩余价值,各部门实际获得的利润与本部门创造的剩余价值在量上存在差异。

利润转化为平均利润以后,并不排斥各部门中少数先进企业仍然可以获得超额利润。由于前面的分析是把每一个部门作为一个整体来看待的,因而分析平均利润率的形成是以每一个部门资本的平均有机构成和平均周转速度为前提的。事实上,同一部门中各企业之间在这方面的差别,则是客观存在的,而且由于这种差别的存在而引起的各个企业利润率的高低不同是必然的。其中少数先进企业可以获得超过平均利润的超额利润,而有的企业却得不到平均利润,只有多数处于中等水平的企业可以获得平均利润。因此,在利润率平均化过程中,自始至终都存在着部门内部各资本所有者之间为了获得超额利润而进行的激烈竞争。

7. 平均利润进一步掩盖了剥削关系

本来,剩余价值转化为利润就已经掩盖了剩余价值的来源,但两者还存在着量上相等的关系。当利润转化为平均利润以后,各部门获得的利润与本部门创造的剩余价值在量上就不一定相等了,从而呈现出这样一种假象,利润的大小只与投入的资本量有关。所以,利润的本质和真正源泉进一步被掩盖了。

(二)生产价格的形成

商品的价值等于成本价格加剩余价值,所以,当剩余价值转化为利润,利润转化为平均利润,实质上也就是剩余价值转化为平均利润以后,商品价值也就转化为生产价格了。

由此我们可以得出,生产价格的形成必须以平均利润的存在为前提。生产价格等于成本价格加平均利润。

在利润转化为平均利润的同时,商品价值便转化为生产价格,生产价格就是商品的成本价格与平均利润之和。用公式表示:

生产价格＝成本价格(k)＋平均利润

生产价格的形成过程如表7-2所示。

表 7-2   单位:万元

生产部门	资本	m	$\bar{p}$	w	$k+\bar{p}$	$W-(k+\bar{p})$
食品	70c＋30v	30	20	130	120	－10
纺织	80c＋20v	20	20	120	120	0
机械	90c＋10v	10	20	110	120	＋10
合计	300	60	60	360	360	0

生产价格形成后,商品按照生产价格出售。生产价格与商品价值存在差异,只有资本有机构成代表社会平均水平的生产部门的商品,其生产价格才会大体上符合价值。

生产价格形成后,市场价格围绕生产价格波动,但这并不是对价值规律的否定,而只是价值规律作用的形式发生了变化。其理由是:第一,社会商品价值总额必然和社会的生产价格总额相等。第二,从各个生产部门看,资本家获得的平均利润可以高于或低于本部门工人创造的剩余价值,但从全社会看,整个资产阶级获得的平均利润总额仍然等于社会剩余价值总额。第三,生产价格的变动,归根到底取决于价值的变动,两者变动方向也一致。

平均利润和生产价格理论有着重大意义。在理论上,平均利润和生产价格理论是劳动价值学说的进一步丰富和发展,它科学地解决了劳动价值论同等量资本获得等量利润这种现象之间的矛盾。

平均利润和生产价格理论揭示了资本主义社会两大阶级对立的经济根源。资本家之间在瓜分剩余价值上虽然也存在矛盾,但他们在剥削工人创造的剩余价值问题上，利益是完全一致的。工人不仅受所在部门资本家的剥削，而且受社会各部门的资本家共同剥削。所以，无产阶级想要改变自己的社会地位，就必须团结起来，推翻整个资产阶级的统治，消灭资本主义制度。

（三）平均利润率下降趋势

在一定范围、一定时期内，平均利润率的水平通常是一定的。但是，就全社会而言，平均利润率的水平并非固定不变，它因为受很多因素的影响而经常变动，并且其变动趋势是逐渐下降的。为什么会这样呢？马克思以社会资本有机构成对平均利润率的影响为基础，论证了平均利润率的下降趋势。前面我们曾讲过，在剩余价值率不变的条件下，资本有机构成同利润率是成反向变化的。而在资本积累过程中，资本所有者为了在竞争中取得优势地位，必须不断采用新技术、提高劳动生产率，从而使各个企业、各个部门的资本有机构成的不断提高并引起整个社会的资本有机构成的提高。社会资本有机构成不断提高，必然使可变资本占总资本的比重下降，所能雇佣的劳动力也就相对减少，由可变资本所带来的剩余价值总额与总资本的比率也就是平均利润率也必然随之下降。可见，平均利润率下降趋势是同技术进步密切联系的。正是技术进步引起资本有机构成不断提高，从而导致平均利润率的下降。马克思指出："一般利润率日益下降的趋势，只是劳动的社会生产力日益发展在资本主义生产方式下所特有的表现。"① 因此，平均利润率的下降趋势是社会资本平均有机构成提高的必然结果，也是劳动生产率提高的必然结果。

利润率的下降和利润量的增加是由相同的原因引起的。前面说过，由于资本的积累和积聚，资本总量在不断增大。伴随着资本总量的增大，可变资本的相对量虽然会有所减少，但它的绝对量通常却会增加。因此，被剥削的劳动量增大，从而剩余价值和利润的绝对量也会增大。马克思说："在生产过程和积累过程的发展中，可以被占有和已经被占有的剩余劳动的量，从而社会资本所占有的利润的绝对量，都必然会增加。但是，同样一些生产规律和积累规律，会在不变资本的量增加时，使不变资本的价值同转化为活劳动的可变资本部分的价值相比，越来越迅速地增加起来。因此，同样一些

---

① 《马克思恩格斯全集》第 2 版第 46 卷，北京：人民出版社，1972 年，第 237 页。

规律,会使社会资本的绝对利润量日益增加,而使它的利润率日益下降。"

这里需要大家区分清楚的一个问题是:平均利润率的下降并不意味资本所有者所得利润量的下降。为什么这样说呢?这是因为利润量往往取决于两个因素:一个是利润率,另一个是资本量。在资本量不变的条件下,利润量会随着利润率的高低而增减;在利润率不变的条件下,利润量又会随着资本量的多少而增减。在社会经济发展中,随着社会总资本的快速增长,可变资本的比重虽然相对下降,但其总量也在增加。假定原有资本 10 万元,资本有机构成为 $60c:40v$,剩余价值率为 100%,则剩余价值为 4 万元,利润率为 40%。随着资本积累的发展,资本有机构成提高为 $80c:20v$,资本增至 30 万元,其中不变资本 24 万元,可变资本 6 万元,剩余价值率仍为 100%,则剩余价值为 6 万元,利润率由原来的 40%下降为 20%,但利润量却由 4 万元增加到 6 万元。在这种情况下,利润率的下降和利润量的增加就同时发生了。所以,平均利润率下降的规律又被称为利润率下降而利润量同时增加的规律。

平均利润率的下降,并非是我们想象的那样是一种直线下降,而只是表现为一种下降的趋势。之所以是这样,主要是因为影响平均利润率的因素很多,而资本有机构成只是其中的一个重要因素,而不是唯一因素。在现实经济发展中,同时还存在着诸如剩余价值率的提高、生产资料价值的降低、相对人口过剩、资本周转速度的加快、对外贸易的发展、股份资本的增加等一系列阻碍平均利润率下降的因素。上述这些因素的作用虽然不能绝对阻碍平均利润率的下降,但会使这种下降变得曲折、缓慢,从而只表现为一种下降的趋势。

(四)利润率下降趋势与资本主义生产的矛盾

平均利润率下降趋势的存在,明显地暴露了资本主义生产方式发展过程中的矛盾。我们知道,争取尽可能高的利润率,以最小限度的垫付资本攫取最大限度的利润,这是每一个资本家经营企业的动机和目的,也是他们改进生产技术、提高劳动生产率的唯一动力。但是,资本家这种为争取高利润率而进行的活动,结果却带来了与他们的"初衷"相违背的东西——利润率下降。这个与资本家的主观愿望完全对立的客观趋势,引起了资本主义社会的一系列的不可克服的矛盾。

首先，是生产扩大与价值增殖之间的矛盾。我们知道，资本主义生产的唯一动机和直接目的是追求剩余价值。为了达到这一目的，资本家便尽量改进技术，提高劳动生产率，扩大生产规模。因此，从这方面来看，生产力具有无限发展的趋势。可是，随着生产力的发展和资本有机构成的不断提高，结果却引起了利润率的下降。同时，生产力的发展也引起了现有生产资料价值的降低，从而使资本贬值。资本家本来的目的是想保存现有的资本价值，并以此为基础来取得最大限度的利润，可是在生产扩大的过程中却产生了相反的结果，即扩大生产的手段与价值增殖的目的发生了矛盾，生产力发展的无限性与价值增殖的有限性发生了冲突。

其次，是人口过剩与资本过剩的矛盾。在利润率下降的情况下，为了弥补利润率下降所带来的损失，资本家便尽量增加积累，扩大资本规模，以期通过扩大剥削范围和提高剥削程度来增加利润量。这不仅使大资本同中小资本的竞争更加尖锐化，而且也提高了为获取一定利润量和开办新企业所需要的最低资本额。这就使得许多分散的中小资本难以独立经营，而成为闲置的过剩资本。与此同时，随着资本积累的进行和资本有机构成的提高，相对过剩人口也在不断地增加。一方面，有大量的过剩资本不被用于生产；另一方面，又有大量的过剩人口找不到工作，造成了人力和物力的巨大浪费。这是资本主义生产关系阻碍社会生产力发展的最突出的表现之一。

再次，是生产与消费之间的矛盾。利润率的下降和积累的扩大是同时进行而又相互促进的同一过程的两个方面。资本的不断积累造成了生产的巨大发展，同时也造成和加深了劳动群众的贫困化。尤其是为了阻碍利润率的下降，资本家更加强了对工人的剥削，使社会有支付能力的需求相对缩小。这样，商品难以实现，从而价值和剩余价值的实现便越来越困难。马克思指出：剩余价值的生产条件和实现条件是不同的，"前者只受社会生产力的限制，后者受不同生产部门的比例和社会消费力的限制。但是社会消费力既不是取决于绝对的生产力，也不是取决于绝对的消费力，而是取决于以对抗性的分配关系为基础的消费力；这种分配关系，使社会上大多数人的消费缩小到只能在相对狭小的界限以内变动的最低限度。"可见，在资本主义的生产过程和产品实现过程之间存在着的这种矛盾，可以归纳为生产和消费的矛盾，即生产无限扩大的趋势与有支付能力的需求相对缩小之间的矛盾。

最后，利润率下降趋势规律的作用，也加剧了资产阶级同无产阶级之间、资本主义列强同殖民地和经济落后国家之间，以及资本家互相之间的矛盾。在利润率下降趋势的威胁下，经济发达国家的资本家除了日益加紧对本国无产阶级的剥削和压榨外，还尽量扩大对殖民地和经济落后国家的掠夺性贸易和资本输出，这就必然会同时加深他们同本国无产阶级的矛盾以及他们同国外其他民族的矛盾。另外，资本家相互之间为争夺利润而进行的斗争也会更加尖锐化。

上述一切矛盾是资本主义生产发展和利润率下降的必然结果，它们的存在和发展充分地表明了资本主义在生产方式的局限性和历史过渡性。所有这些矛盾都不可能在资本主义范围内加以解决，只有通过革命变革以无产阶级专政代替资产阶级专政，以社会主义制度代替资本主义制度，才能打破资本主义生产关系给社会生产力发展所造成的种种限制，从而使人类社会在新的基础上迅速前进。

(五)利润率平均化与资源配置

利润率平均化与平均利润的形成过程，一方面是等量资本获得等量利润的过程，另一方面是市场配置资源的过程。因此，从另一个角度看，平均利润理论就是资源配置理论。

首先，利润率平均化是资源配置的过程。利润率的平均化和平均利润的形成是通过资本转移实现的，而资本在全社会范围的转移必然带动劳动力、机器设备、厂房、土地、流动资金等资源在全社会范围的流动和配置。所以，随着利润率平均化的实现，社会资源也就在不同的部门之间进行流动，从而完成资源在社会各部门之间的配置过程。

其次，平均利润的形成是资源配置优化的表现。在平均利润形成以前，各个行业的利润率是不一样的，有的行业高，有的行业低。像表7-1所列举的食品、纺织和机械三个部门，其利润率分别是30%、20%和10%，这样导致的结果是同样的资本投放于不同的部门，其获利程度是不一样的。换句话说，资本这样一种资源就没有得到最优化的配置。一些行业利润率过低，说明这些行业资本过剩，资源利用效率不高；一些行业的利润率过高，说明这些行业的资本不足，还存在着潜在的利润和投资机会。而只有在全社会形成了平均利润以后，无论是从个体的角度看，还是从社会的角度看，资源都得到优化配置。从资本所有者个人的角度看，投资于不同部门的等量资本获得了等量利润,实现了最优化;从全社会角度看,社会生产的各个行业既不存在资本不足的问题,也不存在资本过剩的问题,既没有资源的闲置浪费,也没有资源的严重短缺,资本的作用得到了充分发挥,资源实现了优化配置。

但仅仅得到平均利润,并不能满足资本所有者追求高额利润的愿望,他们总是想尽一切办法来增大获利的可能性。于是,垄断便成为他们达到目的的一个重要手段。

二、垄断利润与垄断价格

前面的分析是以完全竞争市场为基础的,完全竞争市场是指只有竞争而没有垄断的一种市场模式。在这种市场上,生产要素可以自由流动,产品和要素的价格由市场决定,利润率的平均化在部门之间不存在任何阻碍。但在现实生活中,这种市场模式基本上是不存在的,市场竞争的结果必然会产生垄断。而当某些部门出现垄断之后,垄断企业的资本所有者就不再仅仅满足于获得平均利润,而是要凭借其垄断地位获得比平均利润更高的利润。我们就把垄断企业的资本所有者凭借其在生产和流通中的垄断地位获得的超过平均利润的那一部分利润,称作垄断利润。

为了取得垄断利润,垄断企业就要对社会生产和流通实施控制与操纵,其中最主要的手段就是规定垄断价格。垄断价格是垄断组织为了从产品的销售中获得高额利润,凭借其在生产和销售中的垄断地位所制定的一种价格。如果用公式来表示这种价格就是:

垄断价格 = 成本价格 + 平均利润 + 垄断利润

一般说来,垄断价格可分为两种:垄断高价和垄断低价。垄断高价指的是垄断组织在销售商品时规定的大大超过商品价值和生产价格的垄断价格。据美国联邦贸易委员会估计,如果把垄断性公司变为竞争性公司,物价可下跌 25%,甚至更多。而垄断低价则是指垄断组织向非垄断企业或小生产者购买原材料和其他初级产品时,所规定的低于商品生产价格或价值的垄断价格。

垄断组织为了获得更多利润,是不是可以任意地提高商品销售价格或压低原材料的收购价格呢?答案是否定的。这是因为:一方面,由于竞争仍然存在,它在一定程度上对垄断价格起制约作用;另一方面,垄断组织在规定垄断价格时,不能不考虑市场的供求状况。垄断价格始终要受垄断条件下的竞争和市场供求关系制约,它的形成也不能违背价值规律。垄断价格虽然高于或低于生产价格和价值,但它仍以价值为基础,是价值的转化形式。这正如马克思在《资本论》中所指出的:"如果剩余价值平均化为平均利润的过程在不同生产部门内遇到人为的垄断或自然的垄断的障碍……以致有可能形成一个高于受垄断影响的商品的生产价格和价值的垄断价格,那么,由商品价值规定的界限也不会因此消失。某些商品的垄断价格,不过是把其他商品生产者的一部分利润,转移到具有垄断价格的商品上。"①

在当代发达国家,商品的价格一般是这样制定的:一个垄断企业预先拟出一个纳税后应达到的目标利润率,并根据这个目标利润率计算出应得的利润,然后再把利润加在成本价格上,形成大于生产价格或价值的价格。这时,本部门的其他企业都把这个价格作为出售商品的标准价格。这样形成的价格是一种能给垄断企业带来预定利润的价格,是市场价格的基础。但由于供求规律的作用,实际上出售商品的市场价格不一定和这个目标价格(垄断价格)相一致。当商品供不应求时,垄断企业就以高于目标价格(垄断价格)的价格出售;反之,就以低于目标价格(垄断价格)的价格出售。实际上,目标价格是一个中心,市场价格围绕它上下波动,这就是垄断价格机制。垄断价格机制在垄断部门内,在竞争机制和供求机制的同时作用下,起着调节生产和配置资源的作用。在非垄断部门,价格机制仍然是以市场价格围绕生产价格上下波动的形式发挥调节生产、配置资源的作用。在经济生活中垄断出现后,作为市场机制中心的价格机制就更加曲折和复杂了。

就经济生活的现实而言,垄断价格的存在既影响到等量资本获得等量利润这一原则的实行,也影响着资源配置的效率。具体表现如下:

首先,垄断改变了市场结构,阻碍了生产要素的自由流动,将完全竞争市场变成了垄断竞争、寡头垄断或独占市场,影响了资源配置的前提。因为垄断一旦形成,为了获得高额的垄断利润,垄断组织往往会拒绝新资本进入该领域,这样也就必然造成资源配置效率的低下。

其次,垄断使平均利润率规律的作用范围受到限制,评判资本效率失去统一标准。由于不同行业、不同部门的垄断组织,都以不同的垄断价格控制着该行业、该部门的利润水平,那么,平均利率规

---

① 《资本论》第 3 卷,北京:人民出版社,2004 年,第 973 页。

律发生作用的范围受到影响,这样也就限制了平均利润率规律作用的发挥,又由于各行业、各部门的利润率受到垄断价格的影响,而使评判资本效率的标准无法统一。

最后,垄断迫使社会以更高的价格购买商品,造成商品价格与商品效用的不对称,资源优化配置受到极大限制。垄断组织所确定的垄断价格,不仅包含着成本价格和平均利润,而且包含着垄断利润,因而大大高于商品的价值量,这既造成了商品价格与商品价值的严重悖离,也使价格与商品的使用价值产生了扭曲,最终制约了资源的优化配置。

总之,垄断利润和垄断价格造就了垄断市场,改变了市场机制,操纵了市场价格,导致了资源配置的效率低下。因此,在经济发展过程中,除了在一些特定的行业和部门需要垄断组织的存在以外,就全社会范围而言,应尽量减少垄断组织的存在。

第二节　商业资本和商业利润

前面研究平均利润和生产价格时假定,产业资本单独完成资本循环的所有阶段,无须借助商业资本和其他资本,并假定产业资本家独自占有雇佣工人所创造的全部剩余价值。但是,社会的实际情况并不是这样,参加资本循环过程的不仅有产业资本,还有商业资本以及其他资本形态;剩余价值也并非由产业资本家独自占有,而是由参加资本循环过程的各个资本家集团共同瓜分。那么,商业资本在整个资本循环过程中具有什么作用呢?商业利润的来源和实质是什么呢?商业资本家对商业店员又是怎样进行剥削的呢?

一、商业资本的形成和作用

通过前面的学习,我们知道产业资本在其循环过程中,相继经过三个阶段,依次采取三种职能形式,即货币资本、生产资本和商品资本。由于产业资本的各种职能形式都有它独特的职能,所以产业资本本身就包含着分离的可能性。如果这些职能不完全由产业资本所有者完成,而是按照一定的社会分工由不同的资本所有者来承担,比如产业资本所有者担负商品的生产,商业资本所有者担负商品的推销,这样商品资本就会从产业资本中分离出来,独立发挥作用,成为商业资本。

(一)商业资本的形成

商业资本的形成有一个发展过程。在资本主义发展初期,资本运动所经历的购买、生产、销售三个过程的活动,都是由产业资本所有者来完成的。产业资本所有者一边进行商品生产,一边推销商品。后来,随着资本主义生产和市场的不断扩大,如果产业资本所有者仍要自己推销商品,就必须大量增加流通领域的资本,否则就要缩小已有的生产规模,使生产资本和流通资本相适应,而这两种情况都会降低产业资本的利润率。于是,就有必要把商品资本的职能独立出来,交给专门的资本所有者去完成。这样,商品买卖活动逐渐从产业资本所有者的活动中分离出来,成为商业资本所有者的经营活动。于是,产业资本派生出商业资本。从这个过程可以看出,商业资本就是独立化的商品资本。

商业资本从产业资本当中分离出来之后,它所执行的职能仍然是商品资本的职能。因为当产业资本家把商品卖给商人之后,对产业资本家来说,他的商品资本固然已经实现,他的商品资本已经变成了货币资本,$W'-G'$的过程已经完成,他已经取得了剩余价值;但是,对商品本身来说,它并没有因此而退出流通领域,它只是变更了所有者,即由产业资本家手里转入商人手里,商品中所包含的价值和剩余价值并没有最后实现。只有当商人把商品卖给消费者,商品从流通领域进入消费领域时,商品资本才转化为货币资本,即 $W'-G'$的过程才真正结束,商品资本的职能也才得到最后的实现。

当然,商业资本的形成必须具备两个条件:一个是商业资本的职能必须由专事流通的资本所有者承担,而不能由产业资本所有者一身二任;另一个是专事流通的资本所有者必须有自己的独立资本,而且这种资本要有其特定的运动公式,并且能为资本所有者带来增殖。这两个条件缺一不可,否则,就不能称其为商业资本。

通过学习,我们已经明确了流通是无法产生剩余价值的,那么,商业资本又怎实现其价值增殖呢?

(二)商业资本的作用

商品资本独立化为商业资本,对于加速产业资本的周转和提高产业部门的利润率起着重要的作用。这些作用具体说来有以下几个方面。

首先,由于分工和商业事物的专门化,商人比起产业资本家会更熟悉市场情况、消费者的需求和各种复杂的销售条件,因此,由他们经手推销商品就可以缩短商品的流通时间,加速商品资本转化为货币资本的过程。

其次,由于分工和商业事务的专门化,商人投在商品买卖和偿付商业事务开支方面的资本,比起产业资本家各自经办商业事务来,数量上可以节省,这就会相应减少社会资本用于流通领域的数量,从而增加生产领域的资本总量。

最后,一个商人不仅可以为同一部门的几家工厂推销商品。甚至可以为不同部门的许多家工厂推销商品,因此,商业资本的周转速度就不受个别产业资本的周转的限制,它可以在产业资本的一次周转时间内,完成若干次周转。当他把甲产业资本家的一批商品推销之后,可以在甲资本家把第二批商品投入市场之前,再为乙、丙等产业资本家推销商品。这样,从整个社会的范围来看,这可以进一步减少流通中的资本数量,并缩短各部门产业资本的周转时间。

以上各点,归根到底是使资产阶级能够在一定的时间内把更多的资本投入生产,并以更大的规模榨取剩余价值。因此,商业资本的存在有利于增加产业部门的利润和促进资本主义的发展。

二、商业利润及其来源

商业资本所有者从事商品经营活动所获得的利润,就是商业利润。商业资本家的资本既然是以一种独立的资本形态发挥作用,因此,他们也和产业资本家一样,总是力图用他们的资本来获取尽可能多的利润。然而,商人是在流通领域内进行活动的,如果把他们所从事的与生产过程有关的保管、运输、包装等活动撇开不说,他们的纯粹属于流通领域的活动(即单纯买卖商品的活动),是不创造任何价值和剩余价值的。那么,商业利润又是从何而来呢?

从表面上看,商业利润是来自商品售卖价格和购买价格的差额。前面说过,产业资本家是按照生产价格出卖商品的,从社会平均的角度来说,这也就是按照价值出卖。因此,商人所获得的利润似乎只能是商品价值以上的某种加价,只能是从流通中产生了。实际上,商业利润并不是来自流通过程的单纯加价。售卖价格高于购买价格只能说明商人是从这个差额当中获得利润,但不能说明商业利润的真正来源。

分析这个问题,先要从商业资本的运动公式谈起。商业资本的运动形式是 $G—W—G'$,($G'=G+\Delta G$)。在这里,ΔG 就是商业资本的增殖额,即商业利润。很明显,这个公式也分为两个阶段:先买,G—W;后卖,W—G′。也就是商业资本所有者先以低于生产价格的价格,向产业资本所有者购买商品,然后而后再按商品的生产价格把商品卖给消费者。商业资本增殖的关键在于,以低于生产价格的价格从生产企业购买商品,按生产价格决定的价格在市场上销售产品。

从表面上看,商业利润好像是商业资本所有者通过贱买贵卖获得的,是在商品价值上"加价"的结果。然而这个购销差价的来源是什么呢?正如马克思指出的:"因为商人资本本身不生产剩余价值,所以很清楚,以平均利润形式归商人资本所有的剩余价值,只是总生产资本所生产的剩余价值的一部分。"①流通领域不产生剩余价值,商业利润不能从流通领域中产生。商业利润是产业资本所有者转让给商业资本所有者的、由生产领域工人创造的剩余价值的一部分。

为什么是这样的呢?因为商业资本在流通领域中的作用,对于产业资本也是非常重要的。如果商业资本所有者不为产业资本所有者推销商品,产业资本所有者就不能实现商品中的价值和剩余价值,或者产业资本所有者要拿出更多的资本和流通费用来推销商品,需要更大的开支,从而使他们的资本利润率下降。所以,商业资本所有者承担商品买卖活动,自然要和产业资本所有者一样取得利润。这样,产业资本所有者就不能独占全部剩余价值,必须把一部分剩余价值让渡给商业资本所有者。

商业资本所有者不仅要取得利润,而且必须获得和产业资本所有者一样的平均利润。如果商业资本的利润率低于产业资本的利润率,就会产生商业资本向产业资本转移;反之,则会产生产业资本向商业资本转移。商业部门资本所有者与产业部门资本所有者的竞争,使得商业资本与产业资本都获得大体相同的利润,即平均利润。

由于商业资本也要参与剩余价值的分配,所以平均利润率的公式就应修改为:

平均利润率=剩余价值总额÷(产业资本+商业资本)

假定一年中预付的产业资本为 $720c+180v=900$ 元,m' 是 100%,不变资本的价值在一年内全部转移到新产品中去,总的产品

---

① 《资本论》第 3 卷,北京:人民出版社,2004 年,第 314 页。

的价值为 720c＋180v＋180m＝1080 元,产业资本的利润率为 180÷900＝20%。又假定在产业资本以外还有商业资本 100 元参加商品经营,并要求同产业资本一样按比例取得相同的利润,因而社会总资本的平均利润为 180÷(900＋100)＝18%。这个降低了的平均利润率,意味着对产业利润做了一种扣除。按照这个新的平均利润率,产业资本所有者获得的产业利润为 900×18%＝162 元,商业资本所有者获得的商业利润为 100×18%＝18。在这种情况下,商业资本所有者在产业资本所有者手里购买商品的总购买价格为 720c＋180v＋162m＝1062 元,而商业资本所有者出售给消费者的商品的总销售价格为 1062＋18＝1080 元,这些商品的总销售价格和它们的价值完全相等。所以,商业资本能够获得商业利润在于它参加了利润的平均化。商业资本所有者获得商业利润,并没有使商品的价值增加一点新的东西。

三、商业资本对商业店员的剥削

商业资本所有者进行商品买卖活动需要雇佣商业店员。但是,商业店员所从事的单纯买卖商品的活动是一种非生产性劳动,这种劳动既不创造价值,也不创造剩余价值,商业资本所有者所获得的商业利润只是产业工人创造的剩余价值的一部分。那么商业店员是不是就不受商业资本家的剥削,或者没有对社会作出贡献呢？事实并非如此。

商业店员和产业工人一样,他们既无生产资料,也无生活资料,也是靠出卖劳动力为生的雇佣劳动者,他们的劳动力价值同样也是由生产和再生产劳动力商品所必需的社会必要劳动时间决定的。因此,商业店员的工资同产业工人的工资一样,是劳动力价值或价格的转化形式。

商业店员的工作日同产业工人的工作日一样,也要分为必要劳动时间和剩余劳动时间。尽管商业店员从事的买卖活动并不创造价值和剩余价值,但它却能够实现商品的价值和剩余价值,用来补偿商业资本所有者可变资本的支出。产业工人的剩余劳动为资本所有者创造了剩余价值,商业店员的剩余劳动为资本所有者实现了剩余价值。商业店员在剩余劳动时间内实现的那部分剩余价值,则以商业利润的形式归商业资本所有者无偿占有了。

在资本主义条件下,商业店员和产业工人一样,也是被剥削者。商业店员的剩余劳动尽管不是商业利润的来源,却是商业资本所有者取得商业利润的基本条件。商业资本所有者只是预付资本,并不劳动,经营商品买卖的活动是由商业店员来完成的。商业资本家总是千方百计地延长劳动时间,增加劳动强度,不断提高劳动生产率来加重对商业店员的剥削,从而减少实现剩余价值的费用,获取尽可能多的商业利润。

商业利润的实质就是商业资本所有者利用商业店员的无偿劳动,从而取得产业资本所有者让渡的那一部分剩余价值。商业资本家直接剥削在流通领域内创造剩余价值的产业工人,同时还通过贱买贵卖等手段剥削广大小生产者和消费者。

第三节 借贷资本和利息

一、借贷资本及特点

(一)借贷资本的本质

借贷资本是市场经济制度下的生息资本。所谓生息资本,是指货币所有者为了获得利息而暂时借给别人使用的货币资本。生息资本是资本的古老形态之一,早在资本主义社会以前就存在,表现为高利贷资本,在资本主义社会表现为借贷资本。高利贷资本和借贷资本是生息资本的两种形式。

高利贷资本是同小生产、自耕农和小手工业主占优势的情况相适应的。小生产者的经济极不稳定,常常因为意外事故、自然灾害、人为盘剥而使生活和生产陷入困境,为了应付天灾人祸,不得不忍受高利贷盘剥;一部分奴隶主和封建主,为了维持其奢侈生活,弥补寄生性消费的巨额开支,或者出于政治斗争的需要,有时也求助于高利贷。由于借贷人不是为了投资营利,而是为了获得必要的购买手段和支付手段而借款,生息资本能够要求很高的利息,故称为"高利贷"。在前资本主义社会,高利贷得到了广泛的发展,成为信用的基本形式。

借贷资本是指为了取得利息而暂时贷给职能资本家(包括产业资本家和商业资本家)使用的货币资本,它具有通过定期让渡使用瓜分剩余价值的特殊职能。借贷资本的借贷关系是资本使用权的转让关系,贷款者保留资本所有权,转让使用权,借款者取得资本使用权。

(二)借贷资本的形成

借贷资本是在产业资本运动中逐步形成和发展起来的。在职能资本的循环和周转过程中,由于种种原因,一方面一部分资本家手中会经常出现暂时闲置的货币资本。例如,尚未用来更新固定资本的折旧基金,待发放的工资,待购原材料的货款,以及准备用于扩大再生产的积累资金等。所有这些暂时闲置的货币资本,既然从职能资本中游离出来,就停止了增殖,而资本的本性决定了这些货币资本需要寻求运动场所来实现价值增殖。另一方面,一部分职能资本家为了不使生产过程中断,或为了获取更多的剩余价值,要扩大生产规模(如需要固定资本更新,需要购买原材料或支付工资,扩大再生产需要追加资本,但自有资本尚有欠缺等),从而会产生对货币资本的临时需求。这样,一方面有货币资本的闲置,另一方面又有货币资本的需求,在追求剩余价值这一共同目的的驱使下,货币资本家与职能资本家之间就会形成调剂货币资本的借贷关系。于是,这些暂时闲置的货币资本就变成了借贷资本,逐渐地出现了专门从事货币资本的借贷活动和依靠借贷利息过活的资本家,即借贷资本家。因此,职能资本的循环和周转是借贷资本形成的基础,借贷资本的来源主要是产业资本循环中产生的大量的闲置货币资本。

我们把生产和实现剩余价值的资本叫职能资本,职能资本包括产业资本和商业资本。在社会资本中,除职能资本外,还有另外一种资本,叫作借贷资本。借贷资本是资本所有者通过货币借贷关系来获取利息的一种资本形态。

综上所述,借贷资本的本质在于:它是适应资本主义生产和流通的需要而产生的,是在职能资本运动的基础上形成并为职能资本的周转服务,它是从属于职能资本的一种形式。借贷资本一方面体现着资本使用者占有雇佣工人剩余劳动的关系,另一方面还体现着借贷资本所有者和借贷资本使用者之间的关系。但是,借贷资本一经形成,就成为一种独立的资本形式,并具有与职能资本不同的特点。

(三)借贷资本的特点

1. 借贷资本是一种资本商品

在市场经济条件下,作为资本的货币具有双重使用价值:一是作为单纯货币的使用价值,即充当一般等价物,执行流通手段和支付手段的职能;二是作为资本的使用价值,即具有生产利润的能力。借贷资本所有者把货币资本贷给别人时,实际上他转让的是货币作为资本的使用价值,利用它可以生产利润。借贷资本使用者之所以借入货币资本,不是由于它可以作为一般的购买手段和支付手段用来购买消费品,而是由于它能实现价值增殖,可以用来获取利润。因此,货币资本在借贷中作为可能的资本,作为生产利润的手段,是作为一种特殊商品让渡的。

不过,借贷资本这种商品不同于普通商品。第一,普通商品的使用价值是它的自然属性,被消费使用后就会消失;借贷资本的使用价值是一种具有生产利润的能力,这种能力可以反复使用,不具有消失性。第二,普通商品的转让是买卖关系,是商品所有权的位移;而资本商品的转让是借贷关系,借贷资本所有者在贷出货币时,并没有放弃他对资本的所有权,只是暂时让渡资本的使用权。第三,普通商品的买卖贯彻等价交换原则,卖方转让商品,买方按等价支付货币,发生的只是价值形态的变化而没有价值的增殖;而资本商品的转让并没有同时收回它的等价物,只是暂时让渡资本的使用权,到期他要收回资本,并带来一定的利息,实现价值的增殖。第四,在普通商品的买卖中,买方支付的是商品的价值;而在资本商品的借贷中,借方支付的是利息。利息不是资本商品价值的货币表现,而是对使用借贷资本的报酬。

2. 借贷资本是一种所有权资本

借贷资本的运动具有双重支出和双重回流的特点。第一重支出是借贷资本所有者把货币借给借贷资本需求者使用;第二重支出是借贷资本使用者将借入的货币资本投入生产过程和流通过程,变为再生产的要素。第一重回流是借贷资本使用者将商品销售出去,收回已经增殖的货币资本;第二重回流是借贷资本使用者以还本付息的方式把货币归还给借贷资本所有者。这样,同一个资本就具有了双重存在:对借贷资本所有者来说,它是所有权资本,即财产资本,他可以凭借资本的所有权定期从借贷资本使用者那里获得利息;对于借贷资本使用者来说,它是职能资本,生产或者实现剩余价值。所以,借贷资本是所有权与使用权分离的货币资本。资本的所有权属于借贷资本所有者,使用权属于借贷资本使用者。

3. 借贷资本是最具有拜物教性质的资本形式

借贷资本具有不同于职能资本的特殊运动形式,是最具有拜物教性质的资本形式。借贷资本的运动公式是：$G-G'$。就是说，借贷资本所有者把货币资本贷放出去，经过一定时期收回更多的货币，包括原有资本和利息。这种特殊的运动形式造成一种假象，似乎不经过任何的生产过程和流通过程，货币本身可以生产出更多的货币。借贷资本的这一特点，进一步掩盖了经济关系的实质，使资本拜物教达到了顶峰。

$G-G'$ 的运动从表面上看似乎与资本再生产无关，实质上它完全依赖并包含着资本再生产过程。借贷资本实际运动的完整公式应该是：$G-W\begin{Bmatrix}Pm\\A\end{Bmatrix}\cdots P\cdots W'-G'$。公式的最初阶段表示借贷资本所有者把货币资本贷给职能资本家；中间阶段表示借贷资本使用者使用借贷资本生产和实现剩余价值的过程；最后阶段表示职能资本家向借贷资本家偿还本金和支付利息。

货币借贷关系对于经济发展非常重要。在商品经济条件下，商品生产和流通与资金的运动在时间和空间上有着不一致性。我们时常会发现这样一个矛盾：一方面有着大量的资金闲置，另一方面一些企业生产却缺少资金。如果任由这一矛盾发展下去，就会破坏经济的正常运行。那么，是不是需要银行多印一些钞票给这些资金欠缺的单位呢？这显然不太现实。如何来解决这一矛盾呢？通过什么方法才能让闲置的资金转移到急需资金的企业中去呢？事实上，只要建立起货币资本市场，运用借贷关系或手段，拥有大量闲置货币资本的企业就会把手中的货币资本贷出去，供急需货币的企业使用。

为什么建立起货币资本市场就能达到这个目的呢？这是因为在资本借贷关系中，贷款者保留了资本的所有权，借款者则仅仅取得资本的使用权。企业使用借贷资本所获得的平均利润不能独占，必须分出一部分作为资本使用权的报酬。企业为取得货币资本的使用权而支付给货币资本所有者的那部分平均利润就是利息。借贷资本的运动公式直接表现为 $G-G'$，即贷出货币资本，收回更多货币资本的运动。

二、利息和企业利润

在市场经济中，资本作为一种重要的生产要素，其投入是以获利为目的的。利息就是资本要素获得的利益回报。在不同的社会制度下，利息表现为不同的性质。

这样,秘密就被揭穿了:借贷资本所有者之所以把货币资本贷放给职能资本所有者使用,是因为可以取得利息,可以通过最直接的方式使自己的资本增殖。在资本主义制度下,借贷资本所有者把货币资本贷给使用者使用不是无偿的。借贷资本使用者在归还贷款时,必须向其所有者支付一定数量的货币作为使用这笔货币资本的报酬,这就是利息。利息是指借贷资本使用者使用借贷资本而向借贷资本所有者支付的报酬,它是剩余价值的特殊转化形式。利息是由借贷资本使用者支付的,其来源归根结底是产业工人创造的剩余价值的一部分。

也正是由于借贷关系的存在,使同一货币资本取得了双重存在:资本所有者把货币资本当作资本贷出,企业作为资本使用者把货币资本作为借入资本。"一个人有了两个身份",当然这无须惊慌。因为借贷资本只能在职能资本所有者手中发生作用,只能产生一次利润,资本的所有者和使用者只不过是对同一资本带来的平均利润进行了一下分割而已。

由此我们知道了,在借贷关系存在的情况下,企业所取得的平均利润,其实要被分割为两块,一块归企业所有,另一块则要归借贷资本所有者所有。一般情况下,往往把企业借用货币资本经营所取得的平均利润,扣除利息以后的余额叫企业利润。在借贷关系中,资本的所有权和使用权是相互分离的,借贷资本所有者掌握着资本的所有权,职能资本所有者取得资本使用权。作为资本的所有者,要获取利息;作为资本的使用者,则获取企业利润。

三、利息率的计算

利息量的大小取决于借贷资本的数量和当时通行的利息率的高低。用公式可以表示为:

利息量＝借贷资本数量×利息率

利息率是在一定时期内利息量与借贷资本量的比率。用公式可以表示为:

利息率＝利息量/借贷资本数量×100％

例如,某个10000元的借贷资本,一年能获得300元的利息,则年利率＝300/10000×100％＝3％,习惯上称为年利3厘。利息率体现借贷资本增殖的程度。

利息率的高低是有一定界限的,它的最高界限是平均利润率。因为利息是平均利润的一部分,在一般情况下,利息率低于平均利润率,不能等于更不能超过平均利润率。利息率的最低界限也不能等于零,否则,借贷资本所有者无利可图,宁愿把货币储存起来而不会冒贷款的风险,借贷资本也就不存在了。因此,利息率总是在平均利润率和零之间波动。

影响利息率的变化取决于下列因素:

第一,平均利润率的高低。既然利息是平均利润的一部分,平均利润率就是利息率的最高界限。所以,在利息和平均利润的比例固定不变时,利息会随平均利润总量的增减而增减,利息率会随平均利润率的升降而升降。

第二,借贷资本的供求状况。当平均利润率一定时,利息率就取决于平均利润分割为利息和企业利润的比例。这个比例首先决定于金融市场上借贷资本的供求状况。在供求双方的竞争中,如果借贷资本的供给大于需求,企业利润所占比重增加,利息所占比重则降低,利息率就会下降;如果借贷资本的需求大于供给,企业利润所占比重降低,利息所占比重则增加,利息率就会提高。这表明,借贷资本所有者和企业经营者在分配剩余价值方面又存在着矛盾。如果借贷资本供求平衡,在一定平均利润率水平的条件下,利息率由习惯和传统来决定。

影响利息率高低的还有其他一些因素,如借贷资金风险的大小、借贷时间的长短等。

综上所述,在货币资本市场上,由于借贷利息的存在,使借贷关系有了发生的可能性,那么,货币资本的所有者通过什么方式,才能将手中拥有的闲置资本贷给资本的需求者呢?一般而言,主要有直接方式和间接方式两种。现在我们首先来研究间接方式的主要代表:银行资本。

四、银行资本

邓小平曾指出:"金融很重要,是现代经济的核心。金融搞好了,一着棋活,全盘皆活。"这里所讲的金融,即资金融通。资金融通分为直接融资和间接融资。间接融资是指以银行作为中介来融通资金的一种方式;直接融资则是指不经过银行中介,由资金需求者通过发行债券、股票等有价证券筹集资金的一种方式。

银行是一种特殊的企业,它的特殊职能就是充当货币借贷关系的中介人。银行以吸收存款的方式把社会上的闲散资金聚集起来,然后通过各种贷款的形式,把货币资本借给企业使用。

银行主要分为中央银行、商业银行和专业银行。中央银行是一国金融体系的核心,它是发行的银行、银行的银行、政府的银行。商业银行是银行体系中的骨干,是以经营存贷款、办理转账结算为主要业务,以盈利为主要经营目标的金融企业。专业银行是专门经营指定业务,提供某些专业性金融服务的银行。在我国目前的银行体系中,主要有中央银行、政策性银行和商业银行三大类。

银行经营必须有银行资本。银行资本包括:自有资本和吸收的存款两个部分,也称银行经营资本。银行自有资本是银行的资本金,其在经营资本中所占的比重是银行金融安全的指标之一。银行的业务开展以信用为基础,所吸收的存款不能全部借贷出去,它必须保留一部分以满足客户随时提取的需要。银行将存款分为准备金和可支配资本两个部分。准备金在银行资本中的比例叫存款准备金率,这个准备金率由中央银行规定,也叫法定准备金率,这是银行安全的指标之一,同时也是中央银行管理金融市场的手段。银行资本从物质形态或构成来看,也可分为现金和有价证券两个部分。有价证券不是现实资本,而是虚拟资本。

银行经营的特殊性在于它以货币资本为业务经营对象。银行业务主要包括:负债业务和资产业务。负债业务主要分为存款、储蓄、银行拆借和向中央银行借款等。资产业务主要包括信用贷款、抵押贷款、票据贴现、购买股票、债券以及其他有价证券等投资业务。此外,银行还经营结算、转账、汇兑等业务。

银行资本所有者开办银行,其目的也是为了取得利润。银行利润一般来源于银行存贷款之间的利息差额和各种非信用业务收入。所以,银行贷款利息率必须高于存款利息率。而银行自有资本部分也要获得同产业资本、商业资本大体相等的平均利润。如果银行利润率低于平均利润率,银行资本所有者就会将资本转移到产业或商业部门;反之,如果银行利润率高于产业、商业部门,产业资本和商业资本的所有者就会将资本转移到银行业来。

五、虚拟资本与证券市场

随着资本主义经济和信用制度的发展,出现了股份公司这样的企业,它的资本是通过发行股票,把社会上许多个别资本集中起来而形成的股份资本。

(一)股票

股票是股份有限公司在筹集资本时向出资人发行的股份凭证。

股票的持有者就是股份公司的股东。

股票代表着股东对股份公司的所有权,具有以下基本特征:

(1)不可偿还性。投资者认购了股票后,不能向股份公司退股而抽出资本。如果投资者要收回资本金,只能把股票转让给别人。

(2)参与性。每个股东都有权参加讨论和决定股份公司的重大经济活动,股票持有者的投资意向和享有的经济利益,通常是通过行使股东的参与权来实现的。但实际上,股份公司的大权基本上掌握在少数大股东手中,他们决定着公司的一切活动。

(3)收益性。股东凭其持有的股票所有权从公司领取股息或红利,获取投资收益。股票和红利的多少主要取决于公司的盈利水平和公司的盈利分配政策。由于股票可以转让,所以股票的持有人还可以通过低价买入和高价卖出来赚取差价收入。

(4)流通性。股票的流通性是指股票在不同投资者之间的可交易性。这种可流通性使得投资者可以在市场上卖出所持有的股票,取得现金。股份公司也可以不断向市场增发新股以吸收大量的资本用于生产经营。

(5)价格波动性和风险性。同商品一样,股票在交易市场上有自己的市场行情和市场价格。由于股票价格受多种因素的影响,其波动有很大的不确定性。例如,曾称雄于世界计算机产业的国际商用机器公司IBM,当其业绩不凡时,每股价格曾高达170美元,但在出现经营失策时,股价则下跌到每股40多美元。正是这种不确定性,有可能使股票投资者遭受损失。价格波动的不确定性越大,投资风险也越大。美国华尔街股市预言家格连威对此有精彩的解释:"股票市场服从地球引力定律,从地面拾级而上要用两个半钟头才能够到达纽约帝国大厦顶层,但如果从顶层跳下来,8秒半就会到达地面。"可见,股票是高风险的金融投资。

股票可以买卖,它是一种特殊的商品。股票本身没有价值,由于可以出卖,就有了价格。股票价格是股票在市场上买卖的价格,又称"股票行市"。

股票价格=预期股息÷利息率

假定,一张票面金额为1000元的股票,如果一年取得100元的股息收入,年利息率为5%,那么这张股票的价格就等于100元÷(5/100)=2000元。因此,股票的票面金额和股票的价格往往是不一致的。股票的票面金额代表股票持有者投入股份公司的资本价值,是固定不变的。股票价格由股息和利息率决定,是变动的。在一般情况下,股票价格的变动与股息的变动成正比,与利息率的变动成反比。

以上得出的股票价格,我们只能把它叫作理论价格。在市场上,股票实际价格还受到许多因素的影响。几乎一切影响企业经济效益的行为或现象,都会影响企业的经营效益,从而影响股票的价格。此外,影响股票价格的还有经济因素、政治因素、投机因素等。

股票价格与股票票面面额并不一致,这就使股份公司的股票价格总额和股份公司的实际资本总额也不一致,一般总是前者大于后者。创业利润就是股票价格总额大于股份公司实际资本总额的差额。

(二)债券

债券是政府、金融机构、工商企业机构直接向社会借债筹措资金时,向投资者发行并承诺按一定利率支付利息、按约定条件偿还本金的债权债务凭证。

债券作为一种重要的融资手段和金融工具具有如下特征:

(1)偿还性。债券一般都规定有偿还期,发行人必须按约定条件偿还本金并支付利息。

(2)流通性。债券一般可以在流通市场上自由转让。

(3)安全性。与股票相比,债券通常规定有固定的利率,它与企业业绩没有直接联系,风险较小,收益比较稳定。在企业破产时,债券持有人对企业剩余资产享有优先索取权。

(4)收益性。投资债券可以给投资者定期或不定期地带来利息收入,而且还可以利用债券价格的变动,买卖债券,赚取差价。

与股票一样,债券的价格与票面金额也不一致。

债券价格=债券利息÷银行利息率

由于大多数债券的利率都是固定利率,购买债券的利息可以事先确定,因此,大多数债券的价格只受银行利息率涨落的影响。

同股票相比,债券的安全性较高,但投资者购买债券仍要承担一定的风险。如果发行者到期不能还本付息,投资者就会蒙受损失。发行者不能还本付息是投资债券的最大风险,称为信用风险。为了方便投资者决策,就需要有专门的机构对债券的可靠程度进行客观、公正和权威的评定,也就是进行债券信用评级。一般说来,资信等级越高的债券,越容易得到投资者的信任,能够以较低的利率出售;而资信等级低的债券,风险较大,只能以较高的利率发行。目前国际上公认的最权威的信用评级机构,主要有美国的标准普尔公司和穆迪投资公司。

(三)虚拟资本

股票、债券等有价证券的出现,使同一资本取得了双重的存在。例如,某公司发行了100万元股票和20万元债券,这征集来的120万元资本,既是实际投入企业的现实资本,表现在厂房、机器、原材料和人力等上面;同时又当作资本价值,表现在100万元股票和20万元的债券上。这120万元有价证券,虽然本身没有价值,但却能给它的持有人定期带来一定的收入,也能按一定的价格出卖。所以对持有者来说,它本身也就像资本一样。然而它毕竟不是发挥现实作用的真实资本,它本身没有价值,只是把有价证券按一定的利息率换算成一个想象的价值或资本。所以,凡是以有价证券形式存在并使其持有者定期获得一定收入的资本,都是虚拟资本。

虚拟资本与实际资本存在着一定的区别。这种区别往往表现为两个方面:一方面,从质上看,虚拟资本没有价值,又不进入生产和流通过程发挥职能作用,只不过是"资本的纸质复制本";另一方面,从量上看,各种有价证券的价格总额,即虚拟资本的数量,总是大于实际资本,其数量变化也不反映实际资本的数量变化。正是由于虚拟资本这些不同于实际资本的特性,才使得证券市场得以出现并迅速发展起来。

证券市场按其职能的不同分为证券发行市场(初级市场)和证券流通市场(二级市场)。证券发行市场是进行新证券发行的场所,证券流通市场是对已发行的证券进行交易的市场。这两个市场相互联系,形成统一的证券市场体系。

1. 证券市场的主要功能

证券市场作为金融市场的重要组成部分,是商品经济、信用经济高度发展的产物,是市场经济中的一种高级组织形态,其主要功能包括:其一,是企业和国家筹措长期资金的重要渠道。到2011年10月底,我国在境内证券交易所上市的公司已达2342家,在境外证券交易所上市的公司为43家,中国证券市场的市价总值为21.48万亿元。为企业发展提供了良好的融资渠道。从1991年至2011年,证券市场已累计上缴印花税700多亿元,为国家财政做出了重大贡献。其二,有利于社会资源的优化配置。证券市场集中了市场上所有的经济信息,一般情况下,只有那些效率高、信誉好、有发展前景的企业才能在证券市场上通过发行证券直接筹集生产所需资金。也只有这些企业才能不断地获得更多的资金扩大自己的资本和实力,同时根据市场信息不断调整、优化企业组织结构。由于证券市场集中了大量的买者和卖者,汇聚了来自各个方面的信息,因而市场透明度较高,能充分体现"优胜劣汰"、"效率优先"的市场经济原则,使资源不断地由那些低效率的、走下坡路的"夕阳企业"转移到高效率的、蒸蒸日上的"朝阳企业"。其三,能灵敏地反映社会经济的动向。证券市场上频繁的证券交易,突出反映了整个社会的资金余缺情况。证券的价格变化直接反应了资金的供求状况。这种价格变化还在一定程度上反映了社会经济的动向。所以,曾有人把证券市场称为一个国家"经济发展的晴雨表"。

2. 证券市场的消极因素

在社会经济运行中,证券市场具有积极的功能,但不可否认,它也存在着一些消极因素。证券市场的消极因素集中表现在它的高风险性。这种高风险性是由证券的本质及证券市场运行的复杂性决定的。

(1)证券的本质决定了证券价格的不确定性。证券从本质上讲,只是一种价值符号,本身没有价值。证券所表现出来的价格,只不过是市场对资本未来预期收益的货币表现而已。这种收益要受到利率、汇率、通货膨胀、所属行业的前景、经营者能力、经营业绩和个人及社会心理等多因素的影响,表现在价格上就具有较强的不确定性。

(2)证券市场运作的复杂性导致了证券价格的波动性。与一般的商品市场相比较,证券市场的供需主体及决定供需变化的因素和机制更加复杂。证券市场参与者从企业到政府、从个人到机构,他们在市场中的地位各不相同,有的是发行主体,有的是交易主体,还有的是中介机构,他们分别代表着不同的利益主体,对市场的熟悉程度和内部运行机制也各不相同。从交易工具来看,各类工具诸如债券、股票、基金及金融衍生产品等,在性质、交易方式、价格形成等方面既自成一体又相互联系。特别是一些金融衍生产品,比如金融远期合约、金融期货、金融期权、掉期合约等,它们的共同特征就是保证金交易,即只要支付一定比例的保证金就可以进行全额交易,不需要实际上的本金转移,最后交易的结果也只需要采用差价结算的方式。比如说按 10% 的保证金比例,那么交易者用 5000 元的保证金就可以操作 50000 元的商品,交易价格每变动 1%,投资者就相应盈亏 500 元。相对于 5000 元的保证金,盈亏率为 10%。保证金越低,杠杆效应就越强。正是因为这个因素,证券投资被认为是风险极大也是利润极高的投资。

(3)投机行为加剧了证券市场的不稳定性。证券市场不缺少投机者,投机意味着抓住机遇与机会。投机行为是事先预测将来价格变动趋势,采用低进高出的手段来谋取利润,它向未来不确定的价格提出挑战,使市场富有流动性和朝气。但是投机资本追逐高额利润的行为,也加剧了市场价格的波动。当投机行为超过正常界限,变成过度投机时则可能破坏社会经济的运行。比如,在1997年7月爆发的东南亚金融危机中,索罗斯的金融投机行为就起到了导火索的作用。在1997年6月和7月,泰国被迫关闭了91家金融公司中的58家。由此波及整个东南亚乃至全球经济。

(4)证券市场风险控制难度较大。由于证券市场汇集了市场交易所有的信息,涉及面广,敏感度高,任何政治、经济事件都会对证券市场产生较大的影响,从而引起各种市场风险的发生,并将引起各种难以预料的变动。比如说1998年6月到8月,由于日元对美元一再贬值,香港金融形势出现反复,经济出现负增长,恒生指数大幅下跌,对我国投资者心理构成较大影响。加之国家宏观经济形势未出现明显好转,从1998年6月4日开始,两市股指开始下跌。特别是长江流域和松花江、嫩江流域发生特大洪涝灾害等情况,两市股指震荡下行。1998年8月末沪深综合指数分别收于1150点和344点,比5月末分别下跌23%和27%。再比如,1998年日本大和银行倒闭,直接原因就在于其纽约分行的工作人员违规进行美元国债买卖,造成11亿多美元的亏损。这些都说明证券市场风险无处不在、无时不有。

(5)证券市场风险对社会和经济的冲击力和破坏力较大。证券市场的发展固然需要一定的风险的存在,但过度的市场风险对整个社会、经济的稳定和发展都会产生较大的冲击力和破坏力。比如1929年10月,率先发生在美国股市,继而引起世界整个股市严重动荡的"黑色星期一"事件,令美国股民在一天之内就损失了几千亿美元的账面价值,造成许多破产者跳楼自杀,足以称得上是惨痛之极。与此相类似的是,1997年10月因为亚洲金融风暴,再次引起波及包括中国股市在内的世界各国股市的动荡,"黑色星期一"幽灵再现,使得世界上最著名的纽约证券交易所连续几次因暴跌而停板,造成广大股民的极大损失。由此我们可以看出,由于证券市场存在着难以控制的、对社会和经济的发展具有较大冲击力和破坏力的市场风险,所以,我们要对证券市场采取鼓励和引导的方针,尽可能发挥它对社会、经济发展的积极作用,力争使其负面作用降到最小。

第四节 资本主义地租

一、土地所有权与地租

土地制度是指人们在占有、支配和使用土地的过程中所结成的各种经济关系的总和,其核心是土地的产权制度,包括土地所有权和土地使用权两大方面。土地所有权是指土地所有者在法律规定的范围内,对土地享有的占有、使用、处分和收益的权利。根据土地所有权的不同,可以把土地制度区分为两种基本形式:土地私有制和土地公有制。

地租是土地的使用者为租用土地而向土地的所有者支付的经济代价,是土地所有权在经济上的实现形式。地租的本质就是土地所有者凭借土地所有权而获得的一种收入,因此,地租的存在是以土地所有权的存在为前提的,进一步说是以土地所有权和使用权的分离为前提的。不同性质的地租取决于不同性质的土地所有制。在不同的社会形态中,因土地所有制的性质不同,地租的性质、内容以及所体现的社会生产关系也就不同,地租具体采取怎样的形式,是由一定的生产方式所决定的。因此,地租是一个历史范畴。

在资本主义发展初期,各国都有过各种不同形式的土地所有制。随着资本主义在农村中的发展,除了农民的小土地所有制还有一部分被保存下来以外,其余各种形式的土地所有制都通过不同途径,演变为资本主义土地所有制。

由于各国的具体条件不同,资本主义土地所有制形成的途径也不同,概括起来主要有两条道路:一条是改良的道路或普鲁士道路,另一条是革命的道路或美国式道路。

在资本主义土地所有制下,一方面土地的所有权同经营权完全相分离,大土地所有者掌握和集中了大量土地,但他们自己不从事生产经营活动,而把土地出租给农业资本家,土地的所有者依靠对土地的所有权收取地租。而在封建土地私有制下,一方面农民租种封建地主的土地,向地主缴纳地租,土地的所有权与经营权在一定程度上分离;另一方面,土地所有权同劳动者人身依附于土地的关系相分离,农业工人在法律上具有人身自由,摆脱了对封建地主的人身依附关系,他们可以自由地向农业资本家出卖自己的劳动力。土地所有权完全同农业经营相分离,并且也同人身依附关系相分离,这是资本主义土地所有制的一般特点。正如马克思所指出的:"一方面使土地所有权从统治和从属的关系下完全解放出来,另一方面又使作为劳动条件的土地同土地所有权和土地所有者完全分离。"① 这样就在资本主义农业中形成了大土地所有者、农业资本家和农业工人三个阶级之间的关系。

土地是一种自然资源,也是一种生产要素。土地得到有效利用的基本条件就是保证土地所有权能够在经济效益上得到充分实现。土地所有权在经济上的体现就是地租。地租是指土地租用者为了使用土地而付给土地所有者的代价。马克思指出:"不论地租有什么独特的形式,它的一切类型有一个共同点:地租的占有是土地所有权借以实现的经济形式。"② 这就是说,一切形式的地租都是土地所有权在经济上实现自己、增殖自己的形式。地租按其产生条件和原因的不同,可以分为级差地租和绝对地租。

二、级差地租

级差地租是等量资本投在不同地块上或等量资本连续投在同一块地上,具有不同生产率所带来的结果,生产率较高的投资所获得的超额利润形成级差地租。

级差地租是和土地的等级相联系的。假定土地分为优等、中等和劣等三个级别。在这种条件下,即使租种面积相等的土地,由于土地的等级不同,交纳的地租数量也不一样。优等地的地租高于中等地的地租,中等地的地租又高于劣等地的地租。地租的高低随着土地等级的差别而具有级差性。那么,为什么地租有级差性呢?它是什么原因造成的呢?

在自然界中,由于土地数量是有限的,当它被某个人占用后,别的人就不能使用,这就造成了土地经营的垄断。这种垄断使农产品的社会生产价格不能像工业产品那样,由中等或平均生产条件生产的产品的生产价格决定,而只能是由劣等地生产的产品的个别生产价格决定。因为在不同土地上耕种的劳动生产率不一样,生产农产

---

① 《资本论》第 3 卷,北京:人民出版社,2004 年,第 697 页。
② 《马克思恩格斯全集》第 25 卷,北京:人民出版社,1966 年,第 714 页。

品的劳动消耗不同,产品的个别生产价格有高、有低。劣等地上劳动生产率低,产量少,产品的个别生产价格较高;优等地的劳动生产率高,产量多,产品的个别生产价格较低。如果农产品也像工业产品那样,由中等条件的产品的生产价格决定社会生产价格,经营劣等地就得不到平均利润,就没有人愿意投资,从而导致农产品不能满足市场的需要,物价一直上涨到劣等土地也能获得平均利润为止。只有让劣等地生产的产品的个别生产价格来决定农产品的社会生产价格,才能使劣等地也加入耕种的行列以满足社会对农产品的需要,使经营劣等地的资本所有者也能获得平均利润。于是,优等地和中等地的投资者就可以使产品的个别生产价格低于社会生产价格,按照社会生产价格出卖,从而获得数量不等的超额利润。这个超额利润由于土地经营权的垄断不会消失,但由于农业资本所有者经营的土地是从土地所有者手里租来的,土地的所有者就可以凭借对土地的所有权索取超额利润,从而超额利润就转化为级差地租。

必须指出,土地只是形成超额利润的客观条件,不是它的源泉。土地作为自然资源,本身并不创造价值和利润。如果没有农民的劳动,再好的地也不可能创造出任何利润。所以,超额利润、级差地租的来源不是土地,而是农民的劳动。我们不能把产生级差地租的自然条件和级差地租源泉混为一谈。

级差地租可分级差地租第一形态(级差地租Ⅰ)和级差地租第二形态(级差地租Ⅱ)。由于土地肥沃程度不同、位置优劣不同等所产生的超额利润转化成的地租,称为"级差地租第一形态";由于对同一土地进行追加投资所产生的超额利润转化成的地租,称为"级差地租的第二形态"。

我们首先用同量资本投在面积相等而肥沃程度不同的三块土地为例,来说明级差地租Ⅰ的形成,如表7-3所示。

表7-3

土地等级	单位面积粮食产量(吨)	成本投入(元)	平均利润(元)	个别生产价格(元)		社会生产价格(元)		级差地租Ⅰ(元)
				全部产品	每吨	每吨	全部产品	
劣等地	4	100	20	120	30	30	120	0
中等地	5	100	20	120	24	30	150	30
优等地	6	100	20	120	20	30	180	60

上表三块土地上投的资本都是100元,由于土地肥沃程度不一样,因而单位面积粮食产量分别为4吨、5吨、6吨。假定平均利润率为20%,不同土地上全部产品的个别生产价格总额是120元,而它们的单位(每吨)产品的个别生产价格分别为30元、24元、20元。如果农产品在市场上按照劣等地生产的产品的个别生产价格所决定的社会生产价格出售,也就是30元出卖,劣等地的投资收入120元,扣除100元投资和20元的平均利润,就没有超额利润。而中等地和优等地的投资收入分别为150元和180元,扣除了资本和平均利润,中等地可获得30元的超额利润,同理优等地可获得60元的超额利润。这30元和60元的超额利润就转化为级差地租Ⅰ,这是级差地租的第一种形态。那么,级差地租第二种形态(级差地租Ⅱ)是怎样形成的呢?

级差地租Ⅱ的形成必须以级差地租Ⅰ的存在为前提。假定随着农业经营由粗放型向集约型转变,为提高土地的单位面积产量,必须对土地连续追加投资,就可以使同一块土地的产出水平不断提高,这时扩大的产量仍按原市场价格出售,便可获得超额利润。在农业资本所有者同土地所有者续订租约时,土地所有者估计到这种由追加投资所得的收益就会提高租金,于是这种超额利润就会落入土地所有者的腰包里去。

我们可以用表7-4来说明级差地租Ⅱ的形成:假定由劣等地所决定的农产品的社会生产价格不变,那么在中等土地和优等土地上追加投资,就可以获得级差地租Ⅱ。原来的优等地的投资是100元,生产8吨粮食,个别生产价格是每吨20元,在市场上按每吨30元的价格出售,获得60元的超额利润,形成级差地租Ⅰ。现在,在原有的投资基础上,追加投资100元,用于购买高效肥料和先进的农具,加强农作物的管理,结果生产了8吨粮食,个别生产价格为15元,在市场上还按30元的价格出售,获得120元超额利润,形成级差地租Ⅱ。

表7-4

土地等级	成本投入(元)	单位面积粮食产量(吨)	平均利润(元)	个别生产价格(元)		社会生产价格(元)		级差地租(元)
				全部产品	每吨	每吨	全部产品	Ⅰ
劣等地	100	4	20	120	30	30	120	0
优等地	100 追加100	6 5	20	120 120	20 24	30 30	180 150	60 30

级差地租的第一形态和第二形态的内容都是超额利润,是土地经营权垄断的结果,土地所有权使这个超额利润最终成为级差地租如表7-5所示。

表7-5 级差地租Ⅰ和级差地租Ⅱ的比较

	名称 项目	级差地租Ⅰ	级差地租Ⅱ
区别	定义	由于土地肥力和位置不同造成不同生产率所引起的超额利润而转化的地租	对同一块土地连续追加投资造成的不同生产率引起的超额利润而转化的地租
	经营方式	资本并列地投在不同地块上,采取粗放经营	资本相继地投在同一地块上,采取集约经营
	产生条件	土地肥力和位置的差别	连续投资的不同生产率
	量的变动	随耕地面积的扩大而增加	随投资总量的增加和农业劳动生产力的提高而增加
	超额利润的分割	归土地所有者占有	租约期内归农业资本家占有,重订新租约时转到土地所有者手里
共同点	形成原因	都是由于土地有限和土地的资本主义经营垄断	
	源泉	都是农业雇用工人创造的剩余价值的一部分	
	地租量	都取决于社会生产价格与个别生产价格之间的差额	
	联系	级差地租Ⅰ是级差地租Ⅱ的历史前提和现实基础	

三、绝对地租

绝对地租是由土地所有权的垄断决定的农产品价值超过生产价格以上的余额,它的源泉是农业工人创造的剩余价值。

前面在分析级差地租时,我们以农产品的社会生产价格由劣等地产品的个别生产价格决定作为前提,因而对劣等地的投资只提供平均利润,不交纳任何地租。但事实上,如果劣等地不能给它的所有者带来任何好处,土地的所有者就会宁愿让其荒芜,也不会白白提供给别人使用。所以,即使是劣等地,也必须向土地的所有者交纳一定的地租。那么,这个地租从何而来呢?

绝对地租也是由超额利润转化而来的,不过它不是因为较优土地上农产品的个别生产价格低于劣等土地上农产品的个别生产价格之间的差额形成的,而是由于农产品价值高于社会生产价格而产生的超额利润。也就是说,要使劣等地的投资能够提供绝对地租,劣等地的产品不能按照它的生产价格出售,而必须按照高于生产价格的市场价格出售。只有这样,土地使用者才有可能支付地租。而商品的生产价格和价值虽然在总体上是一致的,但从各种商品来说往往是不同的。商品生产价格和价值的差额是由资本有机构成的高低决定的。农业中使用的土地与工业相比,它的资本有机构成是比较低的。等量资本在农业中可吸收较多的劳动力,在剩余价值率相同的条件下,可生产出较多的剩余价值。工业中资本有机构成不同的生产部门,由于资本所有者的竞争和资本在各个生产部门之间的自由流动,引起剩余价值重新分配,形成平均利润。农业中由于土地私有权这只拦路虎,农业资本所有者必须向土地所有者"纳贡",因此农业不参与平均利润的形成。这样,由于农业资本有机构成较低而多生产的剩余价值就留在农业部门,并转化为绝对地租。如表7-6所示:假定工业部门和农业部门的资本各为100元,剩余价值率都是100%,平均利润都是20元。从这张表中我们可以看出:工业部门和农业部门的有机构成不同,工业部门的有机构成较高,因而产品的价值等于或低于生产价格120元,不提供超额利润;农业部门有机构成较低,因而产品的价值是140元,生产价格为120元,两者的差额为20元,这就形成了超额利润,并转化为绝对地租。至于绝对地租量的变动,取决于两个因素:一是农产品的供求状况,二是农业资本有机构成的高低。

表7-6　　　　　　　　　　　　　　　　　　单位:元

生产部门	c+v	m′(100%)	剩余价值	平均利润	产品价值	生产价格	绝对地租
工业	80+20	100	20	20	120	120	—
农业	60+40	100	40	20	140	120	20

那么,在一些发达国家,现代农业中的资本有机构成已经和工业大体相当甚至高于工业,那么,绝对地租是否还存在呢?答案是肯定的,因为绝对地租产生的根本原因是存在着土地的私有权。只要有土地私有权的存在,租用任何土地都必须缴纳绝对地租。当然绝对地租产生的条件发生了变化,因为这时农产品的价值已不再高于社会生产价格了,如表7-7所示。这样,绝对地租"只能来自市场价格超过价值和生产价格的余额,简单地说,只能来自产品的垄断价格"①。

---

① 《马克思恩格斯全集》第25卷,北京:人民出版社,1972年,第863页。

7-7 级差地租和绝对地租的比较

项目	名称	级差地租 I	级差地租 II	绝对地租
区别	产生条件	土地肥力和位置的差别	连续投资的不同生产率	农业资本比社会资本平均有机构成低
	范围	最坏土地不支付	最坏土地也要支付	任何等级的土地都要支付
	形成原因	土地的资本主义经营垄断		资本主义土地私有权垄断
	土地私有权的作用	把超额利润从农业资本家手里转到土地所有者手里		直接产生地租
	地租量	等于农产品社会生产价格与个别生产价格之间的差额		等于农产品价值与社会生产价格之间的差额
共同点	源泉	农业工人创造的剩余价值		
	土地所有者取得的原因	土地的资本主义私有制		

四、土地价格

土地是自然物不是劳动产品，没有价值。但是，在市场经济条件下，土地成了被买卖的对象，因而也有价格。没有价值的土地之所以能够被买卖，是因为谁拥有土地，谁就能凭借对土地的所有权取得地租，人们买卖土地，实质就是出卖或购买索取地租的权利。马克思说："土地的购买价格，是按年收益若干倍来计算的，这不过是地租资本化的另一种表现。实际上，这个购买价格不是土地的购买价格，而是土地所提供的地租的购买价格，它是按普通利息率来计算的。"① 土地价格并不是土地价值的货币表现，而是资本化的地租。土地价格等于这样一笔资本的价值，如果用它生息，所取得的利息收入相当于这块土地的地租收入。用公式表示：

土地价格＝地租/利率

土地价格由两个因素决定：一是地租量的多少；二是银行年利息率的高低。土地价格同地租量成正比，地租量越大，土地价格就越高，反之，就越低。土地价格与利息率成反比，利息率越高，土地价格就越低，反之，就越高。

假定有一块土地，每年能提供 100 元的地租收入，如果利息率为 8%，那么这块土地的价格就是 100 元÷(8/100)＝1250 元。也

---

① 《资本论》第 3 卷，北京：人民出版社，2004 年，第 703 页。

就是说，土地价格相当于这样一笔收入：如果把它存入银行，每年所得的利息收入正好等于这块土地的地租收入。比如说，某块土地一年能收入地租 1000 元，如果按一年期银行存款利息为 5% 计算，要在一年内获得 1000 元的利息，则必须存入银行 20000 元的资金，因此这块土地的价格就是 20000 元。从这里我们可以看出：在利息率不变的条件下，地租额越大，土地价格就越高；反之，土地价格就越低。

作为一种客观存在的物质形态，房地产是指房产和地产的总称，包括土地和土地上永久建筑物及其所衍生的权利。房产是指建筑在土地上的各种房屋，包括住宅、厂房、仓库和商业、服务、文化、教育、卫生、体育以及办公用房等。地产是指土地及其上下一定的空间，包括地下的各种基础设施、地面道路等。房地产由于其自己的特点，即位置的固定性和不可移动性，在经济学上又被称为不动产。房地产可以有三种存在形态：土地、建筑物、房地合一。在房地产拍卖中，其拍卖标的也可以有三种存在形态：土地（或土地使用权）、建筑物和房地合一状态下的物质实体及其权益。

房地产价格是指建筑物连同其占用土地的价格，即房地产价格＝土地价格＋建筑物价格，是房地产经济运行和资源配置最重要的调节机制。

房地产作为商品同任何商品一样，是使用价值和价值的统一体。根据劳动价值理论和价格理论，从总体上看，房地产价格的基础仍然是价值，基本上也是房地产价值的货币表现，但又有其特殊性。

房地产价格是一个复杂的经济范畴，既包括土地的价格，又包括房屋建筑物的价格。房与地是不可分割的统一体，房地产价格是这个统一物的价格。房屋建筑物是人类劳动的结晶，具有价值，这与一般商品价值的形成是相同的。但是土地是一种特殊商品，它不完全是劳动产品，一方面，原始土地是自然界的产物，并不包含人类劳动在里面，所以其具有价格是因为土地所有权垄断引起的地租的资本化。

所以，房地产价格是房屋建筑物价值和土地租金资本化形成的土地价格的总和。房地产价格的奥秘需要到城市地租的形成机制中寻找。城市土地是经过人类劳动改造的土地，城市土地中凝结了人类劳动，是土地商品。在公有制条件下，由于城市土地归国家所有，因而城市土地的利用都是通过有偿租用的方式进行的。城市土地的租用形式有：一种是定期（如一年期）缴纳租金使用土地；另一种是批租，即一次性租用一定面积的相当时期的使用权。城市土地批租通常以协议、招租和拍卖的方式进行。国家将土地使用权批给土地经营者或土地使用者叫土地出让，土地出让市场叫土地一级市场；土地经营者、使用者之间的土地使用权买卖叫土地转让，土地转让市场叫土地二级市场。单位土地的批租价格就是城市地价。一般来说，土地等级越高，地理位置越好，土地价格也就越贵。随着城市规模的不断扩大和对城市土地需求的增长，城市地价也有不断上涨的趋势。

农业地租和城市地价的变动，除了受土地需求变动等因素影响外，土地经营者的作用也不可低估。因此，政府要通过经济、法律、政策等多种手段，创造各种条件稳定土地利用关系，使它有利于土地经营者，以激励他们不断投资开发土地，改善土地的利用条件，提高土地利用效率。

本章小结

成本价格是生产产品所消耗的不变资本和可变资本之和。当剩余价值被看作全部预付资本的产物时，剩余价值就转化成为了利润。

利润率是剩余价值或者利润与全部预付资本的比率。由于不同部门的资本有机构成和资本周转速度不同，利润率的高低也会有所不同。不同部门的生产者为了获得较高的利润率，展开了部门之间的竞争，部门之间竞争的结果是形成了平均利润。从商品经济的长期发展来看，随着社会平均资本有机构成的提高，平均利润率会呈现出下降的趋势。

在平均利润形成以后，商品的价值就转化为生产价格。生产价格是商品价值的转化形式，是由生产成本加平均利润构成的。生产价格并不违背价值规律，而是价值规律的作用形式发生了变化。

商品资本是从产业资本的运动过程中脱离出来的，是在流通领域发挥作用的资本，是专门从事商品买卖以获取商业利润的职能资本。商业利润的来源是产业工人创造的剩余价值。

借贷资本是闲置的货币资本转化而来的。借贷资本的利息是资本要素获得的利益回报，是产业部门工人创造的剩余价值或剩余劳动的一部分。利息的高低取决于利息率。

地租是土地所有权在经济上的实现形式,主要有级差地租和绝对地租两种形式。级差地租形成的条件是土地自然条件,形成的原因是对土地经营权的垄断,其构成是个别生产价格和社会生产价值的差额。绝对地租产生的原因在于土地所有权的垄断。土地价格是资本化的地租。

阅读书目

1. 马克思:《资本论》第3卷,北京:人民出版社,1975年。
2. 张卓元:《政治经济学大辞典》,北京:中国社会科学出版社,1988年。

重点问题

1. 平均利润是怎样形成的?
2. 生产价格是怎样形成的?
3. 商业利润的来源是什么?
4. 描述资本的本质和特征。
5. 描述资本主义地租的本质和形式。

关键概念

成本价格　利润　平均利润　生产价格　商业资本
商业利润　借贷资本　利息　虚拟资本　股票价格
股息　银行利润　资本主义地租　级差地租　绝对地租
土地价格

计算练习

1. 设农业资本所用资本和所费资本相等,与工业资本 m' 相同。工业资本有机构成($c:v$)为8:2;农业资本有机构成($c:v$)成为6:4。社会资本平均利润率为20%,并设追加投资产生的超额利润全部转化为地租。各农业资本家共租种1万亩土地,投资情况如下:

	优等地		中等地		劣等地
	初次	追加	初次	追加	
投资(万元)	10	10	10	10	10
产量(万斤)	7	8	5	6	4

试计算:①级差地租Ⅰ是多少?②级差地租Ⅱ是多少?③绝对地租是多少?④在存款利息率为3%的情况下,每亩土地价格是多少?

2. 产业资本各部门 m' 均为200%,预付资本有机构成情况如下:

部门	不变资本(万元)		可变资本(万元)
	计	其中固定资本 (使用年限5年)	
甲	5600	5000	400
乙	8100	6500	900
丙	2500	1750	500

试计算:各部门生产价格是多少?

第八章

垄断的产生及垄断阶段的资本运行

 目的要求

通过本章的学习,掌握垄断资本主义生产关系的特征;了解资本主义发展的历史进程及垄断资本主义发展阶段资本运行的规律。随着社会生产力的发展,资本主义生产方式经历了自由竞争到垄断的演进阶段。国家垄断资本主义的产生和发展没有改变资本主义生产关系的实质,社会主义生产关系取代资本主义生产关系是历史发展的客观趋势。

 主要内容

☆垄断资本主义生产关系的特征
☆资本主义发展的历史进程
☆垄断阶段的资本运行
☆垄断资本主义经济向国际范围的扩展

 教学重点

☆私人垄断资本主义生产关系的特征
☆国家垄断资本主义生产关系的特征
☆垄断阶段的资本运行
☆国家垄断资本主义发展的特点、形式

第一节 垄断资本主义生产关系的特征

资本主义的发展过程经历了自由竞争资本主义和垄断资本主义两个历史阶段。17世纪末至19世纪末是自由竞争资本主义阶段;到19世纪末20世纪初,自由竞争的资本主义已变成了垄断的资本主义。第二次世界大战以后,垄断资本主义已由私人垄断向国家垄断、国家垄断向国际垄断发展。

一、私人垄断资本主义生产关系的特征

(一)私人垄断资本主义的产生

从19世纪70年代到20世纪初,随着资本积累的发展和追逐剩余价值的竞争,资本主义社会中生产和资本的集中日益加快了步伐,在一些主要资本主义国家中已发展到相当高的程度。列宁分析了这一时期主要资本主义国家的情况,指出:"自由竞争引起生产集中,而生产集中发展到一定阶段,就会引起垄断。"[①]
生产集中是指资本主义社会中生产资料、劳动力以及产品的生产日益集中在少数大企业手中的现象。生产集中的迅速发展,首先是由社会生产力自身发展引起的。19世纪70年代前后的第二次科技革命,使产业结构发生了重大变化,重工业代替轻工业占据了重要地位,生产社会化程度进一步提高。社会生产力的发展和变化要求企业在更大范围内组织专业化生产和协作,从而促进了生产和资本的集中。其次,竞争和信用作为两个强有力的杠杆,极大地促进了生产集中的过程。竞争的结果是大资本吞并了中小资本,加速了资本的集中。资本主义信用制度的发展,使得股份公司等形式的大企业把越来越多的分散资本集中起来,从而强化了生产集中。最后,19世纪70年代至20世纪初频繁的经济危机,造成了大批中小企业破产,这也推动了生产和资本向大企业手中的集中。

生产高度集中必然引起垄断,表现在以下几个方面:第一,生产的高度集中为垄断的产生提供了可能性。当一个部门的大部分生产和销售被几个或十几个大企业占有时,它们彼此间容易达成协

---

① 《列宁选集》第2卷,北京:人民出版社,第743页。

定，而且大企业实力雄厚，有力量操纵控制该部门。第二，少数大企业之间为避免竞争中的两败俱伤，有必要暂时达成协议或进行联合，共同操纵生产和销售，以获得高额垄断利润；第三，生产和资本的集中，在一些部门已经形成了规模庞大的企业，中小企业难以与之匹敌，而且办能与这些庞大企业相抗衡的新企业所需资本巨大，所以难以产生，这些大企业就自然地形成了垄断。

生产集中而引起垄断是资本主义发展过程中一般的和基本的规律。垄断是指少数资本主义大企业为获得高额垄断利润，通过协议或联合对一个或几个部门的生产和市场进行控制。垄断是垄断资本主义阶段最主要的标志和最基本的经济现象。

(二)私人垄断资本主义生产关系的根本特征

垄断取代自由竞争在社会经济生活中占据统治地位，是私人垄断资本主义形成的重要标志，因而垄断统治的确立也就成为私人垄断资本主义生产关系所具有的最根本的经济特征。垄断及其在经济生活中的统治地位，实质是保证垄断资本家取得高额垄断利润。垄断利润是指垄断资本家凭借其在生产和流通中的垄断地位而获得的大大超过平均利润的高额利润。垄断利润是垄断统治在经济上的动机和目的，它主要是通过垄断价格实现的。

垄断价格是指垄断组织在销售商品或购买生产资料时，凭借其垄断地位规定的、旨在保证最大限度利润的市场价格。

垄断价格＝成本价格＋垄断利润。

垄断价格分为垄断高价和垄断低价两种。垄断高价是垄断组织在销售商品时规定的市场价格高于商品的价值或生产价格；垄断低价是垄断组织向非垄断的中小企业购买原料、初级产品等生产资料时规定的市场价格，它低于商品的价值或生产价格。

垄断价格虽然由垄断组织凭借其垄断地位来制定，但也会受一些因素的制约。在垄断条件下，为争夺市场占有率的竞争及防止产品的积压，垄断组织必须对市场的容量、价格与需求的关系等进行估测，而不能任意定价。

垄断价格的出现使一些商品的价格经常高于或低于商品的价值或生产价格，但这并没有违背价值规律。因为第一，垄断价格并没有完全脱离商品的价值或生产价格，垄断组织不能任意定价，垄断价格仍受市场上供求关系的影响。第二，垄断价格并没有改变整个社会商品价格总额与商品价值总额的一致性。垄断价格实现的

垄断利润是指垄断组织凭借其垄断地位，通过垄断价格实现的大大超过平均利润的高额利润。

垄断利润,是中小企业的资本家失去的部分剩余价值以及其他劳动人民的部分收入。第三,垄断价格的变动,归根结底要受生产该商品的社会必要劳动时间变动的影响。可见,垄断价格的出现使价值规律的作用形式歪曲地表现为大部分商品的市场价格采取了垄断价格的形式。

垄断价格实现的垄断利润仍然是工人阶级和其他劳动人民所创造的剩余价值,甚至包括一部分必要劳动所创造的价值。**垄断利润的来源**是:本企业雇佣工人创造的剩余价值;在流通领域中通过垄断高价销售消费品所占有的工人和劳动人民的一部分收入;通过垄断高价销售产品和垄断低价购买原材料所占有的中小资本家的一部分剩余价值和小商品生产者的一部分价值;通过国际贸易、资本输出等形式占有的其他国家人民的一部分财富;通过资本主义国家的财政和信贷,进行有利于垄断资本家的国民收入再分配,占有劳动人民创造的一部分国民收入。

垄断利润的主要来源有两个方面:第一,垄断企业内部劳动者创造的剩余价值;第二,垄断企业外部通过价格等机制转移到垄断企业中的价值和剩余价值。

(三)垄断和竞争

垄断是在自由竞争的基础上作为竞争的对立物而产生的,但垄断并没有消除竞争,而是凌驾于竞争之上,与之并存。垄断资本主义时期存在竞争的主要原因有:第一,竞争是商品经济的产物,垄断的产生并没有消除以资本主义私有制为基础的商品经济,因而垄断阶段必然存在着争夺高额利润的竞争;第二,垄断资本主义阶段不存在由一个垄断组织囊括一切部门、一切企业的绝对垄断。社会经济生活中仍存在大量的非垄断企业,它们之间的竞争是不可避免的。

在垄断资本主义阶段,国内竞争的主要形式和内容有:垄断组织内部为争夺产销份额和领导权的竞争,垄断组织之间的竞争,垄断组织与非垄断组织之间的竞争,非垄断中小企业的竞争等。

同自由竞争阶段相比,垄断资本主义阶段的竞争呈现出许多特点:首先,竞争的目的不再是为了平均利润或一般的超额利润,而是为了获得高额垄断利润。其次,竞争的手段更加多样化。在自由竞争阶段,竞争的手段主要集中在价格和产品质量上,而在垄断资本主义阶段,除了质量竞争、价格竞争外,还采取各种强制手段,甚至不惜采用暴力。再次,由于垄断组织拥有巨大的经济、政治力量,因而垄断阶段的竞争表现得更为激烈、持久,破坏性也更严重。最后,竞争的范围也由国内扩展到国外,由经济领域扩展到政治、军事、文化等领域。

二、国家垄断资本主义生产关系的实质

(一) 国家垄断资本主义的产生

随着生产力和资本主义生产关系的发展，垄断资本主义的发展又进入了一个新的阶段，即国家垄断资本主义阶段。国家垄断资本主义是垄断资本和资产阶级国家政权融合在一起的资本主义。通过这种融合，国家手中集中了一定数量的社会资本，形成了国家直接掌握的垄断资本；同时，国家垄断资本又通过金融、生产、商业和财政等渠道，参与私人垄断资本的运动。国家垄断资本的经济意义在于利用国家政权，充分发挥国家的经济职能，对经济生活进行全面干预，以维护垄断资本的利益和垄断资本主义的经济秩序。

国家垄断资本主义最早出现在垄断资本主义阶段的初期。在第一次世界大战前，资本主义国家对社会经济生活已进行了某些干预，并产生了一些国有或半国有企业。在第一次世界大战期间，为了应付战争需要，交战国动员和集中了全国的经济力量，开始直接控制和调配一些重要部门的产品、劳动力和原材料，控制和掌握了一些主要的交通工具和运输力量。国家通过军事订货、发行战时公债等手段，资助了私人垄断企业，也兴办了一些军事工业并将某些私人企业"国有化"。战争促使国家垄断资本主义一度有所发展，但战后却又有所萎缩。20 世纪 30 年代，资本主义经济史上出现了空前猛烈的危机。为了摆脱危机，国家政权与私人垄断资本紧密结合起来，使国家垄断资本主义有了迅速发展。但危机过后，国家垄断资本主义发展缓慢，直至第二次世界大战前，国家垄断资本主义尚未处于社会经济生活中的支配地位。

第二次世界大战后，主要资本主义国家的国家垄断资本主义有了迅速而持续的发展，并在经济生活中占据了支配地位，其主要表现是"国有化"。"国有化"是资本主义国家在企业内部直接参与再生产过程、干预经济活动的一种形式。第二次世界大战后，这种"国有化"首先发生在能源、交通运输等部门，并逐渐向其他部门扩展。"国有化"使国家垄断资本主义在社会经济中的地位日渐增强。20 世纪 90 年代以来，主要资本主义国家又出现了"非国有化"浪潮，但这只是国家垄断资本主义在形式上的一种变化，并没有削弱国家垄断资本主义的统治。

战后国家垄断资本主义持续、迅速的发展，其根本原因在于资

本主义基本矛盾的不断发展和深化。现代科学技术的重大突破,使战后新科技革命涉及能源、航天、海洋开发、新材料工业、信息技术、生物工程等诸多领域。新科技革命极大地推进了社会生产力的发展,引起了生产力质的飞跃,使生产的社会化程度大为提高,但垄断的发展却使生产资料的占有日益集中在少数垄断资本家私人手中。生产的社会化与垄断资本主义私人占有的矛盾尖锐化起来,并由此引发了一系列矛盾。这些矛盾不可能由私人垄断资本来解决,只有凭借国家的力量才能得到暂时缓解。由资本主义基本矛盾的激化引发的一系列矛盾和问题表现在以下几个方面:

第一,科学技术的发展,生产社会化程度的进一步提高,客观上要求在全社会范围内对国民经济进行宏观管理,要求作为总资本家的国家加强对经济活动的调节和干预,以适应生产力发展的要求。第二次世界大战以后,在现代科技革命的基础上,生产社会化程度空前提高。大规模的生产建设,以及一系列新兴工业部门现代化的公共基础设施,都需要巨额的长期投资,这就遇到了单个垄断资本数量相对不足的限制。而国家垄断资本的参与,能够在相当程度上缓解这一矛盾,以适应生产社会化发展的需要。

第二,生产迅速发展与市场需求相对不足之间的矛盾加深,导致经济危机频繁爆发,资本家单靠自己的力量已无力克服,要求国家采取反危机措施,如国家采购、社会福利政策、出口补贴等。国家的干预对于扩大总需求、缓解市场矛盾,减轻经济危机的危害程度起到了不可或缺的作用,资本主义经济的正常运行在事实上已经离不开国家的调节和政策干预。

第三,伴随资本主义经济发展而发生的劳资矛盾、阶级矛盾和社会矛盾,单靠个别资本家或资本家集团也是无法解决的。这就要求作为总资本家的国家,从垄断资产阶级的整个利益和长远利益出发,采取各种调节政策和措施,以缓解各种阶级矛盾和社会矛盾,为资本主义经济发展提供一个比较稳定的社会环境。

可见,解决上述问题是私人垄断资本实现其利益的需要。战后私人垄断资本日益发展成为国家垄断资本主义,正是资本主义基本矛盾加剧的必然结果。

(二)国家垄断资本主义生产关系的实质

国家垄断资本主义生产关系的产生适应了垄断资产阶级获得高额垄断利润的需要,但它并没有改变资本主义生产关系的实质。

国家垄断资本主义生产关系的实质是：资产阶级国家作为经济实体，在直接参与社会再生产的过程中与私人垄断资本相结合，并凌驾于个别垄断资本之上，从垄断资产阶级的整体利益和长远利益出发，全面调节和干预社会经济，以维护资本主义制度的生存和发展，保证整个垄断资产阶级获得高额垄断利润。

第一，国家垄断资本主义没有改变资本主义私有制的经济基础。国家垄断资本主义虽然以国家的面貌出现，但资本主义国家中的大部分生产资料仍掌握在私人垄断资本家手中，特别是极少数金融寡头手中。国家垄断条件下的生产资料所有制仍然是资本主义私有制。国家垄断资本的出现，以及私人垄断资本与国家垄断资本在一定范围内的结合，提高了当代垄断资本的社会化程度，促进了资本主义经济的发展，但是起决定作用的仍然是私人垄断资本。因此，以私人垄断资本占有制为基础的当代资本主义所有制与社会化大生产的发展仍然存在着根本的对立。

第二，国家垄断资本主义实现了国家与垄断资本的融合，但没有触动资本主义私人占有制的根基，相反却加速了资本主义积累的进程和规模。国家垄断资本对社会资本再生产的干预，实际上是作为全社会总资本家的资本来运用和发挥作用的，因为它受垄断集团所支配，是为私人垄断资本服务的。国家垄断资本的性质决定了它不可能从根本上缓解生产力与资本主义生产关系之间的矛盾。国家垄断资本投资兴办的国有企业，主要宗旨在于促进私人垄断资本的发展，维护垄断资产阶级利益的需要。

第三，国家垄断资本主义是代表垄断资产阶级整体利益的。资产阶级国家作为垄断资产阶级的总代表和总资本家，与私人垄断组织的狭隘眼界不同。为了维护垄断资产阶级的整体利益和长远利益，它必然要凌驾于个别垄断资本之上，在社会范围内积极干预和调节经济运行，以缓和社会资本再生产的各种矛盾，必要时它还会对私人垄断组织的某些垄断行为进行一定的限制，但其最终目的还是维护垄断资产阶级的根本利益和资本主义制度的生存与发展。

国家垄断资本主义的发展对缓和资本主义社会矛盾、促进生产力的发展具有一定的积极作用，同时也为新的社会制度的建立创造了物质条件。国家垄断资本主义是在资本主义生产方式范围内对资本主义生产关系进行局部的调整，在一定程度上有利于资本主义社会生产力的发展，使之适应于生产社会化和科技革命发展的需要。但国家垄断资本主义的发展不可能从根本上消除资本主义社会所固有的各种矛盾,而是为未来社会形态的发展创造了雄厚的物质技术基础。

第二节　资本主义发展的历史进程

生产力与生产关系、经济基础与上层建筑的矛盾运动,推动着资本主义生产关系不断发生调整和变化。随着当代科学技术的迅速发展,资本主义生产关系发生了新的变化,经济政策也有了相应调整,但是,当代资本主义的发展并没有改变资本主义的基本矛盾,社会主义取代资本主义是人类社会发展的历史趋势。

一、资本主义生产关系的调整与变化

生产力与生产关系、经济基础与上层建筑是推动人类社会发展的基本矛盾。这一矛盾在资本主义社会中表现为资本主义基本矛盾,即生产社会化与生产资料资本主义私人占有形式之间的矛盾。以生产资料使用、生产过程及产品社会化为主要内容的资本主义生产社会化的发展,客观上要求由社会成员共同占有生产资料和劳动产品,对社会生产进行统一组织、协调和管理,而资本主义生产资料私有制却使社会化的生产资料和劳动产品归资本家私人占有,生产什么、生产多少、何时生产,都服从于资本家攫取剩余价值的需要,生产社会化与生产资料资本主义私人占有之间存在着深刻矛盾。资本主义国家为了缓和、克服这一矛盾,在资本主义制度范围内进行着了生产关系的不断调整,以适应生产社会化发展的要求。

（一）资本所有关系的变化

在资本主义发展的历史进程中,资本主义生产关系经历了三次大的调整。第一次调整发生在 19 世纪后期自由竞争阶段向垄断阶段的过渡中,资本主义所有制形式由单个资本家私有制调整为联合的资本家私有制,出现了股份公司。第二次调整发生在 20 世纪初期,资本主义所有制形式由联合的资本家私有制调整为集团的资本家私有制,产生了私人垄断资本。第二次世界大战以后,资本主义生产关系发生的第三次调整,就是国家资本与私人垄断资本的融合,产生了国家垄断资本,资本主义所有制形式即集团的资本家私有制有了新的特点。综观资本主义生产关系所发生的调整,我们可

以看到当代资本主义的经济发展发生一些新的变化。

随着资本主义社会化大生产的发展及资本所有权与经营权的分离,资本占有权出现了一个重大变化,即产生了法人资本所有制。资本家对生产资料的占有形式由直接、有形和全部占有,开始向股份和债券等形式的间接、无形和局部占有转变。资本占有权的这一变化基本与股份制在资本主义经济中的迅速发展相适应。其主要表现在以下两个方面:

一是法人持股率上升,个人持股率下降。各种公司、企业、银行、基金会、保险公司等纷纷进行股票投资。与此同时,对家族性大财团、大财阀进行限制的法律的颁布和各种公司的多元化经营,也促进了法人持股。法人相互持股成为证券交易中的主要力量。在美国纽约证券交易所一年的交易额中,有90%左右是在法人机构和法人团体之间进行的。

二是股权高度分散化,部分劳动者掌握少量股份。战后,许多资本主义国家推行职工股份制计划,一些上市公司发行法人股、小额股票。

在当代资本主义条件下,创造剩余价值的雇佣劳动者已经与早期体力劳动的雇佣劳动者有很大不同,知识、技术和智力因素在剩余价值生产中的作用越来越重要。即使是生产一线的劳动者,过去只是被视为机器的附属物,完全处于被动地位;而战后管理科学、行为科学的兴起,表明各个层次生产者的积极性对于提高企业劳动生产率的意义,企业越来越重视激发员工工作主动性和创造性,如鼓励员工提出合理化建议,赋予其参与企业管理的权利等。现代企业逐渐以民主化管理为主导。雇佣劳动者参与生产管理等活动,不仅提高了企业生产效率,也创造了更多的剩余价值。

随着社会文明程度的提高,再生产劳动力所必需的物质生活资料以及接受教育更新知识等条件得到很大改善。具体表现为以下四点:其一,以劳动力最低价值为基础的最低工资标准的实行,而且实际工资总体上呈不断上升趋势;其二,早期提高劳动强度和延长工作日的方法早已让位于相对剩余价值生产,劳动生产率的提高主要依靠生产技术的改进来获得,因而,劳动者不仅普遍实行8小时工作日和1周5天工作制,另外还有不少企业实行带薪休假等制度;其三,消费结构发生变化,消费水平不断提升;其四,工人及其家庭文化教育水平提高,普遍受到教育或职业培训,国家包括一些企业出于长远利益的考虑,对劳动者进行教育投资的比重不断增大。

劳动力再生产条件的改善,有利于解决生产过剩、需求不足的矛盾,有利于缓和劳资冲突和社会分配不平等的矛盾,另外也使资本的利润得到实现。

(二)社会福利政策的实施

在当代资本主义生产过程中,劳动者个人消费已成为经济正常运行必不可少的条件。为了保证资本主义扩大再生产长远利益的需要,资本主义国家出台了内容广泛的社会福利政策。社会福利是通过政府对国民收入进行再分配,是国家垄断资本主义对社会经济进行干预的一个重要内容。国家不仅参与私人垄断资本的剩余价值的生产和实现,而且可以在相当大的程度上制约私人企业获得的剩余价值量,从而改变了平均利润的一般形式,并在不同程度上参与了剩余价值的分割。国家垄断资本主义的干预,一方面使各阶层居民的收入不致过于悬殊,使贫困者、失业者,以及失去工作能力的人也能有起码的生活保障,从而使社会矛盾不致激化,社会秩序得以维护。另一方面,社会福利的增加也可以使部分居民的消费能力有所增强,消费市场有所扩大,从而促进经济获得较稳定的发展。

战后,社会福利政策在发达国家得到广泛发展,社会保障制度也相继完善起来,其中瑞典、美国、日本较为典型。

瑞典社会保障体系完备,保障程度较高,保障范围十分广泛。这一保障体系被称为从"摇篮到坟墓"的高福利制度。瑞典的保障制度以全体国民为对象,内容涉及学龄前儿童的年度津贴、学生的生活津贴、职工病休日的保险和病休津贴、生育子女的家长津贴、雇员的住房津贴、失业救济金和医疗保险等。

美国的社会保障制度不以全民为对象。它对雇员实行社会保险,即雇员就业期间强制性地被收缴一定的保险税,失去收入后可按规定领取一定的保险金;对生活无保证者实行社会福利补助,即对丧失劳动能力而无法生活的人实行救济。

日本的社会保险制度起步较晚,到20世纪70年代才逐步发展起来。它的主要内容是:收入保障,对丧失收入或收入减少者给予物质帮助;医疗保障,通过社会保险筹集医疗费用;社会福利,对生活能力弱者提供福利和服务;公共扶助,通过现金和医疗补助,保障最低标准的贫困家庭的生存。

以福利政策为主要内容的分配关系的调节,使劳动力的再生产得到了一定的社会保障,相对缓和了资本主义社会的阶级矛盾和社会矛盾,为经济的发展和社会的稳定起到了"社会安全网"的作用。

二、资本主义的历史走向

在当代资本主义的发展中,无论资本主义国家对资本主义生产关系作出怎样适合生产力发展要求的调整,无论资本主义生产关系发生了怎样的变化,都不可能消除资本与雇佣劳动之间的对立关系,不可能改变雇佣劳动者的阶级地位,也不可能真正解决资本主义的基本矛盾。资本主义走向社会主义是历史发展的必然。

(一)资本主义为向社会主义过渡准备条件

资本主义基本矛盾的尖锐化,为资本主义向社会主义过渡准备了客观条件。

第一,资本主义为社会主义提供了最重要的物质准备,即生产走向最全面的社会化。战后,在新科技革命的基础上,社会生产更集中于少数最大的垄断企业,垄断特别是国家垄断使社会再生产的包括生产、分配、交换、消费所有环节的社会化程度空前提高,一切经济活动都同整个社会的经济活动更加紧密地联系在一起。国家垄断资本主义还通过国际调节影响着资本主义世界经济的发展,使生产的专业化和协作化不仅在企业内或国内得到更大发展,而且越出了国界,促使生产走向最全面的社会化。生产社会化要求突破和否定资本主义私有制,这种必然的趋势已经在资本主义生产关系发展的自我"扬弃"中顽强地表现出来了。

第二,资本主义为社会主义提供着社会化管理机构的准备,即垄断组织和国家垄断。战后,在新技术革命的基础上,除了像银行、邮政、运输等这类全国规模的管理机构日益发展和完善外,在工业、农业、商业、服务业等部门中,在生产、分配、交换、消费领域里,各种现代化的社会管理机构和组织形式也更充分、更广泛地发展起来。国家作为经济实体直接介入社会资本再生产过程中,它通过国有企业和财政收入直接和间接地掌握和控制着很大一部分社会生产力和社会财富,并通过国家对经济的干预影响着整个社会经济的发展,为实现社会主义所需要的社会性的管理机构做了充分的准备。

第三,资本主义为社会主义提供着资本变为社会财产的过渡点,即股份公司和垄断资本。股份公司应当被看作资本主义生产方式转化为联合的生产方式的过渡形式。股份公司和股份资本的产生与发展,是在资本主义体系本身的基础上对资本主义的私人产业的扬弃。股份公司越是扩大,越是侵入新的生产部门,就越会消灭私人产业。国家垄断资本主义的出现和发展,使资本社会化在资本主义生产方式内达到最高限度,标志着有相当规模的资本已经取得了社会性质。但这是生产社会化发展的客观现实迫使资产阶级在不触动资本主义私有制的范围内所进行的资本主义生产关系的局部调整,这种调整不能根本解决资本主义生产关系与生产力之间的对抗性矛盾,根本的解决途径就是用同生产社会化要求相适应的社会主义制度代替资本主义制度。

当代国家垄断资本主义,以及与之相适应的生产社会化、管理社会化、资本社会化越是发展,它就越是接近自己的历史终点,越是接近社会主义。

(二)社会主义取代资本主义的历史复杂性

社会主义取代资本主义是资本主义发展的必然趋势,是一个不以人的主观意志为转移的自然历史过程。但是必须看到,在人类社会发展的历史长河中,任何一种社会制度的灭亡和它被新的社会制度所取代,都经历了一个漫长的、曲折复杂的历史过程。相比较而言,资本主义被社会主义所取代的过程会更加漫长,更加曲折复杂。

第一,资本主义基本矛盾运动的复杂性和曲折性决定了社会主义取代资本主义的长期性。一方面,在资本主义基本矛盾深化的同时,生产社会化等客观因素会迫使资产阶级在不触动根本制度的前提下,愈来愈把资本的生产力当作社会的生产力看待,从而不断调整生产关系,改进统治方式,达到延缓矛盾激化的目的。另一方面,科学技术的发展、劳动生产率的提高和社会财富的增加,为资产阶级提供了缓和矛盾的物质条件,这就使资本主义基本矛盾时而激化、时而缓和,呈现复杂性、曲折性的特征。

第二,资本主义制度自我调节的能力尚未穷尽,当代资本主义暂时不会退出历史舞台。资本主义演变的历史表明,它所能容纳的生产力还没有完全发挥出来,仍有可能调整其经济制度的某些方面来适应当代资本主义经济的发展。当代资本主义运行的实际情况表明,资本主义的发展还将经历一个长期的历史过程。

第三,庞大的世界体系决定了资本主义向社会主义的过渡是一个逐步的、复杂的过程。在世界资本主义体系中,有已经走上垄断阶段的资本主义国家,还有刚刚走上资本主义道路的某些发展中国家。资本主义经济和政治发展不平衡规律的作用,决定了资本主义的灭亡和社会主义的胜利不可能在这些国家同时实现。这些就决定了资本主义向社会主义的过渡是一个逐步的、曲折的、复杂的历史过程。

第四,社会主义本身还是一个年轻的制度,它的完善和巩固需要一个历史的过程。社会主义实现的生产资料公有制是对以往一切建立在私有制基础上的社会制度的根本否定,这个否定比任何一次社会变革都更复杂、更艰巨,因而这个否定过程是长期的较量过程,充满矛盾和斗争,需要几代人、几十代人的努力。同时,特殊的历史条件决定了社会主义首先在落后国家取得了胜利,这些社会主义国家在经济技术水平和劳动生产率方面,同发达资本主义国家相比还有相当大的差距。社会主义需要创造出比资本主义更高的劳动生产率才能充分显示自身的优越性,更需要建立起自己强大的物质技术基础以巩固社会主义制度,进而最终战胜资本主义。这更是一项艰巨的任务,由此决定了社会主义代替资本主义的长期性。

资本主义向社会主义过渡是当代资本主义的历史走向,也是人类社会发展的总趋势。资本主义私有制下的资本社会化与生产资料的社会占有,是在旧社会内部已经形成了的新社会的因素,是社会经济发展的客观规律,它终将彻底冲破资本主义私人占有关系,实现对资本主义的再否定,最终建立生产资料社会占有的公有制。

第三节 垄断阶段的资本运行

一、垄断资本条件下市场经济的新变化

在垄断资本主义条件下,资本运行规律、机制的作用形式发生了新的变化,具有新的特征。金融资本对整个资本主义国家实现了从经济到政治,以及社会生活的全面统治。

(一)市场经济规律和经济运行机制的变化

在垄断资本条件下,价值规律、剩余价值规律和利润率平均化规律,以及竞争机制的作用都发生了新的变化。

价值规律是商品生产和商品交换的基本规律。在资本主义发展的不同条件下,价值规律发生作用的形式会有所不同。在垄断资本主义时期,垄断阻碍了自由竞争,出现了垄断价格,使价值规律的

作用形式歪曲地表现为大部分商品的市场价格采取了垄断价格的形式。

垄断价格的存在没有也不可能否定价值规律的作用。首先,垄断价格要受到商品需求的制约;其次,垄断价格要受到商品供给的制约;最后,垄断价格要受到生产成本的制约。因此,垄断资本条件下垄断价格的形成,最终是不能超越资本主义商品经济的一般规律的,是不可能违背价值规律的运动的。

剩余价值规律是资本主义的基本经济规律。剩余价值在垄断资本主义条件下转化为垄断利润的特殊形式,因而剩余价值规律也就表现为垄断利润规律。垄断利润规律成为垄断资本主义的基本经济规律。

垄断利润是垄断资本所有权在经济上得到实现的形式,表现为大大超过平均利润的高额利润。追逐高额垄断利润是垄断资本主义生产的直接目的和动机。在自由竞争资本主义时期,资本家一般是获得平均利润。垄断形成以后,垄断资本家不再满足于获得平均利润,而是不断地追逐高额垄断利润。追逐高额垄断利润是垄断资本主义生产的实质。

垄断资本家对高额垄断利润的追逐,决定着垄断资本主义生产的主要方面和主要过程,决定着垄断资本主义再生产的各个环节。在生产环节中,垄断资本家千方百计地扩大生产规模,对企业内部劳动者进行剥削,劳动者的劳动成为创造更大的价值和剩余价值的源泉。在交换环节中,垄断资本家操纵着市场交易活动的展开,使非垄断企业的一部分价值和剩余价值及小企业和小生产者的一部分价值和剩余价值转化为垄断利润。在分配环节中,垄断资本家通过控制国家机器,利用国家财政进行有利于自己的国民收入再分配。

垄断利润规律作为垄断资本主义的基本经济规律,支配着其他经济规律(如价值规律)的运行,决定着垄断资本主义各种矛盾的形成和发展的整个过程,决定着垄断资本主义的命运。

垄断资本和垄断利润出现以后,利润率平均化规律的作用形式也发生了变化。它主要表现为垄断部门之间和非垄断部门之间分别出现了利润率平均化的趋势,这就是平均利润率的二重化。

利润率平均化规律作用形式变化的基础,就在于垄断和竞争的并存。在垄断资本条件下,在垄断直接统治的部门中垄断代替了自由竞争,但并没有消除自由竞争,在非垄断部门中自由竞争依然存在。然而,由于垄断资本已占据统治地位,很难形成社会统一的平均利润率,垄断部门的利润率又必然经常高于非垄断部门的利润率,因此,必然会出现二重的平均利润率。

利润率平均化规律作用形式变化的机制是资本转移。由于非垄断部门以自由竞争为特征,资本转移一般在非垄断的中小企业之间进行,而垄断部门之间的资本转移一般则是以大企业为主。因此,这就会形成垄断利润的平均化趋势和非垄断利润的平均化趋势。

竞争是商品经济的一般运行机制。竞争机制的作用过程是各资本之间经济利益的调整过程。在垄断资本条件下,竞争机制的作用也发生了新的变化。

垄断代替竞争占据主导地位是垄断资本主义的基本经济现象。但是,垄断并没有消除竞争。因为:第一,竞争机制发挥作用的基础条件是商品经济。在垄断资本条件下,商品生产和商品交换依然存在,必然驱使垄断资本家进行更为激烈的竞争。第二,垄断的形成不是绝对的,不可能产生包揽一切的绝对垄断。第三,科学技术的发展和创新会打破原有垄断的界限,从而形成新的竞争。

同时,在垄断资本主义条件下,竞争机制的作用有了新的特点。第一,竞争机制的作用使得垄断竞争与非垄断竞争并存。垄断竞争是指垄断企业内部和垄断企业之间的竞争。非垄断竞争则是指垄断之外的中小企业之间,为获取较好的销售地位和较高的利润开展的竞争。在垄断资本条件下,垄断竞争成为主要的竞争形式,并与非垄断竞争并存,主导着垄断资本主义的经济运行。第二,价格竞争和非价格竞争并存。非价格竞争是指运用价格之外的多种手段进行的竞争。主要有促销竞争、质量竞争、服务竞争、市场外竞争等。价格竞争和非价格竞争在垄断资本条件下的并存,使竞争机制的重要性大大增强。第三,竞争机制的作用使得国内竞争与国际竞争并存。垄断资本形成以后,竞争机制作用的范围就由国内进一步扩展到国际,形成了国内竞争与国际竞争相互交错、相互推进的局面。

(二)金融资本的全面统治

资本主义垄断就是金融资本的垄断。在垄断资本主义发展阶段,金融资本取代工业资本成为国民经济中占据统治地位的资本形式。

在金融资本的形成和统治过程中,银行具有特别重要的意义。在资本主义工业集中过程中,因竞争的作用,银行业也日益趋于集中,越来越多的货币资本集中于少数最大的银行。银行资本集中的结果必然形成银行垄断资本。

银行垄断资本形成以后,银行的作用发生了根本变化。在自由竞争资本主义时期,银行只是作为支付过程的中介人。银行垄断的产生,使得工业垄断企业与大银行之间的联系日趋固定,大银行采取各种信用手段影响工业企业经营的规模和方向,操纵着工业企业的命运,银行也就由普通的借贷中介人转变为势力极大的万能的垄断者。银行垄断的形成和银行作用的变化,使银行资本与工业资本之间的关系日益密切并逐渐融合。一方面,银行资本通过购买工业企业的股票和开办新的工业企业,把自己的资本渗透到工业中去,成为工业资本的所有者;另一方面,工业资本也用购买银行股票、派出代理人兼任银行董事或经理的办法,把自己的资本日益渗透到银行业中去。银行垄断资本和工业垄断资本相互融合并混合成长所形成的一种新型资本就是金融资本。掌握庞大的金融资本的少数最大的垄断资本家或垄断资本集团就是金融寡头。金融资本和金融寡头的统治,是资本主义从自由竞争阶段发展到垄断阶段的一个重要标志。

金融资本和金融寡头在经济领域统治的主要手段是"参与制"。"参与制"是指垄断资本家利用掌握股票控制额的办法对企业实行控制的一种制度。金融寡头首先利用他控制的大企业,作为"母公司"去购买其他公司的股票,掌握其股票控制额,把它变成"子公司";"子公司"再用同样的办法去控制"孙公司",如此等等。通过这种层层控制的办法,金融寡头就可控制着远远超过自己资本几倍甚至是几十倍的资本,实现其对整个国民经济的统治。除此之外,金融寡头还通过创办新企业、发行有价证券、办理公债等业务获得大量利润,扩张自己的经济实力。

金融资本和金融寡头不仅操纵着国家的经济命脉,而且操纵着国家的政治,把垄断势力渗透到社会生活的各个方面。它们在政治上的统治,主要是通过采用"个人联合"的方式控制国家机器,在上层建筑领域确立自己的统治权,以保证其经济统治地位。他们或亲自出马担任政府机关要职,或把自己的代理人送进政府和议会,或收买、拉拢政府官员、议员,或聘用离职的政府官员、军事将领担任公司的领导人员,以达到利用政治力量来为其垄断统治服务的目的。另外,他们还通过控制新闻、出版、广播、通讯、文化、教育等手段控制国家政权,通过利用各种组织形式和机会提出各种方案和建议来影响政府的决策活动。

金融资本和金融寡头通过"个人联合",实现了垄断资本与国家政权的结合,从而实现了对整个国家从经济到政治再到社会生活的全面统治。

二、国家垄断资本主义的发展

国家垄断资本主义是资本主义国家全面干预社会经济生活,对社会经济活动进行控制和支配的资本主义,是垄断资本和国家政权融合在一起的垄断资本主义。国家垄断资本主义是私人垄断资本主义的延续和发展。

(一)国家垄断资本主义发展的新特点

第一次世界大战期间,各交战国为了应付战争的需要,普遍加强国家对经济的干预,使国家垄断资本主义得到了发展。第二次世界大战期间,各主要资本主义国家干预和调节经济生活的力度进一步得到加强,国家垄断资本主义得到了新的发展。20世纪50年代以来,国家垄断资本主义发展的新特点主要在于,它与扩大再生产的经常性需要相联系。一些主要资本主义国家的预算支出中的很大一部分被用于社会再生产,从而使得这些资本主义国家对经济的干预和调节作用日益加强。

国家垄断资本主义发展的新特点与其发展的原因相联系。国家垄断资本主义发展的根本原因是社会生产力的高度发展。从20世纪50年代开始,世界范围内出现的第三次科技革命及其成果的广泛应用,引起了新兴产业和相关产业的发展,引起了社会经济结构和生活方式的变化,推动了生产的社会化和社会生产力的高度发展。面对这些变化,私人垄断资本已无法与之相适应。例如,大规模经济建设所需要的巨额资金是私人垄断资本无法满足的;大规模公共设施建设是私人垄断资本不愿承担的;基础性、前导性的科学研究项目是私人垄断资本不愿涉足的;缓解由生产力的发展所引起的资本主义基本矛盾的激化,也是私人垄断资本无能为力的。因此,就需要由代表资产阶级利益的国家,对市场进行干预和调节,驾驭日益发展的社会化大生产,保证资本主义再生产的正常进行,维护资本主义制度。

所以,在垄断资本主义条件下,资本主义生产关系日益与现代科学技术的进步和生产社会化的发展发生冲突,国家垄断资本主义正是为缓解这种冲突而产生和发展起来的一种新型的资本主义生产关系。

(二)国家垄断资本主义的主要形式

依据资本主义国家与垄断资本结合的程度、范围和方式的不同,国家垄断资本主义可以分为三种基本形式:

1. 国有垄断资本

国有垄断资本是资本主义国家利用财政手段集中的财政资本中用于剩余价值生产的资本。国有垄断资本的组织形式是国有企业。国有企业一般通过两个途径得到建立:一是国家直接投资;二是国家收购原来的私有企业。国家直接投资建立的国有企业,往往是一些私人资本无力兴建的大型新兴产业、支柱产业,或一些投资巨大但收回投资需要很长时间的公共产品的生产或基础设施的建设。

2. 国家和私人共有的垄断资本

国家和私人共有的垄断资本是国有垄断资本和私人垄断资本在一个企业内部的结合。在这种形式中,国家以资本所有者的身份和作为资本所有者的垄断组织合作经营企业。国家和私人资本共有的企业既可以是国家和私人共同投资于一个新的企业,也可以是国家通过出售一部分国有企业的股份而形成国家和私人资本共有的企业,还可以通过国家收购一部分原来的私有企业的股份而形成国有资本与私人资本相结合的企业。

3. 国家和私人密切联系的垄断资本

国家和私人密切联系的垄断资本是国家垄断资本与私人垄断资本在社会范围内的结合。这种国家垄断资本主义形式,由于保持了私人垄断资本和国家垄断资本两个经济实体,因而是一种较低级的形式。国家与私人垄断组织在企业外部的结合,内容广泛,主要包括:国家向私人垄断企业订货和采购;通过国家可控制的金融机构向私人垄断企业提供贷款或调低利率;通过国家财政给私人垄断组织提供各种补贴;国家提供科研经费,将成果优先供私人垄断企业享用;国家通过"经济计划化"等措施调节社会经济运行等。国家通过与私人垄断组织在企业外部的结合,间接地干预私人垄断资本的运动,实际上参与了私人垄断企业的再生产过程,使私人垄断资本日益与国家政权的力量紧密结合起来。

国家垄断资本主义无论采取何种形式，其实质都是私人垄断资本利用国家机器来为其发展服务的手段；是私人垄断资本为了维护垄断统治和获取高额垄断利润而和国家政权相结合的一种垄断资本主义形式；是资产阶级国家在直接参与社会资本的再生产过程中，代表资产阶级总利益并凌驾于个别垄断资本之上，对社会经济进行调节的一种形式。

(三) 资本主义国家对社会经济的调节

1. 国家干预和调节经济的必要性

在国家垄断资本主义发展中，资本主义国家运用各种经济手段干预和调节社会经济生活，有其客观必然性。

(1)市场失灵，需要国家干预。在当代资本主义经济运行中，各种经济资源的配置是在市场机制的作用下实现的。市场机制充分发挥作用的条件是市场竞争的完全性，即要求经济主体进入市场不受阻碍，信息完备，价格信号能灵活准确地反映供求状况。但在垄断阶段特别是在战后的资本主义现实经济生活中，垄断统治使竞争主体进入市场面临着重重障碍，垄断价格使市场信号扭曲。由于竞争的不完全性，市场机制这只"看不见的手"在许多场合，不能对资源进行有效配置，从而出现西方经济学界所说的"市场失灵"。市场失灵表现在以下三个方面：

第一，市场失灵表现在垄断产生了低效率。在自由竞争阶段，由于竞争的相对完全性，任何个别资本家面对的市场价格是由行业的需求和供给共同决定的价格，个别资本家只是价格的接受者。每个资本家为了取得最大利润，必将使产量调整到最后一个单位产品的收益等于最后一个单位产品的成本这一状态上。但在垄断条件下，由于存在着价格操纵，因而垄断资本家出售产品的市场价格会比在完全竞争状态下高。市场经济理论认为，这种垄断引起的高价使产品的产量较之在完全竞争条件下少，因而资源得不到充分利用和优化配置。国家必须用看得见的手，即通过国家调节来限制垄断程度，以利于资源配置的优化。

第二，市场失灵也表现在生产的外在不经济上。当一个垄断企业为自身利益而扩大规模时，可能使环境遭到污染，交通过分拥挤，风景遭到破坏。因此，国家必须通过干预来纠正这种资源配置的不当。

第三，市场失灵还表现在公共物品的生产上。由于公共物品的消费没有排他性的特征,如国防、道路、电视、广播等,因而这些物品和事业的发展不能依靠市场机制,而应依靠国家调节。

(2)垄断阶段资本主义基本矛盾的发展,要求借助国家力量对整个社会经济活动进行某些调节。由于生产的日益社会化,同资本主义私有制之间的矛盾日趋尖锐。社会生产的无政府状态的加剧,国际间对市场的激烈争夺,迫切需要国家利用政权力量干预经济活动,扩大国内外市场,以利于再生产的进行和垄断资本家利润的不断增长。

(3)国家干预经济是保证整个资本家阶级利益的需要。在垄断阶段,由于经济危机的日益频繁,使经济生活出现了难以克服的波动与震荡。为了防止经济上的过分衰退或过分繁荣,保持经济的稳定增长,需要借助国家力量,减缓经济周期带来的巨大冲击,协调资本家各垄断集团的利益关系。

(4)科技革命的发展要求通过国家对经济的干预实现产业结构的不断变化。当代科技革命改变了经济发展中的技术结构,使产业结构不断发生着变化。为了实现资本从传统部门向新兴产业部门的转移,单靠市场机制是难于自发实现的,必须借助国家调控才能较快地实现。

资本主义国家对社会经济的调节目的在于缓和社会经济矛盾和阶级矛盾,维护垄断资本的利益和流动资本的统治,维护资本主义经济秩序,从而维护资本主义制度。

2. 国家干预和调节经济的手段

资本主义国家对社会经济的调节手段主要是经济手段、法律手段,在某些特定的情况下,还可能运用行政手段。资本主义国家对经济的管理、调节和控制的对象,既包括各个微观经济主体,也包括作为整体的国民经济宏观全局。资本主义国家对宏观经济的调控,主要是通过财政政策、货币政策以及在一定程度上实现国民经济的计划来实现的。

财政政策和货币政策是垄断资本主义国家干预和调节经济的最重要方式。财政政策是指国家在财政领域制定的各种指导财政活动的措施和准则;货币政策是指政府通过中央银行对利率和信贷规模进行调节,从而影响宏观经济运行的政策。

当代资本主义国家的财政活动是利用资产阶级政权的力量占有社会产品的活动,主要内容是财政收入和财政支出。财政政策作为政府对其收入和支出进行调整的指导政策,主要是通过变动政府购买、改变转移支付、变动税率和调整公债等实现的。国家为了对经济运行进行干预，特别是调整社会总需求与总供给的平衡，往往在经济萧条时，采取扩张性财政政策，如减少税率、增加政府转移支付和政府购买；而在经济过度膨胀时采取紧缩性财政政策，如增加税率、减少转移支付和政府购买。应该承认，主要资本主义国家通过财政政策对经济进行干预和调整，确实曾取得过一些实效，尤其是20世纪50年代和20世纪60年代。西方某些经济学家相信，依靠财政政策可有效地控制社会总需求，从而能调控整个经济的运行。然而，自20世纪70年代以来，特别是20世纪80年代，政府的财政政策干预并没有收到预期的效果，有时反而加剧了经济波动。20世纪70年代末以来的"滞胀"已成为财政政策无法解决的难题。基于此，西方经济理论界，日益重视货币政策，主张在运用财政政策的同时，应与货币政策相配合。

货币政策对经济的调节主要是通过调控利率来实现的。在当代垄断资本主义国家的宏观经济运行中，利率的变化对经济活动的影响可简述如下：货币供给的增加（或减少），导致利率的下降（或上升），利率的下降（或上升），进而导致投资的增加（或减少），从而影响国民收入的增长（或收缩）。为了实现货币政策，中央银行必须运用强有力的货币政策工具，以影响货币供给量，制约商业银行行为，影响公众预期心理。这些工具主要是：公开市场业务，即在公开市场上由中央银行买进或卖出国家债券；改变再贴现率，即改变中央银行对商业银行的贷款利率；变动法定准备金率，即改变由中央银行规定的商业银行准备金与存款的比率。当经济萧条时，中央银行买进债券、降低贴现率和准备率，从而使社会上的货币供给增加；当经济过热时，中央银行卖出债券、提高贴现率和准备率，从而使社会上的货币供给减少。可见，货币政策也有扩张性和紧缩性两种具体方式。西方的货币政策在实施中也收到了一定成效，总的来看对抑制经济过热和通货膨胀的效果较好，但对抑制衰退的效果却不甚明显。

收入政策是资本主义国家根据经济发展状况有意识地调节工资、利润和其他收入的政策，是国家对分配领域进行的政策干预。收入政策调节的基本内容有两个：一是通过工资政策调节工资、利润和其他收入之间的比例关系，克服物价与工资的螺旋式上涨，以避免通货膨胀，从而实现社会稳定；二是通过工资政策调节工资与利润的相对份额，从而调节收入分配，维护资本主义再生产的稳定与增长。

国民经济计划化也是资本主义国家普遍采用的调节经济的手段。资本主义国家主要是通过制定中长期的经济计划,如国民经济增长计划、科技教育发展计划等这样一些带有全局性、规划性、前瞻性、指导性的计划和规划来调节经济。经济计划对私人企业没有法律约束力,只是通过各种经济杠杆和经济措施,引导私人企业向计划和规划的方向发展。因此,在国家垄断资本主义条件下,经济计划作用的范围和效果受到一定的影响。

第四节　垄断资本主义经济向国际范围的扩展

一、垄断资本主义经济扩展的基础

在科技革命和生产力的发展不断推动下,以国际分工的发展为基础,生产国际化和资本国际化几乎同时得到发展。国际分工、生产国际化和资本国际化是垄断资本主义经济向国际范围扩展的基础。

（一）国际分工

国际分工是指社会分工越出国界而形成的国与国之间的分工,它是生产力发展到一定阶段的产物。国际分工萌芽于资本主义生产方式的确立前期。15世纪末的地理大发现和国际贸易的扩大,16世纪手工业向工场手工业的过渡和资本原始积累过程的展开,出现了宗主国与殖民地之间的分工,为国际分工的形成创造了条件。资本主义生产方式确立以后,随着第一次产业革命的发生和机器大工业的建立,生产力得到进一步发展。这样,"一种和机器生产中心相适应的新的国际分工产生了,它使地球的一部分成为主要从事农业的生产地区,以服务于另一部分主要从事工业的生产地区"[①]。19世纪后半期发生的第二次科技革命,带来了交通运输工具的飞速发展和资本主义对外经济关系中资本输出手段的发展,推动了生产的国际化,加强了各国对国际分工的依赖性,从而促进了资本主义国际分工体系的形成。

第二次世界大战以后,随着第三次科技革命的发展所释放出的

---

① 《马克思恩格斯全集》第23卷,北京:人民出版社,1972年,第494～495页。

巨大的生产能量突破国界,科学技术的发展和生产进步日益具有国际性,国际分工也发展到了一个新的阶段,呈现出如下特点:企业内部和部门内部的分工发展为国际专业化分工;以自然资源为基础的传统的国际分工,发展为以产品专业化、零部件专业化和工艺专业化为基础的新国际分工;传统的世界工业国和世界农业国的垂直分工格局,发展为以劳动密集型产业、资金密集型产业、技术密集型产业为划分的水平分工格局;宗主国与殖民地的分工格局,发展为发达资本主义国家与发展中国家的分工格局。20世纪90年代以来,国际分工发展的一个重要趋势就是:从生产分工向科研与生产的分工发展,从制造业与初级产品的分工向高新技术产品与传统工业的分工发展。

国际分工对各国经济的作用主要反映在两个方面:一方面,可以促进各国社会生产里的发展,因为参加国际分工的国家可以根据自己的自然条件和经济优势,在充分合理利用自身资源的基础上,利用国外的资源和力量降低成本,提高经济效益;同时也可以在参与国际分工的过程中,提高本国的生产国际专业化水平。另一方面,国际分工是垄断资本主义经济扩展的基础和手段,垄断资本会凭借经济和技术上的优势,把一些已经淘汰的产业以及所需要的产业的生产转移到一些经济比较落后的发展中国家,使发展中国家在世界资本主义体系中处于经济依附地位。

(二)生产国际化和资本国际化

生产国际化是指生产过程本身超出一国范围,在国际范围形成各国生产相互依赖、相互补充的格局。它是生产社会化越出国界向国际范围发展的表现。资本国际化是指资本的活动范围越出国界,在国际范围内不断运动的过程。

以国际分工的发展为基础,生产的国际化和资本的国际化在资本主义国家几乎同时发展起来。在自由竞争资本主义发展阶段,由于资本主义商品经济的发展和经济扩张,生产国际化和资本国际化就已出现。但是,生产国际化和资本国际化的真正发展是在垄断资本形成以后,特别是在第二次世界大战以后。科学技术的迅猛发展、劳动生产率的大幅度提高及生产社会化的进一步加强,改变了原有的国际分工格局,加上国家垄断资本主义的发展,才大大促进了生产在国际之间的发展和资本在国际之间的流动。20世纪后期以来,高新技术的发展使各国在寻求国际合作方面的要求日益增强,一方面,高新技术所具有的综合性强、难度大、风险大的特点,使其开发和利用的巨大投资往往不是一国的企业或研究机构所能承担的,只有在多国合作之下才能取得新的进展;另一方面,高新技术的发展形成了许多新的部门、新的工艺和新的产品,改变了国民经济的部门结构,任何国家难以在所有部门、所有生产工艺中占有优势,必然要求加强国际分工和协作。因此,科学技术的进步和生产力的高度发展是生产国际化和资本国际化的动力。

生产国际化的主要表现是:其一,生产要素国际化,即生产过程所需要的原材料日益依赖于国外市场的供给,劳动力、工程技术人员和管理人员在国际间流动;其二,产品国际化,即所生产出来的产品也日益依赖于在国际市场上进行销售;其三,生产过程国际化,即大垄断企业到国外进行投资,或开办新公司,或设立子公司,并日益扩大生产和经营的规模,使生产分工日益向国际专业化分工发展;其四,科学技术国际化,即科学技术的国际交流日益扩大,重要科技领域的国际合作日益加强。

资本国际化的主要表现是资本循环的三种职能形式,即货币资本、生产资本和商品资本以独立化的资本向国际范围扩展,形成了三种表现形态:商业资本国际化、借贷资本国际化和产业资本国际化。商业资本国际化是指商品资本在国际市场上的活动与增殖,它采取的主要形式是国际贸易。当代的国际贸易是指不同国家或地区之间进行的贸易行为,包括有形商品的进出口和无形贸易。借贷资本国际化是指资本以货币形态在国际范围内发生的借贷运动与增殖,它采取的主要形式是国际间接融资,即在国际金融市场上进行股票、债券等交易。产业资本国际化是指资本跨越国界从事商品生产和经营活动,它是通过对外直接投资,在他国兴建生产性企业实现的。产业资本国际化是在商业资本国际化和借贷资本国际化的基础上发展起来的。随着跨国公司的崛起,国外直接投资的急剧增长,产业资本国际化成为资本国际化的主要形式,它标志着资本国际化进入了一个新的发展阶段。

二、垄断资本主义经济扩展的形式

在自由竞争资本主义阶段,资本主义国家对外经济联系的主要方式是商品输出。到了垄断资本主义阶段,资本输出、跨国公司和国际经济一体化成为垄断资本主义经济向国际范围扩展的主要形式。

(一)资本输出

资本输出是指垄断资本和资本主义国家把它们手中掌握和控制的大量资本输往国外,攫取高额垄断利润或谋求经济、政治和军事利益。资本输出在形式上主要有两种,即借贷资本输出和生产资本输出。借贷资本输出是指由政府、私人银行或企业对别国政府、私人银行或企业提供的贷款,它又被称作间接投资,因为它以获取红利或利息为特点,投资者一般不直接参与企业的经营活动,因而对企业没有控制权。生产资本输出是指政府或资本家在国外直接投资开办工厂、矿山、银行等企业,它又被称作直接投资,因为它以投资者对所投资的国外企业拥有全部或部分控制权为特点,投资者可以从中获取高于国内投资的超额垄断利润。资本输出就输出主体而言主要有两类,即私人资本输出和国家资本输出。私人资本输出是指由资本家或资本家集团输出的资本。国家资本输出是指以政府为主体输出的资本。

资本输出在垄断资本主义阶段的发展具有特别重要的意义。首先,资本输出成为金融资本利用大量"过剩资本"到国外寻求投资场所,以获取巨额垄断利润的重要手段。垄断形成后,金融寡头获得了大量的垄断利润,积累和掌握了大量的货币资本。但由于国内有利可图的投资场所已被垄断组织所控制,大量"过剩资本"的产生需要到国外去寻找投资场所。其次,资本输出是金融资本剥削和掠夺经济落后国家的坚实基础。"过剩资本"的最佳投放场所是经济落后的国家,一是因为那里资本少,地价比较贱,工资低,原料也便宜,能获取很高的利润,二是因为许多落后的国家已经卷入世界资本主义的流转,主要的铁路线已经建成或已经开始兴建,发展工业的起码条件已有保证等等。第三,资本输出是金融资本向外进行经济扩张、争夺世界商品销售市场和原料产地的有力手段。垄断的形成造成了大规模生产,使商品销售和原料来源问题变得尖锐,国际间围绕这一问题而展开的竞争也日趋激烈。一方面,资本输出可以越过对方的贸易和关税壁垒,在国外就地生产、就地销售,迅速占领和垄断市场。另一方面,通过资本输出也可以在落后国家直接开发资源,保证廉价原料的稳定来源,加强和巩固金融资本的垄断地位。

因此,在本质上,资本输出是垄断资本掠夺、剥削和奴役其他国家和人民,以攫取高额垄断利润为目的的重要手段,是各国垄断组织确立和巩固金融资本对世界统治、争夺经济霸权的重要工具,也是国际垄断的基础。

资本输出对资本输出国和资本输入国产生着不同的影响。从资本输出国方面看,资本输出为"过剩资本"找到了出路,是输出国扩大商品出口的重要手段,给输出国带来了大量来自海外的高额利润和利息;资本输出也在一定程度上缓解了国内的矛盾和危机,加强了金融资本在世界经济、政治范围的统治。但是,大量资本输出在给输出国在带来巨额海外收入的同时也使之成为食利国,从而引起垄断资本主义国家经济发展缓慢,在造成大量资本外流中使其国内许多领域因垄断或利润低而得不到投资和发展;还会造成资本主义国家之间激烈地争夺有利的海外投资场所引发的斗争,加深资本主义国家之间的矛盾。从资本输入国方面看,国外资本的输入必然会产生两重作用:一方面,大量"过剩资本"的涌入和国外生产方式的进入,加速了这些国家自然经济的瓦解,在一定程度上促进了这些国家民族经济的发展和整个国民经济水平的提高;另一方面,国外资本主义势力的侵入,也会阻碍和压制这些国家民族资本的独立发展,造成输入国国民财富和自然资源的流失,以及输入国经济结构的单一或畸形发展,从而造成输入国对输出国在资金技术等方面的依赖,乃至最终在政治上成为输出国的附庸。

在当代资本主义经济中,资本输出出现的新特点是:其一,资本流向从原来的主要是发达资本主义国家向经济落后国家输出,发展为多方向输出,特别是发达资本主义国家之间相互投资的大幅度增加;其二,在私人资本输出增长的同时,国家资本输出增长更快,并日益成为占重要地位的资本输出形式;其三,发达资本主义国家向发展中国家的资本输出,大多采取所谓"援助"的方式进行。

(二)跨国公司

跨国公司是一种国际性的企业,是垄断资本主义经济向国际范围扩展的重要形式。跨国公司是以本国总公司为基地,通过对外直接投资,在国外设立子公司或分支机构,从事跨国生产、销售或金融等各种经营活动,以获取高额垄断利润的垄断组织。

跨国公司的管理方式主要表现在四个方面:其一,母国中心管理方式,即以跨国公司总公司所在国为中心的管理方式。母公司掌握整个跨国公司的决策,并派出人员担任子公司的高级管理人员;母公司向子公司发布指示较多,很少听取子公司的意见;子公司虽然在东道国政府登记,但往往以母公司的国籍为自己的身份。其二,东道国中心管理方式,即跨国公司的各个子公司以所在的东道国为中心的管理方式。其三,多元中心管理方式,即各个子公司的管理者掌握着各个子公司决策权的管理方式。母公司与子公司之间、各个子公司之间的信息交流很少,子公司以当地国籍为自己的身份。其四,世界中心管理方式,既不侧重母公司所在国,也不侧重子公司所在国,而以世界各地的最佳情况为出发点和标准,制定一套指导准则,由各个子公司依此自订经营计划,由母公司加以监督并进行必要的纠正,母公司与子公司之间、各个子公司之间的信息交流是双向的。

根据资本来源国的不同,跨国公司可分为两种类型:一是发达资本主义国家的跨国公司;二是发展中国家的跨国公司。根据资本所有权的不同,跨国公司可分为三种类型:一是公司的所有权完全归私人所有,即归家族所有;二是公司的所有权归国家所有,可能是一个国家,也可能是两个以上的国家;三是公司所有权为公私混合拥有,即国家或大垄断资本控制的母公司通过发行股票向公众扩展资本所有权。

跨国公司作为垄断资本主义经济扩展的形式,是国际直接投资的载体,是为垄断资本主义利益服务及以在国外攫取高额利润为目的的。跨国公司的迅速发展对世界经济产生了巨大影响,它主要表现在以下几个方面:

第一,促进了资本主义世界经济的发展。跨国公司主要凭借技术优势、规模经济、产品差异化等条件,绕过贸易堡垒,使生产要素在国际范围流动,在一定程度上实现了资源的优化配置。跨国公司以其遍布世界的生产经营活动,直接导致较高程度的生产国际专业化和广泛的国际协作,促进了生产力的高度发展。跨国公司在发达国家之间的相互渗透,促进了新兴工业部门的建立和发展,提高了科学技术水平和企业管理水平,扩大了就业领域。跨国公司在发展中国家的直接投资,在一定程度上缓解了发展中国家资金不足和技术落后的状况,促进了发展中国家产业技术的改造和民族经济的发展。此外,由于跨国公司在全球生产中的控制地位,决定了它的经营策略或投资方向的改变,必然影响着世界经济发展的进程和趋势。

第二,在调节资本主义生产关系的同时,在世界范围内加深了资本主义各国间的各种矛盾。跨国公司由于采取了国际资本联合所有制的方式,因而在一定程度上可以缓解一国资本转移发展中产生的垄断资本之间的矛盾以及垄断组织与非垄断组织之间的矛盾。但是,由于跨国公司以追求自身利润最大化为目标进行世界范围的生产和经营活动,因此,这就使资本主义一国范围的各种矛盾在世界范围趋于进一步激化。跨国公司在世界范围内加深了资本主义基本矛盾,一方面它使生产社会化的程度在世界范围得到空前提高,另一方面它也使世界范围内的生产和资本高度集中。跨国公司加深了发达资本主义国家之间的矛盾。跨国公司作为垄断资本主义经济对外扩展的形式,在争夺世界市场、投资场所、势力范围等方面,必然会使发达资本主义国家之间的矛盾在激烈的竞争中日趋激化。跨国公司加深了发达资本主义国家与发展中国家之间的矛盾。跨国公司是资本主义国家推行新殖民主义政策的工具,在经济上控制发展中国家的经济命脉,进行掠夺和剥削,在政治上干涉发展中国家的内政,损害发展中国家的主权,使发达资本主义国家与发展中国家之间的矛盾日趋激化。

第三,对资本主义世界经济的发展产生着一定的负面影响。由于跨国公司是以本公司利益为出发点进行生产和经营活动的国际性垄断组织,因此,它不仅垄断了世界主要农产品的国际贸易,而且垄断了世界重要矿产品的国际贸易;它不仅经常采用垄断价格进行国际贸易,而且经常利用汇率和利率差别及变动搞货币投机;它不仅因业务需要经常使大量资金发生国际转移,而且经常把那些污染严重的产品转移到发展中国家进行生产。所有这些,都对世界经济的发展产生了不利的影响。

本章小结

自由竞争引起生产和资本的集中,而生产和集中发展到一定阶段,就形成了垄断。垄断是现代资本主义最深厚的经济基础,其目的是为了获取高额垄断利润。垄断资本获取垄断利润的途径主要是垄断价格。垄断价格和垄断利润的存在并不否定价值规律。垄断并不消除竞争,而是与竞争并存。

垄断在不同方面的表现和发展所形成的特性包括:金融资本和金融寡头,资本输出,国际垄断同盟从经济上瓜分世界。资本主义的基本特征在第二次世界大战后呈现出新特点和新变化。

随着科学技术和生产社会化程度的提高,私人资本越来越难以解决种种矛盾,需要运用国家政权的力量来缓解这些矛盾,从而导致了国家垄断资本主义的产生。因此,国家垄断资本主义(国家垄断经济)主要是资本主义生产力发展的客观结果。

国家垄断资本主义在一定程度上有利于资本主义社会生产力的发展,但是对社会经济发展也有一定的阻碍作用,使得资本主义社会固有的矛盾进一步加深。

阅读书目

列宁:《帝国主义是资本主义的最高阶段》,北京:人民出版社,2001年,第4、5、6章。

重点问题

1. 垄断资本主义是怎样形成的?
2. 什么是垄断利润和垄断价格?垄断利润的来源何在?
3. 垄断和竞争的关系如何?
4. 国家垄断资本主义调节市场经济的手段有哪些?
5. 为什么战后产业资本国际化和跨国公司获得了广泛发展?
6. 跨国公司的迅速发展对世界经济产生了哪些巨大的影响?

关键概念

垄断　垄断利润　垄断价格　垄断与竞争　跨国公司
国家垄断资本主义

第九章

经济全球化与现代资本主义

目的要求

通过本章的学习,把握资本主义生产和资本国际化的发展,并在此基础上了解经济全球化与资本主义经济关系和中国的经济发展。

主要内容

☆经济全球化的产生与发展
☆经济全球化与资本主义经济关系
☆经济全球化与中国的对外经济关系

教学重点

☆经济全球化的内容与实质
☆经济全球化条件下发达资本主义国家与发展中国家之间的经济关系
☆经济全球化与中国的对外经济关系

第一节　经济全球化的产生与发展

生产和资本的国际化是经济全球化发展的客观基础。经济全球化主要包括生产全球化、贸易全球化和资本全球化。经济全球化的实质是以发达资本主义国家为主导的全球化。经济全球化的发展是世界经济发展的必然趋势，它对世界经济的发展必然产生双重的影响。

一、经济全球化的产生

经济全球化是指在现代科学技术进步加快、社会分工和国际分工不断深化的情况下，把世界的生产、贸易、金融等活动紧密联系在一起，从而使各国各地区之间的经济活动相互依存、相互开放。经济全球化作为生产和资本国际化高度发展的产物，其内容包括了生产、贸易和金融等方面。

(一)经济全球化与生产和资本的国际化

1. 国际分工是生产和资本国际化的基础

商品的生产最初是在一国国内进行，随着生产的扩大化，商品的国内生产已经不能满足生产者和消费者的需要，于是生产的国际化就应运而生了。国际分工是生产和资本国际化的基础，生产和资本国际化又推动着国际分工的不断深入。发达的国际分工是在资本主义社会的产业革命之后出现的，它是科学技术进步、科学技术革命进一步发展的产物。国际分工的发展过程实际上就是资本主义社会生产向国际化方向发展的过程，生产的国际化促进了资本的国际化。在自由竞争资本主义阶段出现的资本的国际化，主要表现为商业资本的国际化；而在垄断资本主义阶段，资本的国际化主要是通过资本输出并带动商品输出，形成国际垄断同盟，从经济上瓜分世界，最终形成帝国主义时期的殖民体系等体现出来的。在这一时期，资本国际化的形式除了商业资的国际化之外，借贷资本的国际化已占有越来越重要的地位，而生产资本或产业资本的国际化的比重还很小。第二次世界大战以后，产业资本国际化的进程大大加快，具体表现为私人垄断资本和国家垄断资本不断扩大在国外的投资，兴建生产性企业。

2. 科技革命和生产力的发展推动了生产与资本的国际化

科学技术发展到今天,已经开始超越国界的限制,它要求各国在科技研究与开发方面进行通力合作。因为高新技术具有综合性、难度大、风险多的特点,一项新技术从研究到开发、应用和商品化的投入更为昂贵,往往超出了一个国家的某个企业或研究单位的资金和技术能力,需要寻求国际合作。同时,科技革命从降低跨国活动成本和消除跨时空交易障碍中也提高了生产国际化的可能性和机会。新交通工具的使用,使国际运输费用大为降低。现代信息和通讯技术的发展大大提高了跨国界处理、使用和交流信息的能力。例如,科技革命为资金在全球大规模的流动创造了条件,信息技术的进步和广泛应用,使全球的经济距离大大缩短,使货币电子化的进程大大加快,巨额资金变成电子信息,通过海底光缆、通讯卫星传遍全球。如果没有科技革命,目前日交易额达1.5万亿美元的外汇买卖及巨额资金流动要顺利进行几乎是不可能的。

总之,生产和资本国际化是资本主义经济发展的必然趋势,是国际经济关系格局的重大变化。国际分工的发展是生产和资本国际化的基础,资本无限增殖的本性是资本国际化的动因,科技革命和生产力的发展是资本国际化的条件。

3. 经济全球化与生产和资本的国际化

生产和资本国际化的发展促使国际经济关系逐步向深度和广度扩展,导致了经济全球化的产生。自20世纪90年代初以来,经济全球化的进程明显加快,其主要原因在于:第一,第三次科学技术革命向纵深发展。高新科学技术特别是计算机、通讯技术日新月异的进步及其在社会经济生活中的广泛应用,加强了国际经济联系;信息技术也已在社会经济生活中占据重要地位,从而把世界经济融合为全球范围的网络经济。第二,国际贸易自由化程度大大提高。无论是发达资本主义国家还是发展中国家,随着对发展国际经济关系迫切要求的增强,在经济发展中放宽了对贸易保护主义的限制。第三,国际资本流动的大幅度增加。与放宽对贸易保护主义的限制相适应,发达资本主义国家和发展中国家也逐步放宽了对资本国际流动的限制,吸引外资发展本国经济已成为世界各国的共同要求。

经济全球化与生产和资本国际化有着不同的重要方面。主要表现在:第一,生产和资本的国际化是与产业革命、工业经济相适应的;而经济全球化则是与信息经济的发展相联系的,在这一意义上可以认为,经济全球化也就是世界经济的信息化。第二,生产和资本的国际化是以垂直型国际分工为基础的,发达资本主义国家进行制造业的生产,发展中国家进行初级产品的生产,发展中国家在为发达资本主义国家的生产提供原料的同时成为其商品销售市场;而经济全球化则是以水平型国际分工为基础的,发展中国家也进行制造业的生产,寻求工业化的发展。第三,生产和资本的国际化反映的是以商品交换和资本流动为主的经济交往形式;而经济全球化反映的则是各种生产要素都得到流动的经济交往形式,不仅商品交换和资本流动有了更大的发展,而且国外直接投资、劳务贸易、科技转让、信息传播、人员交流等都得到了迅速发展,形成了发达的世界市场体系。第四,生产和资本的国际化主要以国家为国际经济联系的主体;而经济全球化则是除了以国家为国际经济联系的主体之外,跨国公司成为密切国际经济关系的更为重要的主体。

(二)经济全球化的内容

人们一般以生产活动全球化、贸易活动全球化、金融活动全球化、投资活动全球化、信息活动全球化等来具体描述经济全球化的基本内容。

1. 生产活动全球化

生产活动是最基本的经济活动,因而经济全球化首先是生产活动的全球化。生产活动全球化的外在表现是对外直接投资全球化,而目前世界上约90％的对外直接投资是跨国公司所为。跨国公司兴起于第二次世界大战以后,是生产力突破国界的表现,它们的趋利动机和全球化经营战略事实上成为经济全球化的微观动力,而跨国公司自身则成为经济全球化的主要载体。

生产活动全球化主要表现在以下三个方面:

(1)跨国公司的国际化生产规模扩大,在世界经济中的重要性日益突出。据联合国贸发会议1999年《世界投资报告》分析,全世界约有跨国公司6万多家,所属海外企业为50多万家;国外分支机构的销售额超过11万亿美元,大大超过了当年世界贸易总额;1998年,对外直接投资存量达4万多亿美元;世界前100家最大的跨国公司,所占的国外资产就达2万亿美元。报告还指出,尽管发生了亚洲金融危机,国标直接投资仍增长38.7％,达6440亿美元,这组数字显示的是世界大跨国公司对生产国际化的主宰。另据我国专家分析,美国通用电气公司1997年的销售额为1683亿美元,接近我国当年的出口额;日本东京三菱银行1996年的资产额折合人民

> 生产全球化是指随着科学技术的发展和高精尖产品及工艺技术的出现,生产领域的国际分工和协作得到增强。第二次世界大战以后,国际分工的深化使得全球生产联为一体,各国的生产活动相互依存,形成一个完整的全球性的生产体系。某些产品,如大型计算机、飞机、卫星等具有高技术含量的产品,结构复杂,技术要求高,需要由不同国家的多个企业共同完成。例如,美国波音公司的波音767飞机,它在美国西雅图波音公司完成了设计并生产了座舱,机首和机翼的生产在意大利完成,机尾的生产在加拿大完成,挡风玻璃和发动机在英国生产,机身和高技术部件的生产在日本完成,总共有29个国家参与了这架飞机的制造。这样一来,整个地球就变成了一个大工厂了。

币为57914亿元,超过当年我国国有工业总产值50631亿元许多。可见,跨国公司不断扩展,并在世界经济中越来越占居重要地位。

(2)跨国公司通过企业扩张,使生产活动的全球化程度不断提高。随着跨国公司在海外的业绩超过其在本国的业绩,或在兼并重组中易手,或总部移向海外,跨国公司的"国籍"变得难以确定了。当今世界汽车、石油、电信、银行、医药、航天等领域的头几家大公司都是多国企业组成的大型跨国集团。例如,雀巢集团公司在160多个国家设有企业。通用汽车公司、福特汽车公司、戴姆勒—克莱斯勒汽车公司和丰田汽车公司等4家汽车生产厂家通过兼并和战略联盟形式,已控制了70%的世界汽车市场份额。进入2000年,经济全球化呈现出同行业的跨国公司加紧进行强强联合的新特点,它们在各地寻求最优惠的投资政策、最廉价的劳动力和最大的市场份额,推行全球经营战略。为达到此目的,它们正在全球范围内开展一场空前的企业并购和组成战略联盟热潮。据汤姆森金融证券公司统计,2000年第一季度,全球企业兼并金额已达1.2万亿美元,为1999年33100亿美元的36%。2000年1月,美国在线公司同时代一华纳公司合并,总交易额达1819亿美元;英国两家制药公司葛兰素威康和史克必成合并,总资产达1824亿美元,创企业兼并金额最高历史纪录,组成全球最大的医药集团。据此,美国著名经济学家莱斯特·瑟罗1999年6月在《太平洋月刊》上撰文指出:"19世纪末,企业家们建立起摧毁地方公司的全国公司,20世纪末,他们又建立起摧毁全国公司的全球化公司。"美国约翰·霍普金斯大学商业历史学家路易斯·高隆什也指出:"寡头垄断全球化是世界经济一体化的必然产物,就像日出那样不可避免。"

(3)利用地区经济集团和跨地区经济合作组织推动生产活动全球化。欧盟经过几十年不懈努力,终于实现了货币和经济政策一体化,目前,欧盟在加紧东扩的同时,还同各大洲建立广泛的联系,拓展了国际活动的空间。迄今,欧盟已同亚洲、拉美和非洲举行过首脑会议,推动了地区间的政治、经济、贸易以及文化等方面的合作。美洲国家在已建立的北美自由贸易区基础上,于2005年建立泛美自由贸易区,该地区拥有8亿人口,其国内生产总值总额超过10万亿美元,将是世界上最大的自由贸易区。非洲、中东和海湾国家也在努力增强各种形式的区域合作。2000年4月25日,西非国家经济共同体宣布,从2000年起成员国相互协调经济政策,使之逐步趋同,到2003年建立共同货币区。

2. 贸易活动全球化

国际贸易是经济全球化的纽带,贸易活动全球化是贸易国际化的高度发展,从事国际贸易活动的微观经济主体将不再有国籍的概念。目前,贸易全球化进程的新阶段已经开始,主要表现在以下几方面。

(1)贸易自由化的发展为贸易全球化奠定了重要的物质基础。贸易自由化在《关税与贸易总协定》生效后获得迅速发展,迄今为止已经取得了许多成就。据世界贸易组织 2001 年 4 月 23 日公布的 2001 年度报告,2000 年全球贸易增长速度加快,增幅达过去 10 多年以来的最高点。报告显示,2000 年世界商品贸易总额达到 6.2 万亿美元,比前一年增长了 12.5%,增幅是过去 10 年来年均增长幅度的 2 倍。全球服务贸易额估计增长 5%,达到 1.4 万亿美元,是 1997 年以来增长最快的一年。不论是总量上还是贸易结构上,都比贸易自由化刚刚起步时有了巨大的发展。

(2)电子商务为贸易全球化提供了技术基础。以信息技术和网络技术为基础发展起来的电子商务扩大了世界市场的内涵和外延,改变了贸易方式,不仅因 24 小时的连续交易使国际贸易信息传输和资金周转加速,而且简化了国际贸易手续和过程,降低了国际贸易成本,并大大增进了国际贸易机会。

(3)统一的世界市场为贸易全球化清除了体制上的障碍。随着计划经济体制国家向市场经济体制转型,世界市场被分割的局面消除,出现了一个具备完整的市场经济的世界市场。

(4)世界贸易组织及其制度为贸易全球化创造了良好的秩序和环境。各国或地区的政府为贸易自由化作出了巨大的努力,一些国家和地区甚至还为此付出了一定的代价,最终取得了巨大的成就,即世界贸易组织的成立和运行,并促成了一系列较完善的自由化协议的达成。

(5)中国的"入世"使贸易全球化真正成为现实。中国现在是世界第三大贸易进出口国,也是世界上最大的市场经济国家之一,只有中国加入世界贸易组织,世界市场才真正是完整和开放的,贸易全球化才会成为现实。

3. 金融活动全球化

金融活动全球化是生产全球化的基础,也是贸易全球化的结果。目前,金融活动全球化进程反映在以下几个方面。

(1)金融市场面向全球开放。首先,随着 20 世纪 80 年代金融

> 贸易全球化是指随着科学技术的发展和各国对外开放程度的提高,流通领域中国际交换的范围、规模扩大,程度得到增强。二战后,国际贸易不断扩大,增长速度也很快。

> 资本全球化是指随着科学技术的发展和各国对外开放程度的提高,资本在国际间的流动速度加快。国际直接投资是资本全球化的基础。

自由化浪潮的兴起和各主要发达国家率先取消和放松金融管制,各国和地区的金融市场即使对内还未完全开放,也开始逐渐向世界开放。并且,各国或地区相继实行利率市场化,而政府不再对存贷款利率加以干预。其次,离岸金融市场发展迅速,比起在岸金融市场来,不受或较少受管制或约束。最后,布雷顿森林体系崩溃后,汇率向自由化方向发展,大多数国家和地区相继实行有管理的浮动汇率制,而固定汇率制基本退出了历史舞台。

(2)金融交易日趋全球化。首先,外汇交易额一再攀升。其次,国际证券市场成为国际借贷的主渠道,一些国家或地区的证券和股票的交易额甚至超过其国内生产总值。

(3)国际金融机构的作用日益显著。首先,随着跨国银行及其分支机构不断向全球扩张,各类融资代理机构的数量增长更令人瞠目。其次,国际货币基金组织和世界银行在稳定世界经济和缓解世界性经济危机所造成的困境方面,以及在援助发展中国家和地区方面,起到一定的积极作用。

4. 投资活动全球化

经济全球化在投资领域主要表现为投资活动全球化,国际直接投资、证券投资、国际贷款活动遍及全球,资本国际流动的速度更快、规模更大,投资规范框架初步形成。由于各种金融创新及金融市场的不断深化,国际投资的发展速度已超过了贸易,对世界经济的影响程度也更深。近些年,世界贸易年均增长6%,国际直接投资则年均增长12%。1990年国际直接投资额为2430亿美元,1996年达3600亿美元,1997年增至4000亿美元。1992年全球金融流动资产约为320万亿美元,2000年增至800万亿美元。

投资自由化成为各国国际直接投资的政策目标,国际直接投资规范安排也被提上日程。20世纪90年代以来,保护和促进投资的双边投资条约数量大幅度增加,截止到1997年1月,全世界已签署双边投资条约1330个,涉及162个国家和地区。1991—1996年各国政府共对外国直接投资管理体制进行了约600次调整,其中95%是放松对外资限制的措施。1996年,64个国家的112项立法变化中,106项属于趋于自由化或促进外国直接投资的立法。与各国政府的行动相呼应,关贸总协定乌拉圭回合多边贸易谈判首次将投资问题纳入多边贸易体系,并达成了《与贸易有关的投资措施协议》,1996年联合国贸易与发展会议第9次会议对未来多边投资框架进行了探讨。

5. 信息全球化

世纪之交，经济全球化正随着知识经济与信息社会的初见端倪而在相当程度上表现出信息全球化的趋势。经济全球化最根本的推动力是技术的进步，一方面技术进步带来交通运输的发达，使运输成本大幅度下降；另一方面，通讯手段的发达使供需双方可以最快的速度达成交易；因此，技术的进步更有可能实现"以最有利的条件生产，在最有利的地方销售"，促进全球化的发展。在信息社会与知识经济的时代，科学技术的不断进步与突破，使世界可以迅速共享许多信息资源，从而成为一个信息共享的经济共同体。

（三）经济全球化的实质

经济全球化的实质是发达资本主义国家为主导的经济发展形式。这一实质是在世界资本主义体系的产生和发展中形成的。

世界资本主义体系的产生以殖民掠夺和奴隶贸易为现实基础、以国际分工和世界市场的形成为理论基础。15世纪末到16世纪上半期的"地理大发现"和"东西方航线的开辟"，在使欧洲的社会经济生活发生了巨大变革的同时，也开始了长达几个世纪的殖民掠夺和奴隶贸易。殖民者通过殖民掠夺和奴隶贸易，获得了大量的货币财富，使本国的社会经济走向了发达，也使殖民地的社会经济走向了不发达。这一过程是殖民者打破殖民地国家的自然经济并把它们的国民经济卷入国际交换的过程。在这一过程中形成了欧洲殖民者国家与殖民地国家之间的分工形式，即欧洲殖民者国家从事工业生产，殖民地国家成为它们的原料和粮食的供应地。随着国际分工的产生和国际交换的日益发展，资产阶级为了追逐利润、缓和生产与消费之间的矛盾，开始不停地奔走于世界各地，资本主义制度的国际性质标志着世界市场的形成。

世界资本主义体系的产生使各个国家、民族的发展融入了世界发展的历史潮流，意味着经济全球化历史进程的开始。世界资本主义体系的"西方殖民者"与"受殖民者宰割、凌辱的多数落后的民族、国家"结构的存在，奠定了经济全球化实质形成的基础。世界资本主义体系产生时期形成的这种结构，在第一次科技革命使生产力成百倍地提高之后，发展为"农村屈服于城市的统治"、"未开化和半开化的国家从属于文明的国家"、"农民的民族从属于资产阶级的民族"以及"东方从属于西方"的结构。第二次科技革命的发生，使那些处于世界资本主义体系先进地位的发达国家的生产得以迅猛发展,自由竞争资本主义向垄断资本主义过渡,垄断资本在经济上和领土上的对外扩张,造成了许多过渡的国家依附形式,世界资本主义体系格局也发展为"少数剥削、压迫别人的发达国家"与"多数殖民地附属国"之间的对立,资本主义经济发展的空间扩张与资本主义生产关系的较高层次扩张并存。第三次科技革命以后,各国经济日益朝着全球化的方向发展。帝国主义殖民体系虽然瓦解,发展中国家虽已成为一支独立的经济政治力量,但是,发展中国家并未在经济上摆脱历史形成的国际分工的影响,并未改变历史形成的作为发达资本主义国家的商品销售市场、原料供应地和投资场所的地位。世界资本主义体系格局进一步发展为发达资本主义国家(中心)与发展中国家(外围)的对立,这实际意味着发展中国家处于受发达资本主义国家剥削和控制的地位,并且资本主义生产关系和社会结构更发展,世界范围的"富国"与"穷国"的分化更剧烈。由此可见,世界资本主义体系"发达"与"不发达"的对立、"发达"对"不发达"的剥削和控制,反映了经济全球化的实质。

二、经济全球化的发展趋势

(一)经济全球化的发展历程

按照对经济全球化或世界经济发展过程起决定性作用的科技革命的影响来划分,经济全球化大致经历了4个阶段。

1. 商品国际化阶段

这一阶段始于18世纪60年代,是经济全球化的萌芽阶段。商品国际化是指各国经济通过商品贸易实现的国际联系。在此之前的16—18世纪,早期世界市场的出现与在其中起主导作用的商业资本的活动,成为西欧资本的原始积累的重要来源,同时也为工业革命创造了外部条件。但那时的世界市场只是一个雏形,是分散的、零星的、割据的和小容量的,并且大多数西欧国家才开始着手统一国内的民族市场,而这种统一市场的彻底完成则主要归功于第一次科技革命。

18世纪60年代起产生在西欧的第一次科技革命,使各工业部门从手工工具生产转向机器生产,大大推动了生产力的进步,并为资本主义进一步在世界范围内扩张奠定了基础。同时,蒸汽动力在交通运输工具中的推广应用,使交通条件变得大为便利。机帆船的投入运营以及铁路干线的基本铺就,不仅为货物的长途运输缩短了运输时间,降低了运输成本,还改善了安全条件,从而促使专门为消费国际化而进行的商品生产成为可能。

鉴于世界货币和世界市场尚未统一,这时的世界经济尚处在萌芽状态。但是,生产力的提高、世界市场的进一步扩大,以及进入世界市场的商品的数量和种类的大幅度增加,使世界贸易得到空前的发展,并且其增长速度超过了世界工业的增长速度,这些都是市场经济走向全球化的物质基础。

2. 资本国际化阶段

资本国际化阶段是经济全球化的兴起阶段。这一阶段约始于19世纪70年代,主要特征是各国通过资本输出实现国际联系。

19世纪70年代,以电气技术和化学技术为代表的第二次科技革命迅速兴起,推动着社会生产力的大发展,为世界市场最终形成和资本国际化提供了技术基础。新技术在冶金业中的应用,使钢铁生产能力大大加快,生产成本大大下降,仅在19世纪最后30年中,钢产量猛增55倍,为交通运输业和邮政电信业的变革奠定了物质基础。而交通运输业和邮政电信业的发展,又极大地扩大了世界市场范围,使资金在世界各国的周转速度大大提高。到19世纪末,黄金最终被确立为单一的世界货币,资本输出成为垄断资本主义发展的必然历史现象。

资本输出对世界经济形成的贡献表现为:第一,资本输出进一步带动商品输出,使大垄断组织在世界市场上占有更大的份额。第二,扩大了世界市场内涵,使它不仅包括商品市场,还包括资本市场,促成了真正的、统一的和无所不包的世界市场的形成。第三,深化了国际分工,促成了国际分工体系的形成。第四,对外直接投资使国际化深入到生产领域,但因其占资本输出的比例太小,生产国际化并不是当时的主流。第五,使市场经济生产方式从少数国家扩展到整个世界,世界经济基本形成,市场经济真正走向全球化。

3. 生产国际化阶段

生产国际化阶段是经济全球化的发展阶段。这一阶段大约从第二次世界大战结束起至20世纪80年代中期,虽然只有40年左右时间,但是曾经一度因受两次世界大战影响而停滞不前的世界经济,在第三次科技革命的推动下,进入了高速发展时期。世界市场的进一步扩大和市场结构日趋多元化,商品的数量和种类的急剧增加,以及工业制成品在国际货物贸易中的比重超过初级产品的比重,促使世界贸易增长速度高于世界所有国家和地区的国内生产总值的增长速度约50%。

国际直接投资迅速增长是这一阶段最典型的特征,而其中有近90%以上被跨国公司所控制,这标志着全球化进程越来越从流通领域深入到生产领域,跨国公司已经成为经济全球化的载体。随着跨国公司的国际投资迅速增长,国际金融市场大大扩展和完善,反过来进一步加速了资本的国际流动,为生产国际化的进一步发展,同时也为开创金融国际化阶段创造了有利条件。

在这一阶段,出现了一批经济一体化组织。国际复兴与开发银行、国际货币基金组织和关税与贸易总协定等三大经济支柱等全球性经济组织和机构先后建立,为世界经济提供了一系列全球范围内的统一规范。

第二次世界大战结束后,世界上出现了东西方两大阵营,并且由于资本主义阵营对社会主义阵营实行封锁,世界市场实际上被割裂成计划经济和市场经济两个发展不平衡并且互不相干的平行市场。

4. 金融国际化阶段

金融国际化阶段是人类进入高科技时代和经济全球化加速发展的阶段。20世纪80年代中后期,世界经济在经历了若干年的经济"滞胀"期,以及各个国家和地区在经过了产业结构和产品结构的调整后,以航天技术、生物技术和信息技术为代表的,始于20世纪70年代的第4次科技革命,推动着世界经济进入了高速发展时期。同时,在主要发达国家中掀起了一股金融自由化浪潮,促使国际贸易和国际金融市场交易额的增速远远超过了全球国内生产总值的增速。高科技产品的不断问世,信息技术、生物技术和航天技术向商用和民用发展,特别是计算机技术的深入和广泛的普及应用,使人们的生产方式和生活方式而发生了巨大的变化。

20世纪90年代,由信息革命带来的电子商务兴起,为这一时期的金融国际化增添了新的动力,同时也成为经济全球化加速发展的象征。除此之外,20世纪80年代中后期,计划经济体制国家纷纷向市场经济体制转变,各国或地区相继实行金融自由化政策,对外开放金融市场,从制度上为金融国际化提供了保证。数量和规模上都发展迅猛的跨国银行则成为金融国际化的重要载体,而层出不穷的金融创新也在为金融国际化推波助澜。

经济全球化是当代各国经济生活中的一个最重要的现象,经济全球化的发展是世界经济发展的必然趋势,它对世界经济的发展必然产生双重的影响。

(二)经济全球化发展趋势的主要表现

在经济全球化进程中,各国之间的经济关系日益密切,整个世界经济连接成了一个整体。经济全球化发展趋势的主要表现是:

1. 市场经济成为全球经济体系

一方面表现为市场经济在地理空间上的扩展,即市场经济作为一种在一国范围内产生的经济体制,扩展到世界范围,形成国际性经济体制;另一方面表现为市场经济在运行系统上的扩展,即各国市场经济的运行系统向国外延伸,形成全球市场经济运行系统。从世界范围来看,几乎所有国家都被卷入了市场经济潮流之中。世界各国各地区都在发展自己的国内或地区内的市场经济,市场体制、市场发育日益具有全球性质,整个世界市场趋于统一,商品、劳务、技术、信息、知识等都出现了全球化的趋势。尽管不同类型国家的市场经济的类型、发展速度不同,如发达资本主义国家的市场经济日益呈现多样化趋势,发展中国家的市场经济不发达、不成熟,社会主义国家走上了由计划经济体制向社会主义市场经济体制的过渡之路,但是,经济全球化发展趋势中出现的市场经济的全球化已是不可逆转的趋势。

2. 区域经济集团化日益发展

区域经济集团是指相邻的若干国家结合成一个范围较大的经济区,通过它们之间签署某种条约、协议而形成区域性一体化的国际经济组织。区域经济集团的宗旨是为了增强和扩大集团内部的经济实力,提高集团在国际经济中的竞争力,为集团成员国争得更大的经济利益。根据区域经济一体化程度的不同,区域经济集团的组织形式可分为五种:其一,自由贸易区,即要求废除区域内部各成员国之间的贸易障碍,但各成员国对区域外的国家仍然保持各自的关税制度。其二,关税同盟,即除了要求废除成员国之间的关税外,还要求有统一对外的关税制度,并按照已经协调好的比例分配进口配额和关税收入。其三,共同市场,即除了实行区域商品自由流通和统一对外关税外,还实行了生产要素自由流动,协调各成员国的货币,联合干预汇率浮动幅度,进而建立起统一的货币制度。其四,经济同盟,即在区域内实行毫无限制的生产要素自由流动,制定统一的产业政策,协调各成员国的经济、金融、科技和社会政策,废除政策上的歧视。其五,完全一体化,即各成员国统一市场、统一货币、统一经济发展规划、统一制定财政和社会政策,设立一个中央机构负责对所有事务进行调控,从而有效制约各成员国。

第二次世界大战以来,规模最大、影响最大、最有代表性的区域经济集团主要有三个:欧洲联盟、北美自由贸易区和亚太经济合作组织。

3. 跨国公司的主导作用增强

在第二次世界大战前后就已形成相当规模的跨国公司,在经济全球化的发展进程中又获得了进一步的发展。经济全球化要求在全球范围内配置资源,要求世界市场成为一个不断扩大的统一整体,各个国家都必须面向这个全球市场,实行规模生产和经营,积极参与世界竞争。跨国公司的发展必然要适应经济全球化的这一要求,即组成更大规模的超国界的经济实体。跨国公司之间的合作方式多种多样,除了有相互持股、相互兼并和共同出资兴办新企业的形式外,还有跨国联盟,即两个以上的跨国公司以结盟的方式在投资、科研、生产和市场开拓等方面进行合作。跨国联盟主要实行资源共享、利益同求、风险共担,它的主要形式有合并式联盟、互补式联盟和项目式联盟。组建跨国联盟,反映了在经济全球化条件下跨国公司主导作用的增强。

跨国公司着眼于在全世界范围内考虑生产布局、营销渠道、长远发展等问题,哪里有业务,哪里有利可图,它就会涉足哪里。因此,跨国公司又以其全球性生产经营的企业形态,以其相互间的联合与合作的形式促进了经济全球化的深入发展。跨国公司的全球经营战略,以及跨国公司的母公司与子公司之间的内部联系,形成了当代国际经济关系活动中囊括世界各国各地区的空前巨大的网络,从而使全球化的经济成为网络经济。跨国公司之间的联盟更推动了经济全球化的发展,因为这种联合与合作是一种世界范围的强强联合与合作,它有利于突破贸易壁垒、分散投资风险、引进新技术、开拓新市场,使世界各国的经济联系更加紧密,使国际竞争在更大的规模上得到开展,从而使经济全球化向纵深发展。

三、经济全球化是一把双刃剑

经济全球化是一把双刃剑,既有正面的积极影响,也有负面的消极作用,它只是为各国的经济发展提供了一种环境和条件,关键是各个国家如何参与全球化,适应全球化,利用经济全球化的机遇加速发展自己。经济全球化的积极作用是加速了生产要素在全球范围内的自由流动和优化配置,形成了全球统一大市场及其参与者公认的国际运行机制和国际惯例,保证了在全球统一市场上行为主体之间的自由、公平竞争,促进了全球生产力的快速增长。经济全球化将世界连成一体,各国相互依赖进一步增强,形成"你中有我,我中有你,一荣俱荣,一损俱损"的全球共同利益,增强了人类共同发展的全球意识,使相互妥协、相互协调和共同合作成为时代的主旋律,也为日益增多的全球问题的解决创造了条件,尤其是促使发达国家和发展中国家之间矛盾和斗争的减少。依赖与合作的增多促使各国经济进入了加强双方经济合作、共创全球经济繁荣的新时期。经济全球化为一些经济基础条件较好、政策执行得当的发展中国家利用外资和全球市场、发挥"后发优势"及追赶发达国家提供了难得的历史机遇,也为一些最不发达国家利用科技扩散和产业结构转移消除贫困、摆脱不发达创造了条件。更为重要的是,经济全球化使各国政府把注意力更多地放在发展经济和提高国际竞争力上,从而有利于国际社会的稳定和世界和平的长期化。

但是,经济全球化的消极负面影响也是明显的。经济全球化使生产要素的自由流动更为无序,尤其是经济运行速度加快、金融工具创新增多,这些无疑会增加各国政府实行宏观调控政策的难度,为国际投机者在全球经济活动中尤其是在金融市场上兴风作浪提供了机会。任何国家稍不留意,就会因政策失误而成为国际投机者冲击的目标,引发经济金融危机,使几十年经济发展的成果毁于一旦。因此,从某种意义上,经济全球化加剧了国际竞争,增多了国际投机,增加了国际风险。同时,经济全球化使贫富差距尤其是穷国和富国的差距进一步拉大,最不发达的国家和地区从经济全球化中所得最少,而发达国家和跨国公司将是最大的赢家。更为重要的是,经济全球化本质上是"无国界经济"逐渐发展的过程,它要求国家减少干预,让企业更多参与,甚至要求国家交出部分经济决策权,由全球协调仲裁机构去实行。因而,经济全球化在一定程度上使某些国家的某些经济主权形同虚设,而跨国公司的作用则越来越大,越来越重要,这对发展中国家的民族工业无疑是巨大的打击,一些弱小的发展中国家的经济或某些产业有可能被发达国家的跨国公司所控制。最后,经济全球化也更有利于发达国家利用先进的信息技术和国际互联网等手段向发展中国家输出其发展模式、生活方式、价值观念和政治体制。

经济全球化是生产力高度发展的产物,同时它也具有促进现代生产力发展的巨大作用,因此,它具有历史的进步性。其主要表现有:

第一,经济全球化使生产要素以空前的速度和规模在世界范围内流动,以寻求相应的位置进行最佳的资源配置,这有助于各国经济的优劣势互补和资源利用效率的提高。

第二,经济全球化使生产网络化的体系逐步形成,投资外向化的现象日益凸现,这有助于推动世界产业结构的调整和升级。参与国际分工的各国在生产网络化体系中形成了完整的产业链,产业结构出现了世界范围的梯度转移,从而为不同发展水平的国家适应世界范围产业结构的调整提供了机遇。

第三,经济全球化使贸易自由化的范围、金融国际化的进程正以最快的速度迅速扩大和推进,这有助于推动各国加入世界经济大循环,改革贸易和金融体制,在国际市场的竞争中取胜。

第四,经济全球化使科学技术在世界范围内得到广泛的传播和应用,这有效推动了社会生产力的高度发展。

但是,由于经济全球化的实质是以发达资本主义国家为主导的经济,因而它对世界经济的发展必然会产生一些消极作用。

第一,经济全球化把市场经济的矛盾扩展到世界范围。它在把市场经济优化资源配置和带来较高效益的功能扩展到世界范围的同时,也把市场经济关于盲目性、自发性、滞后性的消极功能扩展到世界范围,造成了资本主义所固有的周期性波动和经济危机的爆发向全球范围扩展。

第二,经济全球化把资本的动机和目的扩展到世界范围。资本的生命力在于追求利润,因此它要求商品和货币关系的无限扩大化和深化,从而使自己成为一种无人身的社会力量。一方面,资本要冲破任何边界,建立起世界市场和各民族的相互关系;另一方面,资本要追求最高的利润率,无限推动生产力的发展,使人类的一切活动都实现利润的最大化。

第三,经济全球化把一国资本主义经济、政治发展的不平衡扩展到世界范围。在发达资本主义国家主导下的经济全球化进程,实际上是推行经济霸权主义、技术霸权主义、金融霸权主义的过程。在这一过程中,经济全球化把资本主义国家中传统与现代、先进与落后的并存扩展到世界范围,从而对那些经过战后半个世纪发展的国家形成新的经济霸权的现实威胁,损害其国家主权和经济的正常发展。

第四,经济全球化把一国资本主义发展中的两极分化扩展到世界范围。它在促进世界经济发展和社会财富不断增加的同时,扩大了世界范围的贫富差距,使一些国家和一部分人走向了贫穷。

经济全球化进程所表现出来的进步意义和消极影响,反映了它的二重性质。它的进步意义表明经济发展在世界范围内已达到互相依存的高度,高科技、信息技术的发展已使世界变得越来越小,国家与国家之间的距离也变得越来越小。它的消极影响则表明了资本主义经济体系对世界的支配和控制,对发展中国家的制约和支配。

四、经济全球化与国际经济协调

经济全球化从历史中走来,又向未来走去,这是世界经济发展的客观规律。正如著名经济学家约翰·H·邓宁指出:"除非有天灾人祸,经济活动的全球化不可逆转。"[①]世界贸易组织前总干事鲁杰罗也指出:"阻止全球化无异于想阻止地球自转。"[②]但经济全球化作为一把双刃剑,在促进资源全球配置、推动世界经济发展,以及为一些国家和地区提供跨越发展机遇的同时,其弊端也极为明显。如前所述,经济全球化就是全球市场经济化,经济全球化将市场经济自发性、盲目性的弱点、缺点等弊端无限膨胀,增加了国际投机和国际风险。在国家主权和国家利益存在的条件下,经济全球化也是利益再分配的过程。当前,发达国家由于经济实力和科技优势在世界经济中占居支配地位,处于"中心",发展中国家贫穷落后,在世界经济中居于被支配地位,处于"外围"。正是这种不平等的实力,使发达国家在经济全球化中受益最多,而发展中国家受益甚少。东南亚金融危机的爆发充分说明经济全球化有利有弊,而且经济全球化过程中各个国家、地区和各个领域的发展不平衡将长期存在,甚至更加严重。经济全球化实际上是充满矛盾和斗争的过程,如在东南亚金融危机中,一些职业赌徒运用电脑闪电般迅速地将数以十亿计的货币换成外币,在国际金融市场上进行疯狂的投机,破坏了国际金融体系的稳定。在经济全球化进程中,发达国家和发展中国家之间

---

① 约翰·H.邓宁:《全球化经济若干反论之调和》见《国际贸易问题》,1996年第3期,第17页。
② 路透1997年9月18日英文电。

的差距在一定时期里会扩大,最不发达国家将越来越"边缘化"。因此,为了全球经济的稳定发展,客观上要求国际社会加强对全球经济的调控,也要求各国间加强协调和合作。经济全球化需要有共同的"游戏规则",也呼唤全球性国际契约的产生,导致国际组织的建立,以及国际惯例的调整。

(一) 各国经济发展相互依赖,实现多边双赢需要协调

当今世界各国经济在联系和依存中发展,任何一个国家在伤害对手的同时也不能保证不伤害到自己。尤其是进入20世纪80年代以后,经济全球化的进程大大加速,没有一个国家会继续容忍单边的利己行为,也没有一个国家实行完全闭关锁国的发展模式。当代任何国家想要进行现代化的社会化大生产,就必须通过生产、贸易、投资、金融等渠道,在全球范围内进行生产要素的优化配置,寻找产出的最佳市场,而不可能在封闭的条件下发展本国经济和科技。在这种情况下,各国必须对国际经济中的竞争关系进行广泛的协调,使其在公平有序的条件下获得健康发展,从而避免对抗性活动的发生,这就是今天多边贸易体系存在的客观依据。

(二) 国际分工的深化需要制定深入广泛的游戏规则

在经济全球化进程中,国际分工与交换程度大大加深,任何国家想要实现社会化的大生产,都必须在全球范围内进行生产要素的优化配置,各国必须寻求对国际关系的广泛协调,必须以双赢的观念代替单边利己的思路。当代社会化的大生产扩张到全球范围,特别是跨国公司的发展使得生产的组织遍及世界各个角落。可以说,当今世界的每一个角落都有着跨国公司的足迹,经济贸易和科学技术无不直接或间接地接受其影响,使世界各国在经济贸易管理体制和其他方面日渐趋同,有条件也必须在贸易管理体制和其他方面寻求一种共同的规则。

(三) 服务业和服务贸易的发展要求共同的规则

随着国际分工向纵深发展,服务贸易在世界贸易中的作用越来越大,各国也迫切需要解决由此而带来的知识产权保护等一系列问题,从而需要在多边的框架中建立一定的共同规则。国际服务贸易的发展为经济活动的全球化创造了必要的条件,它是国际分工向纵深发展的必然结果,也是当代世界经济的重要特征。随着产业结构

的提高,服务贸易在世界贸易中的地位势必会进一步提高。在这种情况下,世界各国迫切需要建立一个规范服务贸易的多边体制。进而,随着智力劳动成果大量参与社会化大生产,智力产品也从无偿使用进而形成有偿的智力商品,它以受到国家保护的知识产权的形式出现在国内和国际市场。在知识产权方面,拥有重大利益的发达国家尤其感到将保护知识产权准则引入贸易领域的必要性。

战后,在世界经济全球化进一步发展的形势下,不但在发达国家之间,而且在发达国家和发展中国家之间以及在发展中国家相互之间产生了越来越多的合作与协调要求,以便实现世界经济的稳定增长和世界范围内的充分就业。各种地区性和世界性的经济协调机制纷纷建立,其中有发达国家之间的经济组织和协调机制,如欧洲经济联盟、经济合作与发展组织;有发展中国家的经济组织或协调机制,如东南亚国家联盟、七十七国集团;有发达国家和发展中国家之间的协调机制,如南北对话;也有发达国家与发展中国家共同的协调机制,如亚太经济合作组织。国际货币基金组织、世界银行和世界贸易组织被称为世界经济的三大支柱,在战后经济全球化的进程中起了特别重要的作用。国际经济组织为自己规定的宗旨往往更多地表现为成员国发展经济,以实现充分就业和稳定世界金融体制的愿望。这些组织制定的规则,特别是这些规则的具体运作,则往往更多地反映了发达国家的利益和要求。

第二节 经济全球化与资本主义经济关系

经济全球化的发展对发达资本主义国家和发展中国家的经济发展产生了不同的影响。在经济全球化条件下,发达资本主义国家之间的经济关系呈现出新的特点,发达资本主义国家与发展中国家之间的经济关系也日益复杂化,发展中国家为建立国际经济新秩序而进行的斗争进程更加曲折。

一、经济全球化与发达资本主义国家

由于资本主义经济规律的作用,以及发达资本主义国家之间的地理位置、自然条件、经济发展水平及综合国力等的不同,它们之间的矛盾和冲突始终存在;但由于经济全球化的发展,它们之间的相互依存、相互联系却在不断增强,国际协调和合作也在不断发展。

发达资本主义国家之间经济关系的实质就是以维护本国垄断资本利益为主的既有协调与合作也有矛盾和冲突的关系。

(一)经济全球化对发达国家经济发展的影响

经济全球化的实质决定了它的发展必然有利于发达资本主义国家。发达资本主义国家在世界资本主义体系中占主导地位和起支配作用,决定着经济全球化具有不平等的性质,即在全球范围内实际存在的资源配置上的不平等和"红利"分配上的不合理。特别像美国这样的少数发达国家,依靠其在经济全球化过程中的霸主地位,对它之外的所有国家实行着极不平等的原则,使其在不对等的国际经济关系中享有极大的经济利益。

经济全球化的发展有利于发达资本主义国家的利益,主要表现在:

第一,经济全球化过程中的多数规则都是由发达国家制定的,这些规则的实施必然使发达国家首先受益。经济全球化是建立在发达的市场经济基础之上的,而发达国家的市场经济一般都处于较为发达的阶段。世界市场经济运行的一些制度和规则是按照发达国家市场经济的需要制定的。制定并监督世界市场经济运行制度和规则的三大国际经济组织是国际货币基金组织、世界银行和世界贸易组织,这三大国际经济组织在很大程度上由少数几个发达国家操纵和控制。它们竭力垄断世界市场经济运行制度和规则的制定权和修改权,竭力排斥和压制其他国家参与决策,其结果必然是在世界经济范围形成不合理的经济格局和经济秩序。

第二,在经济全球化过程中,发达国家的经济得到迅速增长。发达国家不仅在资金、技术和管理等方面具有较大优势,而且在市场经济体制、法律制度、产业组织制度和企业制度等方面也具有较大优势,世界经济的运行制度和规则还有利于发达国家。因此,发达国家通过自由贸易,可以使其资源优势迅速转化为竞争优势和利益优势,从而从世界各地获得大量的利润;通过跨国公司及跨国公司之间的联盟,可以使其投资和生产遍布世界各地,既使其生产成本得以降低,又控制着跨国公司所在国的经济;通过金融自由化,可以利用手中掌握的闲置资本,加强对国际金融市场的控制,并为在国际金融领域的投机活动大开方便之门。

(二)发达资本主义国家之间的经济关系

在经济全球化进程中,发达资本主义国家之间的贸易和资本流动,既存在着相互联系、相互依赖的一面,也存在着相互竞争、相互矛盾的一面。正是这两个相悖方面的交织作用,才使得发达资本主义国家之间的经济关系呈现出复杂的特点。

经济全球化的发展加剧了各发达资本主义国家之间的经济矛盾,并使这些经济矛盾主要表现为贸易冲突、投资冲突和金融冲突,其中贸易冲突最为突出。在国际贸易中,各发达资本主义国家为维持和扩大本国垄断资本的销售份额,必然会发生利益纷争,发生贸易冲突。贸易冲突的主要表现有:第一,提高关税税率或征收附加税,引起被征收高税率的国家进行报复,被征收高税率的国家进而相应地对对方的出口征收高税率,这就形成关税之争。第二,变动汇率,当一方通过货币贬值迫使对方货币升值,从而使对方商品价格提高以削弱竞争力时,另一方也采取措施使自己的货币强制贬值,这就形成汇率之争。第三,进口的配额制,当一国对外国商品的进入实行限制时,如果被限制的一方也采取应对的报复措施,这就形成配额之争。在国际资本流动中,各发达资本主义国家在输入国投资建厂,生产产品就地销售,可以绕开东道国的贸易壁垒,保持和扩大市场占有率,因此,各发达国家之间争夺有利的投资场所的竞争非常激烈,这样必然发生投资冲突。投资冲突虽远不如贸易冲突那么激烈,但也是各发达资本主义国家之间经济矛盾的集中点。在国际金融领域发生的金融冲突主要表现在两个方面:一是为巩固和加强各自的货币在国际货币金融事务中的地位而展开斗争;二是围绕各不同货币之间的汇率变动而产生纠纷。

发达资本主义国家之间的竞争和矛盾主要是运用妥协和协调的方式来解决的,这是当代发达资本主义国家之间经济关系的一个重要特点。资本主义国际经济协调是指各资产阶级国家代表本国垄断资本的利益,对资本主义国际化再生产过程中所产生的各种矛盾、摩擦进行共同协商和调节。资本主义国际经济协调的形式主要有三种:第一,国际经济组织的协调。在众多的国际经济组织中,国际货币基金组织、世界银行、世界贸易组织被认为是以国际经济组织协调国际经济关系的三大支柱。国际货币基金组织、世界银行等主要是对国际金融活动中出现的矛盾和摩擦进行调节,世界贸易组织主要是对国际贸易活动中产生的问题进行调节。此外,由30个发达资本主义国家组成的经济合作与发展组织,协调的范围涉及成员国的经济增长、财政稳定、资本输出、多边贸易、技术合作、能源、环境等方面。第二,区域经济联盟的协调。在经济一体化条件下,自由贸易区与关税同盟的调节目标主要是在商品流通领域,欧洲联盟则不仅调节商品流通领域,而且调节生产要素、货币金融、外贸等领域。第三,政府首脑会晤的协调。政府首脑会晤是在各发达资本主义国家之间的经济关系矛盾重重、危机四伏情况下渡过难关的应急措施,是在政府最高领导人一级水平上对重大经济问题进行磋商、协调彼此之间经济关系和经济政策,对国际经济问题进行联合调节的一种经常形式。

通过国际经济组织、地区性经济组织和政府首脑会晤对资本国际运行进行调节,可以在一定程度上缓解各国的矛盾,有利于世界经济和国际经济关系的稳定发展。然而,由于当前世界上进行经济活动的实体是一个个维护民族利益的独立的主权国家,各国为了对付共同的挑战,不得不对国际经济关系采取协调政策。但为了本国的利益,又不愿做出过多的让步。协调在一定程度上适应了国际经济发展的需要,是起到一个暂时缓解矛盾的作用,但不能从根本上解决发达国家之间的矛盾。

二、经济全球化与发展中国家

尽管发展中国家各自情况存在很大差异,但它们在国际经济旧秩序中的地位,决定其具有一些共同的经济特征。经济全球化对发展中国家的影响是双重的,既有机遇也有挑战。发展中国家想要在经济全球化中获得与发达国家的平等利益,必须建立国际经济新秩序。

(一)国际经济旧秩序及发展中国家的经济特征

国际经济秩序是指在世界范围内建立起来的国际经济关系及各种国际经济体系和制度的总和。国际经济旧秩序是资本主义形成过程中西方殖民者控制、掠夺和剥削殖民地和附属国的产物,是资本主义发展过程中国际垄断资本控制、掠夺和剥削发展中国家的经济秩序。它的主要内容是:第一,以不合理的国际分工为基础的国际生产体系,即发达资本主义国家生产工业制成品而发展中国家生产初级产品的不合理的生产结构。第二,以不平等交换为基础的国际贸易体系,即发达资本主义国家不仅凭借其在国际分工体系中所占有的优势,通过压低初级产品价格、抬高工业制成品价格的方式剥削发展中国家,而且凭借其在国际生产体系中所占有的垄断地位,通过占据易于进行技术革新和提高劳动生产率的生产部门的方式剥削发展中国家。不合理的国际分工体系造成了不合理的国际生产体系,从而形成了不合理的国际贸易体系。第三,以垄断资本为基础的国际金融体系,即垄断资本主义国家通过提供贷款、经济援助、投资等形式,控制着发展中国家的财政金融;通过各种国际经济集团和机构,控制着发展中国家的经济生活;通过货币结算手段,迫使发展中国家按照发达资本主义国家的利益支付各种收支项目。

国际经济旧秩序的基本特征就是发达资本主义国家从国际贸易、金融、货币、技术等领域控制和剥削发展中国家,造成世界资本主义体系范围内的贫富两极分化。

发展中国家是相对发达国家而言的,是经济发展水平和产业结构都有待进一步发展和升级的国家。它在全球人口和国家数量上占绝大部分,共有130多个国家,占世界国家总数的78%。这些国家在独立前是帝国主义的殖民地、半殖民地附属国,饱受剥削、掠夺和欺辱;二战以后政治上获得独立,又面临着国际经济旧秩序的阻碍和束缚,大多数国家仍处在贫困落后的状态,所以发展中国家又被称为"不发达国家"。由于多数发展中国家分布在赤道以南地区,又被称为"南方国家",而发达国家基本上都处于北半球,发展中国家和发达国家的经济关系通常被称作"南北关系"。

发展中国家采取了各种措施来促进经济的发展,也取得了明显的成就,但不同发展中国家的经济发展速度和水平是不平衡的。1985年世界银行按人均国民生产总值的高低,把发展中国家划分为四类:一是高收入的发展中国家,人均收入在7000美元以上,主要指中东石油生产国和出口国;二是中上等收入的新兴工业国家和地区,人均收入在1600～7000美元之间,主要有亚洲的"四小龙"、拉美的墨西哥和巴西等,这些国家与西方发达国家的差距明显缩小,成为经济比较发达的国家或地区;三是中低收入的国家和地区,人均收入在400～600美元之间,大多数的发展中国家都属于中低收入的国家和地区,这些国家或地区仍未摆脱落后的农业国状况,经济发展缓慢;四是低收入的最不发达的国家,人均收入在400美元以下,主要是指经济上最贫困落后的发展中国家,包括非洲撒哈拉以南国家。如果根据发展中国家的经济发展特点和经济发展战略来分类,可以划分为四类:一是石油输出国,主要有科威特、伊朗、沙特阿拉伯等;二是农矿原料出口国或地区,大多数发展中国家都属于这一类型;三是出口加工国或地区,主要包括亚洲的"四小龙"、拉美的墨西哥和阿根廷等;四是经济综合发展国,如中国、印度、埃及等。

发展中国家数目众多,它们之间在历史、文化、资源状况、生态环境和社会制度等方面存在很多差异,但是,从总体上说它们有一些共同特征,主要表现在三个方面:

第一,经济发展具有过渡性。政治上获得了独立的发展中国家,基本上都处在由传统的自然经济向商品经济过渡,由前资本主义社会经济形态向资本主义社会形态过渡,以及由落后的农业和单一经济结构向先进的工业和多样化经济结构过渡的阶段。发展中国家现存的商品经济和资本主义生产关系,并不是在国内自然而然、充分地发展起来的,而是在殖民地时期由发达资本主义国家从外部强行输入的;与此同时,西方殖民者入侵的历史也给发展中国家遗留下了农业极端落后、经济结构单一的弊病。真正实现这些过渡成为发展中国家实现民族经济独立发展的主要任务和必然趋势。

第二,经济发展具有依附性。长期的帝国主义殖民统治,使发展中国家的经济在很大程度上依附于发达资本主义国家。政治上取得独立以后,历史上形成的不合理的国际分工体系并未改变,再加上经济基础薄弱、科学技术落后,因而发展中国家在世界资本主义体系中的地位仍然是受剥削、受控制的,在生产、贸易、金融等领域必然要依附于发达资本主义国家。

第三,经济发展具有不平衡性。发展中国家的经济经过战后半个多世纪的努力奋斗,已经获得了很大程度的发展,但是,各发展中国家以及各个发展中国家内部的经济在发展程度上依然呈现出不平衡性。各发展中国家之间的不平衡性主要表现在:新兴工业化国家或地区、石油输出国的经济取得了较快的发展,经济实力和出口能力也有所增强,它们与发达资本主义国家之间的经济差距逐渐缩小;而以原料和初级产品生产和出口为主的发展中国家,特别是最不发达的发展中国家,经济却相对落后,经济发展缓慢,它们与发达资本主义国家之间的经济差距进一步扩大,它们与新兴工业化国家或地区、石油输出国之间的经济差距也迅速扩大。各个发展中国家内部的不平衡性主要表现在:不同地区、不同部门之间发展的不平衡,如较为进步地区与落后的、封建的地区并存,吸收了外资的以出口为目的的自然资源开发部门与传统落后的手工业部门以及面向国内市场的粮食生产部门的并存等;经济结构发展的不平衡,如重视工业的发展,忽视农业及其他部门的协调发展等;城乡之间发展的不平衡,即城乡差别、工农差别严重扩大。

(二)经济全球化对发展中国家经济发展的影响

1. 经济全球化对发展中国家经济发展的积极影响

经济全球化对发展中国家来说,既提供了经济发展的机遇,同时也带来了消极影响。经济全球化给发展中国家经济发展提供的机遇主要表现在:

第一,经济全球化在实现规模经济效益中给发展中国家提供了一个广阔的发展空间。经济全球化意味着国内市场与国际市场的融合,在这样的前提下,发展中国家的经济发展就不仅是面向国内居民的需要,而必须面向全球的消费者,经济发展的意识就不仅局限于国内市场的竞争,而必须扩大到全球范围,在国际市场上占有自己的一席之地。发展中国家经济发展空间的扩大,有利于自身在全球规模经济效益提高的环境中降低生产经营成本,提高无形资产价值,降低交易成本,从而提高抵御外来风险的能力。

第二,经济全球化在促进研究开发、开展技术竞争的过程中促使发展中国家利用后发优势积极争夺这一制高点。发达国家拥有技术国家优势,为了保持这种优势以使其在世界科技领域中永远居于领先地位,它们不断增加研究开发的投资,开展国际范围内研究开发合作和战略联盟,加快技术转让、扩散和创新,发展高新技术产业,促进技术的全球化。在这一发展趋势中,发展中国家为了实现工业化、市场化、社会化,为了提高全要素生产率、改善经济发展的绩效,可以在向发达国家学习、引进先进技术和先进的管理方式的基础上,实现产业结构的转换,加大科技的投入,建立科技激励机制,促进技术尽快地向现实生产力转化,从而带动自身在世界科技领域居于先进地位。

第三,经济全球化在协调各国之间经贸政策的过程中促进了发展中国家经济的增长。在经济全球化进程中,各国之间贸易依存度大大提高。一国经济的繁荣可能会带动他国的经济发展,一国经济的衰退也可能使他国的经济陷入困境。因此,经济全球化在促进贸易和投资自由化的同时,也要求协调各国之间的经济贸易政策,加强各国之间合作与政策的管理,这实际意味着国际冲突频率的降低、国际协调机会的增加,从而在一定程度上为发展中国家提供了发展经济的良好的环境。

2. 经济全球化对发展中国家经济发展的消极影响

经济全球化对发展中国家经济发展的消极影响主要表现在两

个方面:

其一,发展中国家经济发展受到一定程度的损失。由于发达国家在经济全球化中处于主导地位,世界经济运行规则大部分是由发达国家制定的。发展中国家在参与经济全球化的过程中,在遵守发达国家制定的世界经济规则时,必然要牺牲某些利益,付出一定的代价,接受一些不平等、不公正的条件。例如,在不合理的国际分工体系中,发展中国家在接受发达国家扩散的低层次产业的基础上,必然会使自身的产业结构走向单一化、低度化和从属化,使自身的国内市场受到发达国家的挤占。在国际经济的互存关系中,发展中国家对国际事务没有发言权;发展中国家在现代科学技术、资金等方面,对发达国家具有很强的依附性。在国际贸易关系中,发展中国家在与发达国家的不平等贸易中,剩余价值大量流失。

其二,发展中国家的金融风险加大。在经济全球化过程中,国际金融市场规模日益扩大,金融衍生工具市场也得到了迅速发展。但是,国际金融活动同时又是一种赌博性极强的投机活动,金融衍生商品的交易大多是博弈性交易,已与实际商品的生产和贸易相脱节,规模庞大的金融活动失去了相应的物质生产与产品的支撑,由此产生了大规模的投机套利活动,甚至引发金融风险。国际金融市场上经济的虚拟化成为经济全球化的一种表现形式。发展中国家在经济全球化中实行了自由的市场经济、开放了金融市场,给发达国家的大投机财团提供了在世界经济活动中、在国际金融市场上呼风唤雨、为所欲为的条件。加上发展中国家原本就缺乏资本,虽经过几十年的发展但经济实力依然很弱,因而在经济全球化过程中易于受到国际金融活动的冲击。另外,发展中国家的金融体系不完善、立法不健全,政府的金融调控机制不健全、管制放松,都使其易于被国际大投机财团所利用。由此可见,经济全球化进程中金融的自由化,以及国际金融市场上的大规模投机套利活动,对发展中国家发展中的金融安全提出了严峻挑战。

(三)发展中国家力争建立国际经济新秩序

国际经济新秩序是相对于国际经济旧秩序而言的,它是指在国际经济交往中消灭剥削和控制,建立起真正体现平等互利、互助合作原则的世界经济体系。世界资本主义体系中的国际经济新秩序所涉及的内容是相当广泛的,其主要内容包括三个方面:第一,变革现有的国际生产体系、国际贸易体系和国际金融体系,让发展中国家以平等的地位参加国际分工;要求发达资本主义国家降低对发展中国家出口的关税或非关税壁垒,提高发展中国家初级产品的市场价格和竞争能力;要求为发展中国家解决货币与发展资金问题,增加技术的转让,使发展中国家的产品顺利进入世界市场。第二,确保发展中国家能够有效地控制本国的资源,并享有限制和监督跨国公司行为的权利,取消发达资本主义国家对发展中国家开展的不利的限制性商业活动。第三,要使发展中国家能够充分、平等地参与国际经济事务的决策;改组现有的国际机构,如国际货币基金组织等;要求加强联合国在国际经济合作方面的作用,从而改变发展中国家在处理国际经济事务方面无权的状况。可见,国际经济新秩序的建立是以对国际经济旧秩序的变革为前提的。

发展中国家要求建立的国际经济新秩序在其内容上反映了两大基本特征:一是平等互利,即各个国家之间主权平等,对支配自己的资源和经济活动享有主权,对国际经济事务的决策享有主权,在国际贸易、金融、技术等领域进行的交往活动必须公平互利;二是相互依赖,即各个国家之间的经济发展紧密相连,发达资本主义国家有责任帮助发展中国家发展经济,在公平的基础上进行广泛的合作,消除世界上的贫富差距,促进共同的繁荣。

20世纪50年代以来,发展中国家为改革国际经济旧秩序、建立国际经济新秩序做出了不懈的努力。发展中国家通过1955年的万隆会议、1961年和1964年召开的两次不结盟国家首脑会议、1964年和1968年召开的两届联合国贸易和发展会议,组织和发动了改革国际经济旧秩序、建立国际经济新秩序的斗争。"七十七国集团"的成立基本表明发展中国家为建立国际经济新秩序的斗争,由分散的、自发的行动发展为联合的、自觉的、世界性的行动。自20世纪70年代开始,发展中国家在国际经济领域的斗争日趋完善。1973年第4次不结盟国家首脑会议通过的《经济宣言》和《经济合作行动纲领》两个文件,为发展中国家建立共同的纲领和斗争策略奠定了基础。此后,这两个文件的基本内容被写进了1974年第六届特别联大通过的《关于建立新的国际经济秩序的宣言》和《关于建立新的国际经济秩序的行动纲领》中;同年,第29届联大又通过了《各国经济权利和义务宪章》。这几个纲领性文件对国际经济旧秩序发出了有力的挑战,成为发展国家团结起来争取在世界资本主义体系中取得平等地位的重要成果。20世纪70年代中期以后,发展中国家争取建立国际经济新秩序的斗争走向高潮。但是,当斗争开始触及发达资本主义国家的根本利益时，建立国际经济新秩序的进程就会受阻，斗争也就难以为继。

20世纪90年代以来，国际上发生了牵动世界全局的重大事件，即苏联的"8.19事变"，这一事变宣告了支配战后国际关系40多年的两极格局正式结束，开始向多极化方向过渡。世界战略格局多极化的一个重要标志就是南北矛盾日益突出，并成为新的世界格局中的主要矛盾之一。发展中国家由于多方面的原因，经济上仍然十分落后，但是，它的政治作用和影响却不容低估。在1994年4月召开的世界人权大会上，发展中国家团结一致，坚决拒绝把发达国家的人权观念写进会议最后文件，这既挫败了发达国家利用人权向发展中国家施压的企图，也说明了发展中国家在国际重大问题上取得了发言权。1995年3月，在丹麦首都哥本哈根召开的联合国社会发展问题世界首脑会议，发展中国家强调了发展权和生存权；同年10月，在哥伦比亚召开的第十一届不结盟国家首脑会议，发展中国家批评了少数发达国家推行霸权主义和新干涉主义，呼吁建立新的国际秩序。与此同时，发展中国家还增强了发展经济的紧迫感，促使"南南合作"得到开展。一些先前以政治斗争为主的国家集团积极革新，强化经济目标，开始把发展经济作为主要任务；同时也涌现出一批新的集团，如加勒比国家联盟、南部非洲发展共同体等。

三、发达国家与发展中国家之间的经济关系

随着经济全球化的发展，各资本主义国家之间特别是发达资本主义国家与发展中国家之间的相互依存、相互联系不断增强，但它们之间的矛盾和冲突也日益突出。发达资本主义国家与发展中国家之间经济关系的实质，就是剥削与反剥削、控制与反控制之间的经济关系。

（一）新殖民主义

在经济全球化的背景下，发达资本主义国家对发展中国家进行剥削和掠夺的方式仍然是新殖民主义。新殖民主义取代旧殖民主义，成为第二次世界大战以后发达资本主义国家剥削和控制发展中国家的新形式。

新殖民主义是相对于旧殖民主义而言的。旧殖民主义是第二次世界大战以前资本主义殖民统治的主要形式，它是指垄断资本依靠公开的、赤裸裸的暴力统治，直接占领殖民地国家的一种剥削手

段,其基本特点是"政治兼并",即在政治统治和殖民占领的前提下,实行经济扩张和掠夺。新殖民主义则产生于第二次世界大战结束以后,是发达资本主义国家在旧殖民体系瓦解的基础上,为维护其既得利益,对已经获得了政治独立的发展中国家采取的一种新的剥削和掠夺的手段。与旧殖民主义不同,新殖民主义的基本特征是"经济兼并",即表面上承认殖民地国家的政治独立权利,实际上则利用种种手段,迫使发展中国家从经济上、政治上乃至军事上从属和依附于发达资本主义国家的垄断资本。

发达资本主义国家采取新殖民主义手段剥削和掠夺发展中国家的主要形式有三种:

第一,发达资本主义国家以"援助"、"赠与"、"贷款"为名输出国家资本,从发展中国家获取各种特权。例如,培养代理人,支持和扶植受垄断资本控制的政权,通过各种方式干涉发展中国家的内政,最终把发展中国家的经济发展导向有利于发达资本主义国家经济发展的轨道。从战后的相当长的时期来看,发达资本主义国家的"援助"、"赠与""贷款"所附加的条件是极为苛刻的。例如,受援国必须为其提供廉价原料,承担军事义务,提供军事基地等,受援国为了得到一点援助,被迫接受这些强加的条件。

第二,发达资本主义国家通过国际垄断组织如跨国公司等,增加对发展中国家的直接投资,掠夺发展中国家的经济资源,以控制发展中国家的经济命脉;还通过建立一些国际垄断组织如"共同体"或"联系国"等,把原来属于自己统治的殖民地附属国继续纳入自己的势力范围。

第三,发达资本主义国家通过产品进出口价格的"剪刀差"和国际贸易中的国际价值和国别价值的差额形成的不平等交换,攫取高额垄断利润。发展中国家因这种不平等的贸易所造成的"剪刀差",蒙受了巨大的经济损失。

显然,新殖民主义手段是发达资本主义国家垄断资本对殖民地实行直接控制和暴力征服的旧殖民主义手段在战后新形势下的一种继续,它反映的是垄断资本扩张的本性。但是,新殖民主义手段的产生并不意味着旧殖民主义手段的绝迹,发达资本主义国家的垄断资本并没有放弃利用政治的和军事的手段对发展中国家进行扩张;新殖民主义手段的产生意味着发达资本主义国家的垄断资本为维护自身利益适应客观形势变化对殖民政策所进行的一种调整。

新殖民主义手段的采用,使得发展中国家的政治独立表现为一种形式,而经济上的依附却表现为一种内容。它加深了发展中国家在经济发展中对发达资本主义国家的依附,导致发展中国家出口产品单一和进出口商品价格不断变动,拉大了发展中国家与发达资本主义国家之间的经济差距,使剩余价值大量转移到发达国家,发展中国家经济损失惨重。

(二)发达国家与发展中国家之间经济关系的表现和实质

在经济全球化过程中,发达资本主义国家与发展中国家之间的经济关系表现出纵横交错的相互依赖关系。但是,由于生产力高度发展所具有的资本主义形式决定了资本的国际扩张和国际积累,因而在这种相互依赖关系中却又充分地体现了发达资本主义国家与发展中国家之间的剥削与被剥削、支配与被支配的不平等关系。

发达资本主义国家与发展中国家之间的经济关系主要从以下三个方面表现出来:

第一,贸易关系。发达资本主义国家为了保护自己在国际贸易中对发展中国家的支配地位,一方面采用不等价交换的方式,极力提高自己所生产的并销往发展中国家的工业制成品的价格,利用发展中国家所生产的初级产品具有的需求弹性低、库藏时间短、容易找到代用品的特点,极力压低发展中国家出口初级产品的价格;另一方面采用等价交换的方式,即利用其在世界资本主义体系结构中所占有的国际分工和劳动生产力的优势,以具有较少国别价值的商品换取发展中国家具有较多国别价值的商品,从中获取大量超额利润。

第二,投资关系。资本输出是发达资本主义国家企图统治世界的手段,发展中国家债务负担沉重就是这种关系的表现形式。发展中国家大量输入资本,虽在一定程度上弥补了建设资金的不足,带动了先进技术的引进,促进了新兴工业部门的建立,但却掉入了债务陷阱,加深了自己在经济发展中对发达资本主义国家的依附程度。

第三,技术关系。发达资本主义国家占居了世界资本主义体系中的技术垄断地位,一方面把在本国生产的产品已趋于过剩或被淘汰的技术项目转移到发展中国家,另一方面把有害于生态环境、只具备陈旧技术生产设备的企业转移到发展中国家。这样做对发达资本主义国家来说,既可以降低成本、占领发展中国家市场,又可以腾出人力、物力进行更高层次技术领域的开发、研究,保住自身在新技术领域的领先地位；而对发展中国家来说，生产的发展只能处于技术的较低层次、较低等级上，只能跟在发达资本主义国家身后亦步亦趋地爬行，技术的改进和生产中使用的技术配件也都必须依靠发达资本主义国家提供。这样，发达资本主义国家往往以高价或搭配陈旧和过时的设备转让技术，不仅使发展中国家蒙受了大量的经济损失，而且使发展中国家丧失了发展经济的主动性和发展生产的动力。

发达资本主义国家与发展中国家之间在贸易、投资、技术等方面的经济关系，是相互依赖中的不平等关系，揭示的是世界经济结构内部矛盾的深刻性和对立的尖锐性。发达资本主义国家是垄断者、支配者、掠夺者和压迫者，发展中国家是非垄断者、受支配者、被掠夺者和被压迫者，因此，它们的经济关系的实质仍然是剥削与反剥削、控制与反控制。

第三节 经济全球化与中国的对外开放

经济全球化是当代经济发展的大趋势。在经济全球化背景下，中国的经济必须融入世界经济的发展。但是，经济全球化的发展也给中国的对外开放带来了机遇和挑战。在世界经济日益全球化和中国加入 WTO 的形势下，中国已经进入了全面提高对外开放水平的新阶段。

一、经济全球化条件下中国的对外开放

（一）中国实行对外开放的必要性

开放是世界经济发展的必然趋势。当代世界，科技革命的浪潮极大地促进了生产力的发展，推动了国际分工和经济高度国际化的发展，使各国的生产、流通、投资等日益联结成一个整体，整个世界经济的开放程度也随之而日益增强。在国际贸易和资本国际流动日益频繁的情况下，开放已使各个国家的生产和流通紧密地联系在一起，任何国家无论其社会制度如何、规模大小，都被卷入了世界市场，中国也不例外。

中国在经济全球化进程中要获得经济发展必须实行对外开放。我国在经济发展中所需要的一切资源和市场，只有在发展对外经济

关系、参与国际经济合作中获得;中国在经济发展中有限资源的有效配置和充分利用,也只有在发展对外经济关系、参与合理的国际分工中达到。在开放的世界经济中,生产、贸易、金融等都不可能只在一国范围内进行,商品、资本、劳动、技术等都必须在国际间流动,资源必须在国际范围进行配置。在开放的世界经济中,一国的经济发展必须通过在国际市场上进行国内资源与国际资源的转换来实现,也必须通过在国际范围内获得追加的生产要素来实现。因此,在开放的世界经济中,任何一个国家要想得到发展,孤立自己、闭关自守,不加强国际交往,不引进先进技术和先进经验,不引进资金,都是不可能的。

实行对外开放是社会主义市场经济发展的要求。我国现阶段采取的是社会主义市场经济体制。社会主义市场经济体制的运行,必然要求节约社会劳动,提高经济效益。由于世界各国在自然条件、资源禀赋、技术条件等方面都存在着很大的差别,在经济发展方面也各有优势和劣势,通过发展对外经济关系,可以进行经济资源上的互通有无和经济发展上的取长补短。我们可以根据我国的具体情况,发展具有优势和国际竞争力的出口产业,在国际贸易中换取我国在生产上不具有优势的产品,这样,可以节约国内生产要素的耗费,节约社会劳动,提高我国经济发展的效益。

(二)中国对外开放的基本形式和战略格局

我国实行对外开放的基本形式主要有四种:

第一,对外贸易。对外贸易主要是指国与国之间的商品交换关系,一般由商品的进口和出口两个方面组成。如果一个国家每年的出口额和进口额相等,就称作"外贸均衡";如果出口额大于进口额,就称作"外贸顺差";如果进口额大于出口额,就称作"外贸逆差"。对外贸易是我国实行对外开放的基础和主要形式。

第二,利用外资。利用外资是解决社会主义现代化建设中资金缺乏的一个重要途径。它主要有三种形式:①财政信贷,包括出口信贷、政府贷款、银行间的往来、在国际市场上筹集资金、国际组织提供的贷款等。②商品信贷,即补偿贸易以及加工装配业务中利用的信贷。③直接投资,包括中外合营和外商独资经营。

第三,引进先进技术。引进先进技术是促进社会主义现代化建设的重要条件。它的方式多种多样,包括购买国外的专利权和非专利技术,举办中外合资企业和合作企业、外资企业以及技术咨询、技术服务等。

第四,国际劳务合作。国际劳务合作主要是指一国以活劳动为主的非物质形式向他国提供服务,并取得报酬的一种国际经济合作关系。它包括工程承包、技术服务以及提供教师、医生、海员、厨师等服务项目。其中,工程承包是由本国的对外承包公司承揽外国政府、国际组织和私人业主的建设项目、物资采购和其他业务,一般是通过投标、议标和其他协商途径签订承包合同,然后按合同规定开展业务活动。国际劳务合作实际上是一项包括人力、物力和设备等多方面内容的综合性出口业务,越来越受到各国的重视。我国于1979年开始正式开展国际劳务合作。

我国的对外开放经过20多年的发展,已取得了巨大的成就。在坚持独立自主、自力更生基础上实行对外开放,我国不仅吸收了资本主义的文明成果,而且增强了自力更生的能力,加速了实现现代化的进程。目前,我国已逐步形成了经济特区—沿海开放城市—沿海经济开放区—沿边、沿江和内陆中心城市的全方位、多层次、宽领域的具有中国特色的对外开放战略格局。

所谓"全方位",就是不论对资本主义国家还是社会主义国家,对发达国家还是发展中国家都实行开放政策;不仅在经济建设方面坚持对外开放,而且在精神文明建设方面也坚持对外开放。所谓"多层次",就是根据各地区的实际情况和特点,通过经济特区、沿海开放城市和开放区、经济技术开发区以及沿边、沿江和内陆中心城市等不同开放程度的各种形式,形成全国范围内的对外开放。所谓"宽领域",就是立足国情,对国际商品市场、国际资本市场、国际技术市场、国际劳务市场开放,把对外开放拓宽到能源、交通等基础设施和基础产业,以及金融、保险、房地产、科技教育、服务业等领域。

经济特区是指一个国家或地区划出的特别经济区域。在这个经济区域中采取比一般地区更为开放的特殊经济政策,以吸引外资,引进先进技术,促进本地区和本国经济的发展。经济特区的主要特点是:资金来源外向化,即经济发展主要依靠吸引和利用外资;经济活动主要面向国际市场,以外销为主;实行一系列优惠政策,如降低或免征某些税收、简化客商出入境手续;特区政府有较大的自主权,表现在审批建设项目、财政、外汇等方面。经济特区的建立不仅有利于吸引外资、引进先进技术和管理经验,而且起着全国技术的窗口、管理的窗口、知识的窗口和对外政策的窗口的重要作用。

我国在办好经济特区的同时,也开放了沿海港口城市和开辟经济技术开发区,实行类似经济特区的优惠政策,以利用沿海城市的有利条件吸引外资和引进先进技术,促进我国经济的发展。在此基础上,我国还建立了沿海经济技术开放区,主要目的在于促进我国高新技术产业的发展,加快经济结构的调整和产品的升级换代,增强我国在国际市场上的竞争能力。

在开放经济特区、沿海开放城市、沿海经济开放区的基础上,继续开放沿边、沿江和内陆中心城市是我国对外开放向纵深发展的重要举措。这一举措有助于缩小我国沿海与内地之间及东、中、西部之间的差距,促进了我国全方位、多层次、宽领域对外开放战略格局的形成。这一对外开放战略格局的形成,意味着我国已向世界敞开了大门,世界也正向我国走来。在此基础上,我国进一步推进对外开放,这对基本实现社会主义现代化建设具有极为重要的现实意义。

(三) 经济全球化对中国对外开放产生的挑战

在经济全球化的发展进程中,我国于 2001 年 12 月 11 日正式成为 WTO 的成员。随之,我国的对外开放也进入了一个新的发展阶段。经济全球化和 WTO 的运行规则对我国的对外开放提出了新的挑战。

1. 引进先进技术发展产业与降低对发达国家的依存度

先进技术是决定竞争成败的制高点,积极争夺这一制高点是各国立于不败之地的途径。发达国家为了在世界科技领域永远居于领先地位,一方面进行高层次技术领域的开发和研究,加大技术创新的力度,优先发展高技术产业,另一方面也将本国生产中已趋于过剩或被淘汰的技术项目,以及劳动密集型产业、低加工产业转移到其他国家。由于我国的科技政策注重通过引进国外先进技术来促进自身的技术进步和经济发展,虽然这能够在短期内以较少的投入获取较好的效果,但一般引进的是较低层次、较低等级的技术,往往还附带了许多不合理的转让条件,从而使我国经济上受到一定程度的损失。因此,由以模仿创新为主转向以自主开发为主,是降低我国在科学技术上对发达国家依存度的重要路径,是加强我国经济安全的重要努力方面。

2. 引进和利用外资与国内的经济结构调整

引进外资是一把"双刃剑",利用外资是对外开放的一个重要领域和渠道,但也必然会造成外资经济与民族经济在市场占有和股权控制方面的激烈竞争。在利用外资上,我国更应注意外资投向产业的合理化,否则会降低利用外资的质量和效益,造成产业结构的低度化,从而也会危及到国家的经济安全。在科学技术日新月异的时代,我国在开放的环境中想要发展电子、通讯、计算机、生物制品、精密仪器等新的技术产业,一方面必须从产业升级的角度,积极引进多方外资,最大限度地减少因外资过分集中而可能带来的动荡,同时还必须把外资的引进规模控制在我们所具有的吸收能力和偿还能力范围内;另一方面必须从产业结构调整的角度利用好外资,即主要用于支持主导产业、支柱产业的发展,以增强使用外资的安全性和稳定性。

3. 经济全球化新的贸易格局与提高加工贸易的经济效益

在经济全球化进程中形成了一种新的国际贸易分工体系,即任何一个国家都会根据自身的实力和比较优势,抢占一个产业或一个产品的高技术和高附加值生产环节,而把劳动密集型的和低附加值的生产环节留给其他国家。这一新的贸易格局带来的必然是不同类型国家之间的激烈竞争。发达国家在这一新的贸易格局中,会利用自身在历史上已形成的优势地位,一方面控制着初级产品、高新技术产品的价格,另一方面掌握着高新技术转让的国际途径;一方面垄断着任何一个产业或一个产品的高技术和高附加值的生产环节,另一方面把劳动密集型的和低附加值的生产环节转让给其他国家。我国在这种新的国际贸易格局中,只有改变过去那种"生产什么出口什么,需要什么进口什么"的做法,面向世界,根据自身的情况去占领某个产业或某个产品生产环节的高附加值和高技术环节,将自身融于全球生产和销售的系统之中,才能保证较高的生产效益和较稳定的出口市场。只要我们增强了对外贸易的效益,也就增强了我们在与发达国家进行贸易交往中保护自身利益的能力。

二、全面提高对外开放水平

全面提高对外开放水平,是经济全球化的发展和加入 WTO 的新形势对我国对外开放提出的新要求。我国只有充分利用国际、国内两个市场,采取"走出去"和"引进来"相结合的战略,才能把我国的对外开放提高到一个新的水平。

(一)充分利用国、际国内两个市场

充分利用国际、国内两个市场,优化资源配置,是全面提高对外开放水平的重要方面。利用国际、国内两个市场的主要表现有：

1. 实施市场多元化战略，扩大对外贸易

市场多元化战略是指在巩固传统市场的同时开拓新兴市场，一方面要进一步巩固美、日、欧等主要传统市场，争取市场份额有所增长；另一方面要继续开拓亚洲市场，加强我国与周边国家和地区的经贸关系，大力开拓独联体、中东、拉美、非洲等富有潜力、前景广阔的市场，重点开拓俄罗斯市场。这一战略是为了使我国的对外开放能够适应经济全球化和加入WTO新形势要求的一项战略措施。实施市场多元化战略可以进一步发挥我国的比较优势，提高我国出口产品的创汇能力，大规模地开辟国际市场，发展出口贸易，提升我国对外开放的深度和广度。

2. 吸引外商直接投资，提高利用外资的质量和水平

经济全球化的发展趋势和加入WTO的发展契机，对我们进一步扩大利用外资的规模、优化利用外资结构及提高利用外资的质量和水平都提出了更高的要求。具体要求如下：

一要以开放金融、电信、贸易和旅游等服务领域为重点，提高利用外资的质量和水平。根据不同行业的特点和经济发展水平，引进国外的先进的管理经验、技术手段和现代市场经济的运作方式，引进外资，提高服务领域对外开放的质量和水平。

二要以收购、兼并等多种方式利用中长期国外投资，把利用外资与国内经济结构调整、国有企业改组改造结合起来。

三要鼓励跨国公司投资农业、制造业和高新技术产业。在经济全球化和我国加入WTO的新形势下利用外资，必须鼓励跨国公司向农业、制造业和高新技术产业投资。

四要改善投资环境，对外资实行国民待遇，提高法规和政策透明度。为适应经济全球化和加入WTO的新形势，提高利用外资质量和水平，必须改善投资环境，完善国内有关的法律法规，形成规范、公开的外商投资准入制度，为外商投资提供法律保障和法律环境。还必须给外资企业与国内企业同等的待遇，为外资企业创造一个稳定、透明的政策环境。

（二）实施"走出去"战略

全面提高对外开放的水平，在更广的领域和更高的层次上参与国际经济技术合作和国际竞争，不仅要"引进来"，而且还必须"走出去"，坚持"引进来"和"走出去"相结合。"走出去"战略是指到境外去投资办厂,与其他国家进行经济技术合作。面对经济全球化的发展趋势和我国加入WTO的发展契机,采取"走出去"战略是我国的对外开放发展到新阶段的一项重大举措。"走出去"战略的主要内容是:

第一,鼓励和支持有比较优势的各种所有制企业对外投资,带动商品和劳务出口,形成一批有实力的跨国企业和著名品牌。我国的各种所有制企业包括国有企业、集体企业、私营企业等,都可以通过合资、合作、控股等形式走出去,投资办厂,利用国外各种资源优势增加生产效益,逐步形成我国的跨国公司。

第二,鼓励和支持有比较优势的各种所有制企业,积极参与区域经济交流和合作。"走出去"不仅包括对外投资,而且包括开展各种形式的经济技术合作,如对外设计咨询、工程承包与劳务合作等。"走出去"战略的这一内容实际上是国内过剩生产能力向国外转移的反映,它不仅可以缓解国内市场上的过度竞争,提高我国企业在国际市场上的份额,扩大产品价值实现的空间范围,突破需求限制对企业发展的束缚,也可以为我国集中精力进行产业结构调整创造比较宽松的环境。"走出去"战略的这一内容从某种程度上说,还进一步拓展了我国利用外资的方式和对境外资源的充分利用。

"走出去"战略的实施对我国的经济发展全局具有很深远的影响。"走出去"战略以在境外投资办厂为龙头,全方位带动我国更深入地参与国际经济合作与竞争,创造国际分工格局中的主动态势,从而可以更好地促进"引进来",更充分地利用"两个市场"。"走出去"战略是适应经济全球化和加入WTO新形势,以及结合我国对外开放发展实际作出的战略选择。"走出去"战略可以使我国企业在实施这一战略中,全面提高自身参与国际竞争的素质和能力,了解和熟悉国际环境和国际规则,提高在新形势下处理经济事务的水平;同时也可以促使我国积极参与全球资源的配置,充分利用全球资源来发展我国的经济,这必然有利于改善我国的国际经济环境,有利于保障我国的经济安全。

三、对外开放中的几个重要关系

我国的对外开放已经发展到全面提高对外开放水平的阶段。在对外开放中处理好经济全球化与民族经济利益之间的关系、对外开放与自力更生之间的关系,加强经济安全,防范各种经济风险具有重要的意义。

(一)经济全球化与民族经济利益的关系

经济全球化所表现的富国与穷国、发达国家与不发达国家之间在经济上的日益密切的分工与合作,代表着生产力已发展到一个新的高度。但是,经济全球化对各民族和每个国家的经济利益产生着巨大影响。例如,跨国公司全球战略的发展,已使它的利益遍及世界,开始威胁着民族社会的凝聚力和认同;一些国际标准组织如WTO、OPEC、APEC等制定的一系列涉及参与国家的共同规则和标准,使各国的经济活动的民族特征和标记日趋减少。经济运行的全球化超越了种族、族群、民族和国家的差异和界限。但是,各个民族、各个国家又有着自己的独立的经济利益,它们之间在经济利益上又存在着一定的差异。一个民族和国家的经济利益应该受到其他民族和国家的尊重和承认。

在经济全球化进程中实行对外开放,在处理经济全球化与民族经济利益的关系时,不能因为要保护民族和国家的经济利益,而实行简单的封闭或贸易替代或高筑各种关税非关税壁垒,必须在顺应经济全球化的发展趋势中,提高民族和国家自身的素质,提高与经济全球化负面效应相抗衡的能力,提高自身的国际竞争力。

(二)对外开放与独立自主、自力更生的关系

独立自主、自力更生就是指在坚持政治独立和经济自主的基础上,从本国具体情况出发,主要依靠本国人民的力量,充分利用自己的资源和资金来发展民族经济。改革开放以来,我国的对外开放对国民经济的发展产生了巨大的影响,并对改革开放的纵深发展起着极为重要的推动作用。我国全方位、多层次、宽领域的对外开放战略格局的形成和完善及发展外向型经济;我国同世界各国、各地区发展平等互惠的经贸关系,开辟多元化的国际市场;我国有原则地加入各种世界性的、区域性的金融和贸易组织,并能有所作为,以上这些都是依靠自力更生做到的,并且也只有在自力更生的基础上才能做到这些。只有在自力更生基础上实行的对外开放,才是真正的对外开放。独立自主、自力更生是建设社会主义强国的必要保证,也是在对外开放中提高经济实力的必要保证。

坚持独立自主、自力更生,并不是闭关锁国、故步自封,关起门来搞建设,盲目地排斥同国外进行平等互利的经济合作和技术交流,而是在立足自身发展的基础上实行对外开放。只有这样,才能

充分利用国内外两种资源、两个市场,促进本国经济的发展,增强本国自力更生的能力。正确处理好对外开放与独立自主、自力更生的关系,实际上就是正确处理好从国外进口商品、引进技术设备与保护民族工业的关系。也就是说,在对外开放中,我国既欢迎外商投资,并带来先进技术、设备和管理,但又必须防止国民经济命脉和盈利的行业被外商所控制,努力提高民族工业的水平。因此,正确处理好对外开放与独立自主、自力更生的关系,就是要求我们在经济全球化潮流中,既能与狼共舞,又能与狼周旋。

(三)对外开放与经济安全的关系

经济安全是指一个国家的经济发展、经济利益不致受到外部的威胁和侵害,反映了一个国家的经济自主性不受削弱、经济发展不受国际市场各种因素扰乱的正常状态。在对外开放中,国家的经济安全涉及国家的整体利益和长远利益,关系到国家经济主权的独立和民族经济的发展。经济安全失去保证,对外开放也就失去了意义。我国是一个经济正在高速发展的发展中国家,在对外开放中加强经济安全至关重要。

我国在已经加入WTO的情况下,可以在提高生活水平、保证充分就业、扩大货物与服务的生产和贸易,走可持续发展道路等方面,获得与其经济发展水平相应的份额和利益。但是,WTO所制定的协议和规则本质上是反映并符合发达国家利益的。为保证在对外开放中的经济安全,我国必须积极采取应对措施,变弊为利,保证民族、国家利益不受损害;必须根据国际经济环境的变化,适时调整我国的对外开放政策,增强国际竞争力,缩小与发达国家的经济差距,增强抵御来自国际市场的各种因素干扰的实力,提高经济安全度,从而使我国成长为一个真正的世界贸易大国。

在经济全球化发展趋势中,我国也可以从生产全球化、贸易全球化、资本全球化中获得资本投资、科学技术创新、国际生产力迅猛发展所带来的利益。但是,经济全球化一般起因于各个国家为获取超额利润、发展本国经济、提高本国国际地位的政治目的,因而各国都是从本国的经济利益出发,通过国内制度的安排或影响国际制度的安排,甚至是武力威胁或侵略的方式,力图使生产要素的国际性流动有利于本国政治目的的实现。可见,在这种起源于发达资本主义国家的经济全球化中,像中国这样的发展中国家作为世界经济的重要组成部分,由于在经济全球化过程中所承担的风险越来越大,并且风险的传导性极强、传导的速度极快,因而也就必须在对外开放中加强经济安全。

对外开放与经济安全是统一的。对外开放是一个国家在世界经济活动中,充分利用国际分工所提供的历史机遇,发挥自己的比较优势,努力使本国经济融入世界经济的发展潮流,最终达到使本国经济更为安全的目的。增强一国经济安全系数的重要方面,就是在对外开放中不断增强综合国力和国际竞争力。因此,从这一意义上说,对外开放程度的提高可以增强国力,国力增强了,实际上也就增强了经济安全的状态;反之,一国经济的发展只有处于安全状态,才会有更佳状态的对外开放。我们强调经济安全的目的,就在于不断地增强自身的经济实力,并使自己保持一个相对领先的地位,从而增强自己在世界经济中的生存能力,同时也以自身的经济实力为手段来获取政治和军事方面的安全。只有确保了国家的经济安全,才能确保国家的根本利益。一旦失去了国家的经济安全,对外开放也就失去了它的实际意义。

四、科学认识社会主义发展的历史进程

如何认识社会主义发展的历史进程,这是在经济全球化条件下提出的一个重大课题。社会主义国家必须在经济文化相对落后的条件下与资本主义共处并竞争,必须在相对落后的物质技术基础上建设新社会,必须解决发达国家在资本主义制度下已经实现的经济现代化、社会化和商品化问题,必须在跨越了资本主义制度的"卡夫丁峡谷"之后,利用商品货币关系建设社会主义,利用资本主义的成就发展社会主义。

(一)建设社会主义的历史经验和教训

在经济文化比较落后国家建设社会主义是一项前所未有的开创性事业,经历了跌宕起伏的曲折发展过程。苏联作为世界上第一个社会主义国家,在经济文化比较落后的基础上,用很短的时间就把一个落后的农业国建成为世界上第二个工业强国。苏联社会主义建设的胜利对世界上的经济文化比较落后国家产生了巨大的影响,使社会主义成为全世界劳动人民心中的一座丰碑。第二次世界大战以后,社会主义在世界范围内发展迅速,包括中国在内的欧亚一系列国家都相继建立了社会主义制度。在战后的最初时期,社会主义国家在经济文化比较落后的基础上推进现代化,基本上解决了

资本主义国家几百年未能解决、也无法根本解决的问题,在探索、保证全体人民的政治平等和当家作主,消灭人剥削人的制度,消除两极分化、贫富悬殊,建设新型的思想道德文化等方面,取得了巨大的进步,也积累了丰富的经验。经济文化比较落后国家建设社会主义的实践证明,社会主义是指引世界上处于剥削制度压迫下的无产阶级和劳动人民改变自己命运、获得社会解放、建设幸福生活的正确道路,是人类社会发展的必然。

但是,经济文化比较落后国家建设社会主义有着深刻的经验和教训,概括地说,主要有四个方面:

第一,马克思主义理论与时代发展、本国实际相结合,是社会主义建设事业走向胜利的重要法宝。马克思主义具有与时俱进的理论品质,马克思主义理论始终是在与历史和时代变化的新特征的结合中、在与各国的具体国情的结合中,对时代与社会发展提出的一系列重大问题作出新的回答、得出新的科学结论。离开本国实际和时代发展来谈马克思主义将没有意义。孤立静止地研究马克思主义理论,把马克思主义理论同它在现实生活中的生动发展割裂开来、对立起来是没有出路的。背离马克思主义理论或者以僵化的、教条的眼光对待马克思主义理论,都必然会导致社会主义建设事业的失败。只有把马克思主义理论与时代变化的新特征结合起来,与本国的经济、政治、文化发展的实际结合起来,社会主义建设事业才能无往而不胜。

第二,坚持通过改革的道路巩固和完善社会主义经济关系,把握改革的社会主义方向,是社会主义建设事业走向胜利的重要前提。在社会主义建设中,改革就是要改掉社会主义经济关系和上层建筑中某些不适应生产力发展要求的部分和环节,建立起充满生机和活力的社会主义新体制。社会主义经济关系的巩固和完善、社会主义社会的发展需要改革,离开了改革,社会主义就会丧失生机和活力。但是,改革作为解决社会主义社会基本矛盾的根本途径,目的就在于"扫除发展社会生产力的障碍"①,使社会主义制度趋于自我完善。

第三,加强和完善共产党的领导,是社会主义制度战胜资本主义制度的重要保证。经济文化比较落后国家社会主义革命的胜利表明,无产阶级专政的建立关键在于共产党的领导;经济文化比较

---

① 《邓小平文选》第3卷,北京:人民出版社,第134页。

落后国家革命胜利后的社会主义建设的实践也表明,社会主义制度的建立、社会主义建设的成功关键仍然在于共产党的领导。坚持共产党的领导是建设、巩固、壮大社会主义,以获得高于资本主义发展的重要保证。但是,各国共产党要成为本国社会主义建设事业的领导核心,还必须不断地从思想上、组织上、作风上加强自身的建设,始终用马克思主义武装自己,保持党的无产阶级先锋队的性质。只有以马克思主义为指导、始终保持党的无产阶级先锋队性质的共产党,才能自觉地坚持实事求是的思想路线,制定出正确的路线、方针和政策,进而才能真正肩负起领导建设社会主义这一伟大事业的重任。

第四,在坚持独立自主、自力更生的基础上加强对外开放,是社会主义制度战胜资本主义制度的重要条件。社会主义国家要在经济文化比较落后的基础上赢得相对于资本主义的优势,就必须实行对外开放,必须吸收和借鉴人类社会创造的一切文明成果,包括发达资本主义国家先进的文明成果。特别是在当今经济全球化的潮流下,社会主义国家只有实行对外开放,才能通过吸收和借鉴资本主义发展的先进成果获得自身的发展,才能获得相对于资本主义的比较优势而最终取代资本主义国家成为经济发展的主力军。但是,对外开放成就的真正获得必须建立在独立自主、自力更生的基础之上。各国社会主义建设的实践已经充分证明,不把本国的建设放在独立自主、自力更生的基点上,而寄希望于别国的援助,失去的将是整个社会主义制度。经济文化比较落后国家通过对外开放吸收别国的先进成果,目的就在于增强社会主义建设的实力,如果不以独立自主、自力更生为基点的话,不仅会丧失自己的特色,而且还会造成照抄照搬别国现成模式,甚至是全盘西化的后果。因此,经济文化比较落后国家建设社会主义,必须从自身的实际出发,自己的事情自己办,要始终把独立自主、自力更生作为对外开放的立足点,作为发展的立足点,在注意吸收和借鉴外国经验的同时,反对照抄照搬别国的经验、别国的模式,这是社会主义制度要获得相对于资本主义制度的比较优势必须做到的重要方面。

(二)建设社会主义必须利用资本主义

如何利用资本主义发展社会主义是社会主义国家在经济全球化条件下必须解答的问题。

第一,在学习资本主义中摒弃资本主义。社会主义想要优于资本主义,就必须向资本主义学习,学习人类进步中的共同的文明成果,学习可以为社会主义所借鉴或者经过改造也可以为社会主义所用的东西。在建设社会主义中,必须"把资本主义所积累的一切最丰富的、从历史角度讲对我们是必然需要的全部文化、知识和技术由资本主义的工具变成社会主义的工具"[①]。但是,社会主义学习资本主义决不能丧失主权,做资本主义的俘虏,不能忘记西方敌对势力确确实实在把经济、政治、文化等方面的渗透作为和平演变的手段。

社会主义学习资本主义必须反对"全盘西化"。"全盘西化"主张放弃社会主义制度和自力更生原则,盲目地、不加分析地完全照抄照搬西方资本主义国家的政治、经济制度、意识形态和生活方式。人类文明发展的历史表明,一个民族的文化无论其发展程度如何先进,用它来取代另一个民族的文化是不可能的。各种文化之间的关系只能是相互吸收、渗透,取长补短,共同提高。世界上根本不存在抽象的、单一的西方文化。"全盘西化"在社会主义对外开放中,强调的是走资本主义道路的开放,是当仆从、做附庸、低三下四的开放,是崇洋媚外、搞民族虚无主义的开放,是把资本主义的那套"民主"和"自由"强加给社会主义的开放。"全盘西化"必然会把社会主义引向死亡。

社会主义学习资本主义还必须抵制腐朽的东西。资本主义国家在存在着高度的物质文明和巨大的科学技术成就的同时,也存在着大量的社会混乱和道德堕落现象,如金钱万能,离婚成风,家庭解体,盗匪流氓横行无忌,犯罪成灾,吸毒、酗酒、赌博蔓延不止等。社会主义国家在学习资本主义的文明成果的同时,决不能引进资本主义制度,决不能学习资本主义制度中各种丑恶颓废的东西,也决不允许把学习资本主义的某些技术和管理经验变成崇洋媚外,要谨防受资本主义的腐蚀,丧失社会主义的民族自豪感和自信心。

第二,在利用资本主义中坚持社会主义。社会主义国家经济制度和政治制度虽然从根本上不同于资本主义,但在国际分工和世界经济条件下,这两种不同的社会制度却有着千丝万缕的联系,它们赖以存在的社会生产方式都是社会化大生产;它们都遵循价值规律和供求关系对社会生产和流通的支配和制约作用等。因此,社会主义非常有必要利用资本主义。特别是在社会主义的物质技术基础

---

① 《列宁全集》第36卷,北京:人民出版社,1985年,第6页。

还处于比较落后状态、社会主义的优越性还不能得到充分发挥之时,利用资本主义就能够加速社会主义经济建设的速度,巩固和完善社会主义制度。

社会主义在利用资本主义时,对资本主义不能一味迁就、一味忍让,必须坚持社会主义的基本原则,坚持以公有制、按劳分配为主体,坚持以全体人民的共同富裕为最终目标。只有做到了这些,社会主义才能在利用资本主义中吸收和引进一切积极的、于社会主义有益的东西,更好地发展社会主义,才能不受资本主义的牵制,真正抵制资本主义在精神、文化、意识形态等方面对社会主义的渗透,从而粉碎西方敌对势力利用经济力量达到政治目的的阴谋,保证社会主义江山不变色。

第三,在反思社会主义实践中发展社会主义。社会主义在发展进程中所遭受的挫折或失误,为我们积累经验、增长才干,以及避免再犯类似的或更大的错误、再出现更大的挫折提供了材料。面对社会主义发展中的挫折或失误,反思极为重要,在反思中实事求是地总结历史的经验教训更为重要。

对社会主义发展实践的反思包括对一国社会主义建设历史的反思和对世界社会主义成功的革命、受挫的建设进行总结。就我国而言,对社会主义建设历史的反思,主要是对过渡时期的历史经验教训的总结和对社会主义建设两个十年的反思。通过反思,我们既可以清楚地看到社会主义建设的成就(即党领导全国人民有步骤地实现了由新民主主义社会向社会主义社会的转变,在全国范围内基本完成了对生产资料私有制的社会主义改造,彻底消灭了几千年封建统治的经济基础,建立了强大的工业体系),也可以清楚地看到社会主义建设的不足(在指导思想上,"左"的思想占了上风;在工作方式上,要求过急、工作过粗,形式过于简单划一;在规模速度上,追求"一大二公三纯",先是发动了"大跃进",搞了人民公社化,然后又"完全违背客观规律",搞了"文化大革命",国民经济濒临崩溃的绝境)。对世界社会主义实践的反思,使我们清楚地看到,苏联解体、东欧剧变不是社会主义本身的失败,而是民主社会主义的失败,是不走社会主义道路的失败。经济文化比较落后国家在社会主义建设中不顾时代的变化,不考虑现实的国情,教条式地对待马克思主义理论,势必会导致社会主义建设的受挫。反思社会主义发展的实践是我们更好地建设社会主义的重要前提。

对一国社会主义建设历史和世界社会主义实践进行反思,将成为社会主义出现一个新的发展的开端。在经济全球化条件下如何建设社会主义的问题,是中国共产党正在脚踏实地地领导人民探索并实践着的最严峻的课题。

本章小结

经济全球化是指在现代科学技术进步加快、社会分工和国际分工不断深化的情况下,把世界的生产、贸易、金融等活动紧密联系在一起,使各国各地区之间的经济活动相互依存、相互开放。经济全球化作为生产和资本国际化高度发展的产物,其内容包括了生产、贸易和金融等方面。

经济全球化在推进经济效率提高的同时,也带来了巨大的负面效应,特别是对发展中国家。旧的国际秩序有利于发达国家的经济增长,却严重阻碍了整个世界经济和不发达国家经济的健康发展。

阅读书目

1. 列宁:《帝国主义是资本主义最高阶段》,北京:人民出版社,2001年。
2. 邓小平:《邓小平文选》第3卷,北京:人民出版社,1993年。

重点问题

1. 经济全球化的含义是什么?它是如何形成的?
2. 经济全球化具有哪些表现?
3. 如何理解经济全球化的二重性?
4. 经济全球化对不同国家有什么影响?
5. 经济全球化具有哪些发展趋势?
6. 经济全球化的矛盾体现在哪些方面?
7. 怎样认识发达资本主义国家之间的经济关系?
8. 发达资本主义国家与发展中资本主义国家经济关系有何基本特征?
9. 资本主义发达和不发达国家之间的不平等关系表现在哪些方面?当今世界如何建立国际经济新秩序?
10. 如何认识对外开放中的几个重要关系?

后 记

本教材是我多年从事《政治经济学》课堂教学的成果,并配有自制的多媒体教学课件。每章后都有阅读书目、本章重点问题、本章重点概念,以便学生掌握。

由于《政治经济学》既是马克思主义基本理论课又是经济与管理类各专业的基础理论课,故而本人在教学中做了两方面的兼顾。

本教案的内容及结构体系,参照教育部下发的"两课"教学要点做了修订。选用教材一是由宋涛主编的《政治经济学教程》(中国人民大学出版社),二是吴树青等主编的高等学校经济学类核心课教材《政治经济学》(高等教育出版社)。同时还参考了程恩富主编的《现代政治经济学》(上海财经大学出版社)和荣兆梓主编的《政治经济学教程新编》(安徽人民出版社)等。

本教案内容只包括政治经济学(资本主义部分)内容。

在本次修订中得到我的同事淮南师院经济与管理学院的李用俊副教授、朱杨宝副教授和王艳秋老师的鼎力协助和参与,在此表示感谢。

本教案有不妥之处敬请同行专家批评指正

2016 年 12 月